陕西师范大学优秀著作出版基金
陕西师范大学国际商学院一流学科学术著作出版基金　　资助出版

U0737672

社会组织
参与突发公共事件
应急管理研究

张淑惠　著

中国言实出版社

图书在版编目（CIP）数据

社会组织参与突发公共事件应急管理研究 / 张淑惠
著. -- 北京：中国言实出版社，2023.6
　　ISBN 978-7-5171-4506-6

　　Ⅰ.①社… Ⅱ.①张… Ⅲ.①社会组织—参与管理—
突发事件—危机管理 Ⅳ.①D035

中国版本图书馆 CIP 数据核字（2023）第 104486 号

社会组织参与突发公共事件应急管理研究

责任编辑：王蕙子
责任校对：宫嫒嫒

出版发行：中国言实出版社
　　　　　地　址：北京市朝阳区北苑路180号加利大厦5号楼105室
　　　　　邮　编：100101
　　　　　编辑部：北京市海淀区花园路6号院B座6层
　　　　　邮　编：100088
　　　　　电　话：010-64924853（总编室）　010-64924716（发行部）
　　　　　网　址：www.zgyscbs.cn　电子邮箱：zgyscbs@263.net

经　　销：新华书店
印　　刷：北京虎彩文化传播有限公司
版　　次：2023年7月第1版　　2023年7月第1次印刷
规　　格：889毫米×1194毫米　1/16　16.5印张
字　　数：280千字

定　　价：45.00元
书　　号：ISBN 978-7-5171-4506-6

/ 目 录 /

第一章　绪论

第一节　研究背景与意义

一、研究背景

（一）经济转型视角下的社会治理现状

我国改革开放的伟大实践掀起了经济转型（Transition）、经济转轨（Transformation）研究的热潮。早期学者们研究的主题主要集中于对国家经济结构和经济制度渐进式和激进式的比较研究。20 世纪 80 年代西方兴起的新公共管理变革开拓了公共行政研究的新范畴，提出政府应从公共服务的提供者变为公共服务的监督者。而我国在经济体制改革取得了举世瞩目的成就之后，新一轮行政体制改革也拉开帷幕，转变政府职能成为转型期的又一重要任务。也正是在这一背景下，计划经济时期的全能型政府逐渐向服务型政府过渡转变，转型不再仅指经济转型，其内涵扩展到政治、社会、文化等各个领域，对政府职能的研究也从"管理"转为"治理"，国家与社会的关系也从原来的"二分法"逐渐走向"多元"与"互动"，社会治理领域开始了一系列广泛而深刻的变化。

社会治理作为国家治理的重要组成部分，需要在妥善处理政府、市场与社会之间分工合作关系的基础上发挥社会多方面主体潜能，共同参与公共事务治理活动。社会治理是政府治理机制和市场机制的必要补充，可以有效缓解治理失效和市场治理失灵。我国经过四十多年的改革开放，已经基本形成了政府主导、社会多元主体平等协商共同参与公共事务决策的社会治理机制。现代的中国社会治理机制激发了社会多元主体参与社会治理的积极性，蕴于社会之中的公共决策创新潜力逐步被开掘，各级各地的社会治理实践正在逐步形成符合中国国情的社会治理模式，正在稳步推进社会治理和社会治理能力现代化，具体表现在社会治理体系、社会治理能力以及社会治理理念三方面。

1. 社会治理体系不断完善

我国正在建设和完善一个由组织、制度、评价和保障机制构成的内部制衡稳定和自我完善修正的现代社会治理体系。强调加强党的总揽全局、协调指导的作用之外，还要强化党的基层组织建设并在社会治理中发挥积极的示范引领作用，保证社会治理的路线方针正确和高度的执行能力。党建引领社会治理主要包括三种机制：政治引领、激励驱动和网络整合机制[①]。政治引领机制是各级党组织运用党的意识形态和政治话语资源开展教育并促成多方治理主体达成共识，是多元主体实现协商合作的基础；激励驱动机制是由党组织主导设置特定的方法与管理体系，运用多种规范化激励方式使得社会治理主体积极参与公共事务；网络整合机制则是党组织构建平台和结构，将社会治理主体汇聚于党建网络并推动多方理性沟通与协作。社会治理的党建引领是新时期加强党的领导的必然结果，党建引领不仅能够为社会治理机制提供高效廉洁的党的组织网络，也能充分发挥党的为人民服务、从群众中来到群众中去的优良传统，更好地获取公众需求信息，提高公共决策质量。

2. 社会治理能力不断提升

社会治理能力是社会治理主体在社会治理体系下实现社会治理目标的综合能力，包括应对不确定性社会问题、建构现代社会关系以及促进以人为本的社会发展等方面的能力。现代社会治理能力从结构上包括表达能力和行动能力两部分，前者涵盖了以人为本的逻辑能力、现代化话语体系、理性叙事能力，后者则涉及汲取能力、参与能力、规制能力和反应能力[②]。

随着我国社会治理创新的不断发展，社会治理能力也在不断提升。特别是近年来表现出以科技进步为主要动力快速推进治理结构和治理能力演进的新趋势，智能化社会治理正在向我们快速迎来，使空前复杂化的治理环境及多元化的治理诉求能够得到及时优化的处理，科技尤其是大数据计算显著改

---

① 黄晓春.党建引领下的当代中国社会治理创新[J].中国社会科学，2021(06)：116-135+206-207.

② 鹿斌，金太军.社会治理能力的结构体系及现代化转型[J].晋阳学刊，2016(03)：102-109.

变了治理主体之间的互动关系和互动模式①。大数据技术的普遍应用有效降低了社会治理主体沟通协商的成本，为社会治理提供了更丰富的渠道和更广阔的平台，使协商形式和公共事项处理更加灵活。与此同时，数智化的进步为深入分析个体特征提供了技术支撑，充分挖掘了社会公众不断增长的复杂而多样的需要，为科学准确的公共事务决策提供了依据。

2015年，国务院印发的《促进大数据发展行动纲要》（国发〔2015〕50号）提出，推动大数据发展和应用，打造精准治理、多方协作的社会治理模式。有学者认为，通过数据挖掘、因果推断及分析预测技术的运用，感知民意、研判民情、评估社会风险并为政府响应提供技术支撑，为社会治理的智能化提供制度和技术保障②。这不仅可以在政府层面提高宏观调控决策能力，也可以服务微观经济主体获取全面准确的基础信用信息服务，更可以开发各类便民应用，优化公共资源配置，提升公共服务水平。目前各地均在如火如荼开展的"互联网＋政务服务"改革便是大数据在社会治理的创新应用，浙江省对照"八八战略"要求创造性提出的"最多跑一次"改革、江苏审批"不见面"服务"不掉线"改革大大提升了审批服务便利度、湖北省武汉市推出的深化政务服务"马上办、网上办、一次办"改革等，都是建立在大数据技术发展的基础上，通过程序识别治理需求、需求强度及变动等信息，及时响应和处理，既提升了政府工作效率和社会治理效率，同时能精准识别和防范政务风险。

3. 社会治理理念不断创新

党的十九届四中全会审议通过的《中共中央关于坚持和完善中国特色社会主义制度、推进国家治理体系和治理能力现代化若干重大问题的决定》，明确提出要建设"人人有责、人人尽责、人人享有的社会治理共同体"。这一重要论述体现了新时代对社会治理规律的认识深化与科学阐释，也为进一步加强社会治理改革和创新指明了方向。社会治理共同体被认为是政府、社会组织、公众等基于互动协商、权责对等的原则，基于解决社会问题、回应治理需求的共同目标，自觉形成的相互关联、相互促进且关系稳定的群

---

① 关婷，薛澜，赵静.技术赋能的治理创新：基于中国环境领域的实践案例[J].中国行政管理，2019(04)：58-65.

② 孟天广，赵娟.大数据驱动的智能化社会治理：理论建构与治理体系[J].电子政务，2018(08)：2-11.

体[①]。社会组织、广大民众都成为社会治理的共同主体，与党和政府共同承担社会治理责任并共同享有社会治理成果。在中国特色社会主义制度体系下的社会治理致力于满足人民不断增长的美好生活需要，充分体现"以人民为中心"的中国社会治理的思想和中国和合共生的文化理念，体现中国特有的共融型的政党—国家—社会关系[②]。在社会治理共同体构建中，以解决真实社会问题为导向，聚焦民生，凝聚多元治理主体，发挥共同体系统性、协同性优势，并由人民群众共同享有社会治理的成果。社会治理新理念提出的社会治理共同体，即构造共建共治共享的社会治理格局，就是要通过社会治理改革促进社会、经济的充分发展，为中华民族的伟大复兴注入持久动力。

（二）改革开放以来我国应急管理事业发展状况

我国是世界上自然灾害最严重的国家之一，有着灾害种类多、分布广、频率高和损失重的特点。在历次重大突发事件的推动下，我国应急管理事业在总结经验教训和创新发展思路的基础上日臻完善，展示出了独特的优势。尤其是自改革开放以来，随着配置资源的方式逐步由计划走向市场、由封闭走向开放，公共治理体制方面也向着控制性放权、综合性协调转变[③]。市场经济的引入和发展打破旧有的单位体制，具有自主性的社会空间不断扩大，需要融入政府设定的既有框架才能得到维持[④]。党政关系上逐步变革为嵌入式的融合形态，党对政府事务不再直接干涉，而转变为总揽全局、协调各方[⑤]。另一方面，公共管理体制综合性协调的目的在于对社会跨部门的要素流动予以合理配置。市场化改革要求政府成立越来越多部门承担社会管理职责，而社会系统日益复杂开放难免需要部门间的相互协作，由此国务院各部委作为组成单位、基于任务导向的各种议事协调机构应运而生，成为政府组织按照治理规律、优化治理结构进行公共管理的重要方式。

在应急管理领域，社会民间力量在政府应急管理事务中逐步起到重要补

---

① 郁建兴.社会治理共同体及其建设路径[J].公共管理评论，2019，1(03)：59-65.

② 李友梅，相凤.我国社会治理共同体建设的实践意义与理论思考[J].江苏行政学院学报，2020(03)：51-60.

③ 钟开斌.中国应急管理体制的演化轨迹：一个分析框架[J].新疆师范大学学报(哲学社会科学版)，2020，41(06)：73-89+2.

④ 曹正汉.国家与社会关系的弹性：1978年以来的变化[J].学术界，2018(10)：5-13.

⑤ 刘杰.党政关系的历史变迁与国家治理逻辑的变革[J].社会科学，2011(12)：4-11.

充作用，"政府主导、社会参与"的工作格局逐步形成。政府恢复或组建了民政部救灾救济司、中国地震局震害防御司等常设性专职应急管理机构，同时成立由行政首长牵头负责的议事协调机构，在面对重大突发事件时，往往会设立一个临时性的议事协调机构，选派各部门得力干部，冠名某指挥部或领导小组，以应对不确定发生的紧急状况。

2003"非典"疫情以来，我国应急管理事业的现代化建设正式起步，逐步建立起以"一案三制"（即应急预案，应急管理体制、机制和法制）为核心的综合性应急管理体系。应急预案作为"三制"的前提，由各地区根据当地历史经验和实践积累，对各种突发事件预先制定一系列应对方案，将应急管理工作程序化、制度化，从而实现化不确定性为确定性、转应急管理为常规管理的功能目的①。在此基础上，我国已经建成了覆盖各地区、各行业、各单位的"横向到边、纵向到底"的应急预案体系。

在应急管理"三制"中，体制是基础，机制是关键，法制是保障②。其一，我国建立起统一领导、综合协调、分类管理、分级负责、属地管理为主的应急管理体制。并且将突发事件按照属性分为自然灾害、事故灾难、突发公共卫生事件和社会安全事件等四类，分别由民政部、水利部、中国地震局以及原国家安全生产监督管理总局（现为应急管理部）、原卫生部（现为国家卫生健康委员会）和公安部牵头负责，国务院办公厅承担总协调职责。建立以政府应急管理办公室作为权威枢纽机构抓总、部际联席会议为跨部门协调机制的综合应急管理体制，以实现"全灾种"和"全过程"的有机统一③。构建起了统一指挥、反应灵敏、协调有序、运转高效的应急管理机制，将突发事件全过程中各种应急管理方法与措施予以制度化、程序化规定，涵盖事前、事发、事中和事后各个时间段，涉及预防与应急准备、监测与预警、应急处置与救援、事后恢复与重建等四部分内容。用法律法规明确应急管理体制、机制，通过建立起统一、高效、权威的应急管理法律体系，实现突发事件应急管理工作有法可依，能够为有效预防、及时控制和消除突发事件的危害起到保障作用。我国应急管理法律体系主要以宪法为依据、以《中华人民共和

① 詹承豫，顾林生.转危为安：应急预案的作用逻辑[J].中国行政管理，2007(05)：89-92.
② 钟开斌."一案三制"：中国应急管理体系建设的基本框架[J].南京社会科学，2009(11)：77-83.
③ 刘一弘，高小平.新中国70周年应急管理制度创新[J].甘肃行政学院学报，2019(04)：4-13+124.

国突发事件应对法》为核心、以相关单项法律法规为配套。

"一案三制"的应急管理政策在实施初期发挥了积极作用，但实践中的问题也日益凸显，由于应急管理职能在不同部门分散化设置，应急机构往往难以发挥综合协调能力，应急管理的规划也缺乏长效性。与此同时，随着国际形势复杂多变、国内发展改革任务艰巨繁重，使得我国所面对的突发事件具备新的历史特点，区域性、全球性风险更加广泛，连锁性、复杂性矛盾相互交织。各类风险矛盾对我国国家治理能力和治理体系提出全新的更高要求，同时随着改革不断深入，社会结构深刻变动、利益格局深刻调整，社会自主空间明显扩展，在国家治理中市场和社会力量所能发挥的作用日益突出，因此，我国应急管理事业的现代化进程理应囊括时代发展趋势。

就新时代应急管理体系而言，可以从以下五方面概览：（1）在管理目标方面，以总体国家安全观为统领，以人民安全为宗旨，将防范化解重大风险作为工作重点。（2）在管理主体方面，坚持党的全面集中统一领导，设立中央国家安全委员会、组建应急管理部，实现了从中央总动员向地方负总责的转变，强化属地管理。（3）在管理规范方面，应急管理领域落实全面依法治国的要求，各类法律法规、政策文件的出台，提升了应急管理的法治化、规范化水平。（4）在管理保障方面，建设由国家综合性消防救援队伍、各类专业应急救援队伍和社会应急力量以及军队非战争军事行动力量等共同组成的应急救援力量体系，健全统一管理、调拨和配送的应急物资保障体系，强化财政、金融和社会捐款构成的应急财力保障体系。（5）在管理方法方面，加快应急管理关键技术和装备研发，推动应急服务专业化、市场化和规模化，加强国际交流合作，提升应急管理的科学化、智能化、精细化水平[①]。

（三）新时代推进应急管理事业高质量发展的着力点

改革开放四十余年以来，我国在应急管理领域，从专门部门应对单一灾种到多部门协调配合，再到"一案三制"创新、强化党的领导综合统筹，我国应急管理体制机制在不断完善。为了实现新时代应急管理事业高质量发展，当前应从以下方面稳步推进。

第一，坚持党的集中统一领导，牢固应急管理工作核心支柱。中国共产

---

① 钟开斌.国家应急管理体系：框架构建、演进历程与完善策略[J].改革，2020(06)：5-18.

党领导是中国特色社会主义最本质的特征，是中国特色社会主义制度的最大优势。首先，突发事件会对经济社会可持续发展造成严重冲击，对人民生命健康和财产安全带来严重威胁，而治理危机所涉及的任务范围广、领域多，往往需要国家与社会协同发力、跨部门与层级相互配合。此时便需要党始终发挥总揽全局、协调各方的领导核心作用，在应急管理工作中做到通篇谋划、提前布局，及时整合各方力量。其次，就我国防范和化解重大风险和应对处置各类灾害事故的思想方式而言，回顾历史便会发现在不同阶段均是围绕党的路线、方针和政策展开的[①]。再次，党组织在应急管理工作中能够充分发挥组织动员能力，号召全党发挥先锋模范作用，调动全社会参与救援的积极性，党员冲锋在前、民众响应配合、企业各尽其能。

第二，坚持人民当家作主，扩展应急管理工作参与主体。我国作为社会主义国家，国家的一切权力属于人民。为保证人民当家作主，必须发展社会主义民主政治，确保人民依法通过各种途径和形式管理国家和社会事务。在应急管理工作中同样需要密切联系群众，在涉及人民切身利益的领域，通过听证、问询等方式充分听取意见建议，同时在应急管理各阶段充分调动人民参与的积极性、主动性和创造性，汇聚社会组织、志愿者等民间力量，紧紧依靠人民推动应急管理事业发展。

第三，坚持以人民为中心的发展思想，奠定应急管理工作价值根基。坚持以人民为中心，是中国共产党人的根本立场，也是习近平新时代中国特色社会主义思想的一个根本立场。无论面对何种突发事件，应急管理工作的出发点和落脚点应当是保护人民生命健康和财产安全，一切从人民出发、维护人民权益。在抢险救灾、疫情防控等突发事件爆发后，对于救治伤员常用"不惜一切代价"等字眼，突显出党始终将人民生命健康放在第一位。在《突发事件应对法》和各类应急预案等顶层设计中，"以人为本"总体原则牢不可破。

第四，坚持全面依法治国，夯实应急管理工作法治保障。在现代法治社会中，做好重大突发公共事件的常态管理，充分调动社会各界力量，防止风险转变为危机才是长久之策。法治是规则之治，亦是良法之治。首先，我国

---

① 王郅强，彭睿.我国应急管理体系建设的演进逻辑：溯源与优化[J].江淮论坛，2020(02)：12-18.

通过构建与完善应急管理法律体系，为应急管理各阶段工作提供一整套完备的规则体系，在实现有法可依的基础上，通过运用法治思维和法治方式能够进一步提高应急管理的法治规范化水平。其次，由于我国正处于社会转型期，立法活动中不免存在快车道的纠结、初创期的障碍和彷徨期的矛盾，故而在立法实践中，必须不断追问制定的某一法律、某一条款是否符合立法初衷，实现良法善治①。

第五，坚持全国一盘棋、集中力量办大事，发挥应急管理工作独特优势。邓小平同志指出："社会主义同资本主义比较，它的优越性就在于能做到全国一盘棋，集中力量，保证重点。""全国一盘棋"要求把国家看作一个有机的整体，看待国家建设与发展中的大事要有大局意识，要正确处理整体发展与局部调整、重点领域与一般环节等关系②。历史经验不断证明，社会主义制度具备集中力量办大事的显著优势。尤其在应对洪水、地震、疫情等大灾大难时，这些风险挑战都没能击垮我国的制度基础，反而在全世界面前将"全国一盘棋"的制度优势一次又一次彰显。

第六，坚持文化自信自强，激发应急管理工作理念源泉。中国特色社会主义制度根植于中华优秀传统文化、革命文化、社会主义先进文化，体现着我国人民共同的理想信念、价值理念、道德观念，反映着中国具体实践的同时也吸纳借鉴世界优秀文明成果。我国应急管理制度同样是我国风险治理传统与现实需求的契合。一方面，"天人感应""祸福相依""居安思危"等思想均蕴含着我国古人防灾减灾的智慧，"天覆地载，万物悉备，莫贵于人""圣人深虑天下，莫贵于生"体现着以人为本的治国理念。另一方面，遣使宣慰、修省罪己、劝谕商贾、求福禳灾、赈济减税、整顿吏治等都是古代应对灾害的应急管理方式，大多也被现代沿用③。

第七，坚持改革创新、与时俱进，以技术进步推动应急管理工作完善发展。另外，面对科技对现代化建设的支撑作用，怀着包容心态，拥抱新生事物，以信息化推进应急管理现代化。例如，在城市和社区治理中，探索"智慧型"

① 马金芳.我国社会组织立法的困境与出路[J].法商研究，2016，33(06)：3-12.

② 杨洪源.从抗击疫情看"全国一盘棋"的重要地位[J].理论探索，2020(03)：13-21.

③ 郑大俊，姚明.中国古代自然灾害公共危机管理策略探析[J].河南师范大学学报(哲学社会科学版)，2012，39(03)：109-112.

理念应用，打造智慧型应急管理体系。通过应急管理情报体系，实现智慧城市智能预测、理性决策、快速处置和全面管理[①]。通过构建数字化、感知化、智能化的管理模式，实现智慧社区应急管理人防与技防、群防与群治的协同治理[②]。

二、研究意义

党的十八大以来，以习近平同志为核心的党中央明确提出"社会治理"重大命题。党的十九届五中全会关于"十四五"时期社会治理与应急管理领域发展方向中明确提出，要提高社会治理特别是基层治理水平，不断健全防范化解重大风险体制机制，增强突发公共事件应急能力，提升自然灾害防御水平[③]。在此背景下研究社会组织参与重大突发公共事件应急管理具有极其重要的理论价值和现实意义。

首先，社会组织参与重大突发事件应急管理的研究跨越公共卫生学、社会学、公共管理学等多个学科领域。无论是医疗卫生领域的公共卫生制度建设、社会学领域的突发公共事件社会问题治理，还是公共管理领域的公共事件应急管理体系构建和应对能力评估，都涉及到社会组织的广泛参与。笔者充分吸收借鉴上述学科领域的理论，建立了社会组织参与重大突发公共事件应急管理的机制分析框架，探讨国家治理现代化背景下社会组织参与重大突发公共事件应急管理的模式与绩效评价，在一定程度上丰富了上述领域的跨学科研究。

其次，应急管理体系是国家治理体系和治理能力的重要组成部分。百年未有之大变局下，经济、政治、社会、文化、生态等领域面临各种风险挑战，尤其近十余年里，自然灾害、事故灾难、公共卫生、社会安全等各类重大突发公共事件此起彼伏，我国应急管理能力也需要不断发展提升。研究社会组织参与突发公共事件应急管理，需要从制度层面打造多元主体共建共治共享

[①]　郭骅，苏新宁，邓三鸿."智慧城市"背景下的城市应急管理情报体系研究[J].图书情报工作，2016，60(15)：28-38+52.

[②]　庞宇.智慧社区应急管理的创新模式[J].电子政务，2016(09)：104-109.

[③]　中国共产党第十九届中央委员会第五次全体会议公报，http://www.gov.cn/xinwen/2020-10/29/content_5555877.htm

的格局，构建跨部门、多层级、跨区域、网络化应急管理机制平台，提高社会力量参与应急管理的科学化、专业化、精细化水平。在重大突发公共事件应急管理活动中充分发挥社会组织整合社会分散资源、提高社会组织社会服务能力是构建高质量应急管理体系的重要内容，对于建设人人有责、人人尽责、人人享有的社会治理共同体，完善社会治理体系中的社会协同、公众参与也具有重要意义。

最后，社会组织参与应急管理体系建设是社会组织发展的必然选择。在全球范围内，由于灾害频发以及当灾害发生时受到威胁的主要是中低收入人群，社会组织责无旁贷地成为应急管理的主要力量。社会组织参与应急管理在一定程度上缓解了政府的压力，但在缺乏统筹和引导的情况下，会出现合法性困境、参与困境、合作困境、资源困境、能力困境等问题，挤压了社会组织的参与空间，难以形成规模效应。本研究充分关注社会组织发展的中国情境，探讨社会组织在健全防范化解突发公共事件风险机制、增强突发公共事件应急管理能力中的实现路径，契合了社会力量参与重大突发事件应急管理的政策需求，对于新时代社会组织能力建设也具有较强的现实意义。

第二节　研究内容与方法

一、研究内容

基于上述背景，本书将着重研究社会组织参与重大突发公共事件应急管理问题，借鉴公共治理理论、应急管理理论以及社会组织理论等，尝试剖析社会组织参与突发公共事件应急管理机制，梳理社会组织参与突发公共事件应急管理模式，建立社会组织参与突发公共事件应急管理绩效评估体系，比较分析国内外社会组织参与突发公共事件应急管理的经验和存在的问题，结合新时代我国应急管理事业发展和社会组织能力建设提出社会组织参与突发公共事件应急管理的政策建议。

本书按照"提出问题—理论分析—案例研究—对策建议"的逻辑关系逐步展开研究。各章具体内容安排如下：第一章为绪论，从转型期我国社会治理现状出发，结合我国应急管理事业发展历程，提出新时代推进应急管理事业高质量发展的若干着力点，引出社会组织参与突发公共事件应急管理、化解社会风险的现实性、迫切性和可行性。第二章至第五章系统构建了社会组织参与突发公共事件应急管理的理论分析框架，包括：理论基础、实施机制、实施模式以及绩效评估体系。其中第二章为概念界定与理论基础，第三章为社会组织参与突发公共事件应急管理机制分析，第四章为社会组织参与突发公共事件应急管理模式研究，第五章为社会组织参与突发公共事件应急管理绩效评估体系研究。第六章至第八章为案例研究，分别对国内外社会组织参与突发公共事件的典型案例进行了分析总结，并运用本书所构建的评估体系，对我国两家社会组织参与疫情防控绩效进行了评估。第九章为政策建议，从健全法律法规、完善扶持政策、加强党建引领、监管与自律协同四个层面提出了促进社会组织参与突发公共事件应急管理的政策建议。

二、研究方法

理论研究。结合公共管理学的多中心治理理论与危机管理理论、社会学的社会治理理论以及政治学的集体行动理论等，建立突发公共事件社会化应急管理机制分析框架。

政策文本研究。对我国重大突发事件应急管理、公共卫生事件应急管理、社会组织参与重大突发事件应急管理等相关政策进行系统搜集与梳理，为本项目的机制、路径、政策研究奠定基础。

案例研究与实地访谈。包含三个层次：首先是对政府相关决策与管理部门的访谈，了解我国公共卫生应急管理体系、社会组织参与重大突发事件应急管理等相关政策的制定与实施情况；其次是对参与突发重大公共事件应急管理的社会组织的访谈和相关案例研究；再次是对受援地区的组织及个体就其满意度进行的访谈。

问卷调查。主要就社会组织参与突发公共事件应急管理评估所需要的参数设计调查问卷，结合研究任务，根据社会组织类型、应急管理阶段和内容的不同，合并或分别发放问卷，收集数据。

第三节　研究贡献

与已有研究相比，本研究的贡献主要体现在以下方面：

建立了政府主导下社会组织参与突发公共事件应急管理机制分析框架。我国自2003年取得抗击非典疫情胜利后开始全面加强应急管理工作，目前已初步建立起了各类突发事件应急管理的基础性制度框架。从早期"一案三制"为核心内容到当前侧重宏观体系建构的突发事件应急管理体系，动员和引导社会力量成为应急管理事业高质量发展的重要内容之一。本项目结合社会组织属性，提出建立社会组织参与突发公共事件应急管理的协同治理机制、利益联结机制、资源管理机制、国际合作机制，激发社会活力、调动社会积极性，打造政府主导下的社会化应急管理格局。

针对社会组织参与应急管理传统模式存在的问题，本项目结合突发公共事件特征及大数据时代应急管理的目标，提出建立"1平台+3阶段+4链"的社会组织参与突发事件应急管理模式，即通过组建一个应急信息管理平台，在灾前预警阶段、灾中处置阶段、灾后重建阶段三个阶段，通过形成物资保障链、资金支持链、人力保障链、技术赋能链，助推应急管理事业共建共治共享的实现。

社会组织参与突发公共事件应急管理绩效评估是监管和激励社会组织发展、提高突发公共事件综合管理能力的有效工具。本项目基于3E评估理论，遵循公平公开、积极反馈、评估多元化、科学合理的评估原则，设计了可操作性、系统性和相对独立的评估体系，分别从组织能力、经济、效率和效果四个维度构建了社会组织参与突发公共事件应急管理绩效评估指标体系，并用该评估体系对某基金会和某社会团体参与疫情防控绩效进行了评估。

构建了层次清晰的"引导型"加"功能型"社会组织参与重大突发公共事件应急管理政策体系。本书在对社会组织作为专有资源载体属性的定性研究、社会组织参与重大突发公共事件应急管理的案例研究基础上，通过顶层设计，明确社会组织参与重大突发公共事件应急管理的实现路径，规范社会组织参与重大突发公共事件应急管理行为，实现政策研究与理论、方法研究内在逻辑的一致性，保障政策体系的科学性、系统性和规范性。

第二章　概念界定和理论基础

第一节　概念界定

一、社会组织

（一）概念

非营利组织（non-profit organization）作为一种组织形态，在人类历史发展早期便有类似职能的组织存在，随着民间组织和社会运动的发展，非营利组织在 20 世纪 70 年代后逐渐成为热门话题。

学界对于非营利组织的名称以及定义存在多种解读。国际上，与非营利组织表达相似含义的还有非政府组织（non-governmental organization，NGO）、民间组织（civil organization）、志愿者组织（voluntary organization）、社会团体（social association）、公民社会组织（civil society organization）、慈善组织（philanthropic organization）、免税组织（tax-exempt organization）、独立部门（independent sector）、第三部门（the third sector）等。这些称谓没有实质性区别，只是语义表述的侧重点不同。"非营利组织"强调与各类市场组织以营利性为目的不同；"非政府组织"强调社会组织的非官方性；"志愿者组织"强调社会组织的志愿精神；"社会团体"强调社会性；"公民社会组织"强调公民的政治参与及对国家权力的制约；"慈善组织"强调公益性；"免税组织"强调部分国家对其实施税收豁免的特征；"独立部门"同"第三部门"，强调与政府（第一部门）、市场（第二部门）不同，介于两者之间。[1]

---

① 俞可平.中国公民社会的制度环境[M].北京：北京大学出版社，2006：2-5.

在我国，学界较多使用"非营利组织"与"第三部门"。政府部门最开始使用"民间组织"，民政部曾设立民间组织管理局，专司这类组织的登记和管理工作。2016年后，基于社会治理创新理念的发展，使用"社会组织"一词，显现出政府对于社会组织认识的深入和态度的变化，希望通过改革社会组织制度促进其健康发展、推动国家治理社会治理能力现代化。民政部原民间组织管理局也更名为社会组织管理局，自此"社会组织"成为我国政府的官方通用语言。

（二）特征

美国约翰斯·霍普金斯大学的莱斯特·萨拉蒙教授在对全球40多个国家非营利组织比较研究的基础上，归纳出各国非营利组织的五个共同特征：组织性、民间性、非营利性、自治性和志愿性。组织性或正规性（formal），指具有一定的组织机构，并且根据所在国法律登记注册的独立法人。当然在一些国家不需登记注册，只要具有健全的组织章程和结构以及明确的使命目标，能够区分组织成员和非成员，也被认为是正式组织。民间性或非政府性（non-governmental），指非营利组织独立于政府，既不是政府的组成单位，也不由政府官员主导。但不行使政府职权，不意味着不能与政府合作，不能接受政府支持。非营利性（non-profit distributing），指非营利组织不以营利为目的，所得利润必须用于组织宗旨规定的活动，但可以为组织财务的可持续进行营利活动，只是所获得的利润不能分配给所有者或出资人。自治性（self-governing），指非营利组织拥有自己的章程和治理机构，不受外部控制能够独立自主做出决策，并承担相应后果。志愿性（voluntary），指在组织的活动和日常管理中有相当程度的志愿参与，也意味着任何人不会被强迫捐赠或提供志愿服务。

（三）类型

在我国，对社会组织有多种分类标准，我国有学者按照职能标准将社会组织划分为准行政组织、事业组织、公益组织和中介组织四种基本类型[①]。准行政组织是指在政府改革过程中分离出来却行使一定行政职能的机构，如政策执行机构与政策制定机构的分离，某些行业协会承担执行职能。事业组

---

① 张尚仁."社会组织"的含义、功能与类型[J].云南民族大学学报(哲学社会科学版)，2004(02)：28-32.

织是指从事科技、教育、文化、卫生、体育、广播、电视、出版等各项事业活动的组织。公益组织是指那些特别关注社会公共利益问题，尤其重视社会弱势群体的组织，包括慈善机构、志愿者团体、社会救济组织、环保组织等。中介组织是指没有政府财政支持仅能以自身服务收入生存，但能够促进特定行业自律的组织，包括行业协会、商会、事务所、咨询公司等。《民法典》按照各类法人设立目的的不同，将法人区分为营利法人、非营利法人和特别法人。其中非营利法人包括事业单位、社会团体、基金会、社会服务机构等。

（四）界定

遵循《民法典》相关规定，并比照国外相关概念，本书将我国社会组织划分为三种类别：社会团体、基金会、社会服务机构。

1. 社会团体。根据《社会团体登记管理条例》及其修订草案征求意见稿，社会团体是指中国公民自愿组成，为实现会员共同意愿，按照其章程开展活动的非营利性社会组织。主要包括行业性社团、学术性社团、专业性社团、联合性社团。

2. 基金会。根据《基金会管理条例》，基金会是指利用自然人、法人或者其他组织捐赠的财产，以从事公益事业为目的成立的非营利性法人。基金会可分为资助型基金会和运作型基金会。

3. 社会服务机构。2016 年颁布的《慈善法》提出社会服务机构概念，用以代替之前的民办非企业单位。根据《社会服务机构登记管理条例》（征求意见稿），社会服务机构是指自然人、法人或者其他组织为了提供社会服务，主要利用非国有资产设立的非营利性法人。主要包括民办学校、民办医院、民办艺术表演团体、民办法律援助中心等。

（五）功能

社会组织通常具有两大功能：一是社会功能，社会组织能够与市场和政府一道提供公共服务，有效解决市场失灵和政府失灵现象。二是政治功能，社会组织作为社会治理的重要主体之一，能够推进公民政治生活参与并与政府广泛合作实现善治。

就社会功能而言，社会组织能够完善公共物品与服务的提供机制。市场和政府机制都不能有效提供具有非竞争性和非排他性特征的公共物品和服务。在市场机制下存在"搭便车"现象使得公共品的享受者倾向于隐藏自身偏好，公共品的提供者将无利可图而退出；在政府机制下，由于存在"中位选民偏好"使得政府倾向于忽略部分群体的公共品需求，造成社会群体的不公。而社会组织具有的志愿性、公益性等特征能够实现在市场与政府间查漏补缺，贴近基层掌握弱势群体需求，灵活满足各社会群体对公共品的需求。

就政治功能而言，社会组织能够促进社会治理的有效性。其一，社会组织通过政策研究提案、动员媒体舆论等政策工具，将公众和社会的需求反映给国家政府，以推动公共决策形成，提高政府制定和实施决策的效率。其二，社会组织的政治参与能够制约政府权力的膨胀，保障公众和社会权利利益不受侵犯，促进民主政治建设发展。其三，社会组织关注弱势群体，为其提供精细化、专业化服务，能够成为社会黏合剂，缓解社会不公正现象，促进全社会所有群体参与到社会治理中。

二、突发公共事件

（一）概念

学界对于突发事件的含义从不同的侧重点阐述，存在长期争论。《国家突发公共事件总体应急预案》（2006年）和《中华人民共和国突发事件应对法》（2007年）则明确突发事件的概念。《国家突发公共事件总体应急预案》中，突发公共事件是指突然发生，造成或者可能造成重大人员伤亡、财产损失、生态环境破坏和严重社会危害，危及公共安全的紧急事件。《中华人民共和国突发事件应对法》中所称突发事件，是指突然发生，造成或者可能造成严重社会危害，需要采取应急处置措施予以应对的自然灾害、事故灾难、公共卫生事件和社会安全事件。突发事件包含突发公共事件，后者更强调发生和造成影响的波及程度。

（二）界定

本书根据《中华人民共和国突发事件应对法》的规定，将突发公共事件划分为四类：自然灾害、事故灾难、公共卫生事件和社会安全事件。

1. 自然灾害。《国家自然灾害救助应急预案》（2016年）中明确自然灾害主要包括干旱、洪涝灾害，台风、风雹、低温冷冻、冰雪、沙尘暴等气象灾害，火山、地震灾害，山体崩塌、滑坡、泥石流等地质灾害，风暴潮、海啸等海洋灾害，森林草原火灾和重大生物灾害等。

2. 事故灾难。《国家突发公共事件总体应急预案》规定事故灾难主要包括工矿商贸等企业的各类安全事故，交通运输事故，公共设施和设备事故，环境污染和生态破坏事件等。

3. 公共卫生事件。《突发公共卫生事件应急条例》（2011年）规定公共卫生事件是指突然发生，造成或者可能造成社会公众健康严重损害的重大传染病疫情、群体性不明原因疾病、重大食物和职业中毒以及其他严重影响公众健康的事件。

4. 社会安全事件。《国家突发公共事件总体应急预案》规定社会安全事件主要包括恐怖袭击事件，经济安全事件和涉外突发事件等。社会安全事件作为突发事件的兜底条款，除自然灾害、事故灾难、公共卫生事件，涉及政治、经济、社会等方面对国家发展和社会稳定造成巨大影响的都可被视为此类事件。

（三）特征

在法律法规中，为避免语义重复，各类突发事件都会被简称为突发事件。由此也可看出突发事件的四种具体类型存在着共同特征。

1. 突发性。突发事件发生与否、何时何地以何种方式发生，以及发生后的影响规模等等，都具有随机性和偶然性。突发性是突发事件被社会广泛关注的关键因素。

2. 公共性。突发事件的发生和影响都在公共领域，对公民的人身和财产安全构成威胁。同时应对突发事件需要调动公共资源、组织公共力量才能够妥善解决。

3. 破坏性。突发事件对国家、社会、公民都会造成严重损害，不仅包括人员伤亡、财产损失、环境污染等直接损害，还包括对个人心理及社会心理造成冲击的间接损害。

4. 复杂性。首先，突发事件的起因包括自然因素、人为因素及二者兼备的情况。其次，突发事件的过程中由于掌握信息的有限性，会增强公众恐慌感，构成不稳定因素。再次，突发事件的后果往往具有"多米诺骨牌"效应，往往演变为涉及多行业、多领域、多项内容的综合性社会危机。

5. 持续性。任何突发事件不会像其突发性特征一样突然消失，都要经历潜伏期、爆发期、高潮期、缓解期、消退期等五个阶段，是一个持续缓慢发展的过程。

（四）分级与危害

我国对于各类突发事件的分级按照紧急程度、发展态势和可能造成的危害程度等因素，一般分为四级：Ⅰ级（特别重大）、Ⅱ级（重大）、Ⅲ级（较大）、Ⅳ级（一般），对应的预警颜色分别为红色、橙色、黄色和蓝色，对应的控制层面分别为国家级、省级、市级和县级。

突发事件的危害主要包括以下几点：（1）公民层面，造成人身伤亡和财产损失。突发事件最直接的后果就是公民人身和财产安全受到威胁。（2）社会层面，危害社会心理、扰乱社会稳定。突发事件会对不同群体引发不同程度的恐慌、狂躁等负面心理，当其在社会广泛蔓延开来会产生连锁反应，导致社会动荡。（3）国家层面，阻碍经济发展、影响政府权威。突发事件会毁坏基础设施，同时可能引发失业、滞胀等恶化经济的现象，导致经济增长放缓甚至逆转。而且如果政府不能对突发事件作出及时有效的回应、将其负面影响控制在合理范围内，公众会对政府的决策管理能力产生质疑，引发政治信任危机。

三、应急管理

（一）概念和特征

《联合国国际减灾战略术语》（2009 年）中指出，应急管理主要是针对突发事件的各个方面，对资源和职责的组织与管理，特别是在准备、响应和早期恢复阶段。应急管理的目的是通过各种计划安排，以综合协调的方式将政府、非政府组织、志愿者与私人机构的分散化工作协调整合起来，以满足各类紧急需求，有时也用灾害管理替代应急管理概念。[①]

2018 年，《深化党和国家机构改革方案》印发，我国新组建成立应急管理部，将之前涉及 11 个部门的 13 项职责，包括 5 个国家级应急机构重新进行整合，应急体制向着现代化方向改革。在此背景下，学者指出应急管理的含义可拓展为"大"应急，包括研究范围、研究过程及研究内容"大"，是全灾种的防范、救助、救援一体化的综合减灾管理。[②]

---

① 杨月巧，新应急管理概论[M].北京：北京大学出版社，2020：10.

② 杨月巧，新应急管理概论[M].北京：北京大学出版社，2020：12.

综合性、全面性是应急管理的基本特征：第一，参与主体"全"。应急管理的主体包括政府、军队、社会组织、企业、私人等，是涵盖社会各阶层、全部群体的共同参与、共同管理。第二，应对风险"全"。应急管理所面对的风险包括自然风险、人为风险和技术风险等，涉及各类突发事件中所有可能的风险形式。第三，处理过程"全"。应急管理工作包括灾前预防、灾中处置和灾后恢复的所有阶段、所有内容。

（二）界定

本书将应急管理的阶段按照灾前、灾中和灾后三个时间段，并根据功能划分为三个阶段：灾前预防准备、灾中反应、灾后恢复总结。[①]

1.灾前预防准备。其一，预防工作。预防是应急管理最重要的功能，应急管理最终目的不在于危机发生后果断处置、减少影响，而在于能够通过相应的体制机制将风险遏制于萌芽状态，正如古语所言"防患于未然"。目前主要通过宣传教育、制定预案、预警机制、网络信息互通等来加强应急管理的预防功能。其二，准备工作。准备包括根据预案制定应急方案，从人员队伍组建、应急演练培训、物资仪器储备等多方面落实组织和技术措施。同时准备也包括平时准备、"战时"转换、"战时"准备等三个层次，尤其要注意平战结合、平战转换问题。

2.灾中反应。根据法律规定，在认清响应级别的基础上，坚持快速实施反应的原则。做到快速获取完整信息，迅速召集相关队伍展开活动，抵达现场精准地做出判断并制定措施，实施过程时刻督促检查。

3.灾后恢复总结。其一，恢复工作。当突发事件开始消退时，应急管理的功能就在于全面恢复经济社会生活，通过全面宣传改变公民及外界预期，并强化对突发事件负面影响的清查扫尾工作。其二，总结工作。将突发事件应对中的方方面面予以回顾总结，吸取经验教训，从中对应急管理制度机制等进行完善改革，提升应急管理的体系与能力建设。

（三）辨析：危机管理、风险管理

与应急管理具有相似但又差别的概念有危机管理、风险管理。危机管理是对危机进行管理，目的在于使组织或个人在危机中不受波及或最大限度

---

① 黄宏纯，突发事件全面应急管理[M].北京：北京理工大学出版社，2018：8-9.

减少损失①。风险管理是解决如何防范和应对各种风险，以达到避免突发事件和危机事件出现的目的。就三者区别而言：其一，应急管理和危机管理主要是针对非常态管理，风险管理则是居于常态管理和非常态管理的中间地带②。其二，风险管理和危机管理侧重于研究对象本身（crisis），而应急管理侧重于管理的手段。

第二节　理论基础

一、社会组织基础理论

（一）社会组织兴起的相关理论

1.公民社会理论

"公民社会"是由 civil society 一词翻译而来的，对公民社会的定义而言，主要分为两类：一类是基于国家和社会的二分法，指独立于国家但又受到法律保护的社会生活领域，并且包括相关联的社会价值或原则；一类是基于国家—经济—公民社会的三分法，指介于国家和家庭或个人之间的一个社会相互作用领域，同时也包括与之相关的社会价值或原则。在 20 世纪 90 年代后，学界逐步认同以三分法为基础的定义，其中以戈登·怀特的观点为代表，其指出"当代使用这个术语的大多数人所公认的公民社会的主要思想是：它是国家和家庭之间的一个中介性的社团领域，这一领域由同国家相分离的组织所占据，这些组织在同国家的关系上享有自主权并由社会成员自愿结合而形成，以保护或增进他们的利益或价值"③。

近代，西方公民社会理论的主要贡献者包括霍布斯、洛克、亚当·斯密、亚当·福格森、黑格尔和马克思等④。（1）霍布斯所认为的公民社会就是政

---

① 魏加宁.危机与危机管理[J].管理世界，1994(06)：53-59.
② 薛澜.从更基础的层面推动应急管理——将应急管理体系融入和谐的公共治理框架[J].中国应急管理，2007(01)：17-19.
③ 戈登·怀特：《公民社会、民主化和发展：廓清分析范围》，载英国《民主化》杂志1994年秋季号，第375—390页.
④ 曾远英.西方公民社会理论的历史嬗变述评[J].前沿，2008(11)：22-27.

治国家，用以维护绝对主权。他认为人类在自然状态下，面对着暴力、死亡、孤独、贫困等威胁，而解决问题的方法便是通过相互之间订立契约而结成公民社会，通过服从于最高政治权威以追求和平、安全、秩序的政治价值。（2）洛克认为社会先于且高于国家，暗含公民社会与国家存在区别，为公民社会理论奠定基础。他认为为了克服自然状态的缺陷，人人放弃自然法的执行权而把它交给公众，结合形成一个政府的社会。（3）亚当·福格森将公民社会视作一种经济且私人的社会生产领域，是一种在封建社会的政治经济关系之外所萌发的资本主义经济生活，将公民社会与国家对立起来。（4）亚当·斯密为公民社会理论提供经济学的论证。他主张经济自由化，将经济系统抽离出国家，反对国家干预，从而推动着公民社会从国家中分离出来而获得独立的存在与发展。（5）黑格尔首次明确地从国家中将公民社会分离出来，认为公民社会处于家庭与国家之间的地带，可以理解为市场经济的领域，该领域由于以个人利益为中心处于非理性状态而偏离了伦理精神，需要更高级的国家作为外力引导公民社会的发展。（6）马克思认为公民社会是私人利益的综合，是政治国家之外的一切领域，包括经济与社会关系领域，并且公民社会作为经济基础决定国家这一上层建筑。

　　进入 20 世纪，公民社会理论经历两次高潮，分别以葛兰西和哈贝马斯为代表人物。（1）葛兰西认为公民社会不属于经济基础而是上层建筑的一部分，将公民社会看作是包括政党、工会、学校、教会、新闻机构等在内的各种民间组织的总和，政治国家通过公民社会实施着对社会的文化领导权。（2）哈贝马斯认为随着资本主义市场经济的发展，公民社会是作为独立于政治国家的"私人自治领域"而出现的，具体包括以资本主义私人占有制为基础的市场经济体系、由非官方组织所构成的社会文化系统。哈贝马斯的公民社会概念包含了黑格尔、马克思及葛兰西的部分，对社会生活作出较为完整的提炼，具有较强解释力①。

　　公民社会理论主要研究的是两方面问题：一是公民社会的结构性特征和文化特征，二是公民社会与国家间的关系②。

　　就公民社会的结构性特征和文化特征而言，结构性要素包括四个方面，

① 曾远英.西方公民社会理论的历史嬗变述评[J].前沿，2008(11)：22-27.

② 何增科.公民社会与第三部门研究引论[J].马克思主义与现实，2000(01)：27-32.

即私人领域（私人自主从事商品生产和交换活动的领域、个人自我发展的充分隐私的领域）、志愿性社团（建立与地缘或血缘无关、基于共同利益或信仰、非营利、进入退出自愿）、公共领域（公众对公共权威及其政策作出评判的聚集场所）、社会运动（寄托着西方左翼学者反叛现实社会、实现理想社会的希望）。公民社会的文化特征则体现为下述五种价值原则：个人主义（保护和增进个人权利是公民社会存在的基础）、多元主义（多样的个人生活方式、社团组织和思想）、公开性和开放性（公众在公共领域对政策进行评判的前提）、参与性（强调公民参与社会政治生活、制约公权力）、法治（防止国家任意干预公民社会内部事务）。

公民社会与政治国家间的关系主要包括以下五种观点[①]。（1）以托克维尔为代表的"公民社会制衡国家"理论，强调由各种非官方社团组成的公民社会来监督和制衡一个权力和机构日益膨胀的国家。（2）以托马斯·潘恩为代表的"公民社会对抗国家"理论，强调当面对专制主义和干预主义的北美殖民政权时，对抗国家必然会选择公民社会的方式。（3）以黑格尔为代表的"公民社会从属于国家"理论，强调由代表普遍利益的国家调停公民社会内部的私人利益冲突。（4）以迈克尔·伯恩哈德为代表的"公民社会与国家共生共强"理论，强调公民社会与国家相辅相成，呈现出强国家和强市民社会的和谐共存。（5）以米歇尔·麦克莱蒂为代表的"公民社会参与国家"理论，强调市民社会中各种社团组织参与国家事务的必要性。

由于国家与社会关系的分离，产生现代公民社会的基础即社会组织，因此社会组织理论的发展与公民社会理论密切相关。同样公民社会理论也是社会组织参与重大突发公共事件的理论基石。

2. 社会本位理念

社会管理从涵盖面上主要包括两个相互促进的方面：政府对社会的管理、社会的自我组织与管理。随着政府与社会关系的演化，政府的权责在限缩，社会的权责逐步扩大。政府进行社会管理的首要职能正是培育强大的自我组织和自我管理的社会，这也是社会管理的本质。

构建新型社会管理格局首先就是要将管理理念从传统的"政府本位"向

---

① 周国文. "公民社会" 概念溯源及研究述评[J].哲学动态，2006(03)：58-66.

"社会本位"转变。"政府本位"是指政府在社会公共管理中具有绝对权力并且作为单一的管理主体，认为"只有政府、只能政府才能管理，只有政府、只能政府才能管理好"。"社会本位"则认为政府只是社会管理的主体之一，与公民、社会组织等多元主体以协商的方式共同进行公共管理活动。社会本位理念的核心内涵是"人本、责任、服务"精神，并通过"参与、合作、互动"的途径外化和实现①。

在社会管理中，实现从政府本位向社会本位的转变过程中，"原来政府控制和管理社会的观念必须让位于调控、引导、服务和整合社会的观念，政府对社会的统治观念必须让位于政府与社会的合作治理"②。

因此，对于现代社会管理而言，政府必须坚持为社会服务、适度干预的定位，培育社会的独立性、自主性和自治性。而社会管理创新就是要改变政府单方面管理的局面，从社会管理走向社会治理，与社会在公共事务管理方面实现合作共治。坚持社会本位理念，才能从治理思想根源处明确社会组织参与重大突发公共事件的重要地位。

（二）市场、政府及社会组织等部门失灵理论

正如马克思认识论观点，认识运动具有反复性和无限性的特征，对于真理的认识是一个波浪式前进或螺旋式上升的过程。人们对于经济和社会制度的认识，也是随着客观经济现象的变化不断深入。20世纪30年代资本主义国家所遭遇的经济危机，促使福利经济学家意识到市场调节机制存在的缺陷；20世纪70年代西方国家普遍出现的"滞胀"现象，又让经济学家们重新意识到政府干预的作用不是无限的；在市场调节和政府干预结合、非营利组织参与的主流思想下，20世纪80年代萨拉蒙等学者又指出非营利组织内部的失灵问题。

1. 市场失灵理论

从古典经济学开始，西方经济学家便倡导自由经济，发挥市场"看不见的手"的作用去自动调节经济。其核心观点认为经济是内在稳定的，完全不

---

① 陈庆云，鄞益奋，曾军荣，刘小康.公共管理理念的跨越：从政府本位到社会本位[J].中国行政管理，2005(04)：18—22.

② 周红云.社会管理创新的实质与政府改革——社会管理创新的杭州经验与启示[J].中共杭州市委党校学报，2011(05)：55—61.

需要其他手段予以干预，经济在面对冲击波动时利用内部竞争、价格、要素等机制予以平衡。诚然，市场经济具备多方面优势，包括收集信息的广泛性、作出决策的灵活性等，使得其在资源配置方面最具效率。

但市场机制同样存在固有缺陷。首先，作为市场经济的基本条件，理性经济人假说解释了个体理性对于市场供求的有效调节作用，但同时会导致产生集体非理性，如经济萧条时理性人选择减少支出，会进一步加剧经济萎缩等。其次，完全放任的自由竞争必然会导致垄断，市场机制会将资源逐渐转移到生产效率高、成本低的企业，并且利用积累起的优势逐步通过联合、合并、兼并等方式扩大经营规模，并对市场机制产生扭曲，使其不能有效调节经济。再次，市场主体在经济活动中激烈竞争往往会产生矛盾冲突，但市场机制本身不能提供划分并维护产权的制度保障，使得部分理性人会选择损人利己的活动。

颇为突出的是，市场在提供公共产品方面更显乏力。公共物品具有非竞争性和非排他性的特征，非竞争性是指向多一个人提供公共物品的边际成本为零，非排他性是指公共物品提供后并不能将任何人排除在外而不允许其使用。因此，理性人会产生不为公共物品付费而免费使用的"搭便车"动机。当公共物品的私人提供者不能获得正常收益的情况下，其便会退出市场，致使公共物品供给短缺。

2. 政府失灵理论

随着市场理论的应用和发展，不完全竞争、不完全信息等现实特点逐步引起关注，弥补市场机制的缺陷成为焦点。政府被认为是解决市场失灵的重要主体，其不再仅仅承担亚当·斯密提出的"守夜人"职能（包括国防军事、司法行政、公共工程等），还要承担起提供更多公共物品和服务、通过货币和财政政策干预经济的职能。

虽然从原则上讲市场失灵的界限就是政府干预的边界，但是政府仍然存在不能有效发挥职能的情况，即政府失灵。萨缪尔森将"政府失灵"概念定义为国家行动不能改善经济效率或政府把收入再分配给不恰当的人。就政府失灵的原因而言：其一，政府决策并非基于社会利益最大化。布坎南等人在公共选择理论中将"经济人假设"引入政府活动，不再单纯地将政府视作忠诚守法、捍卫公民利益的角色，而认为政府也是由不同私人个体组成的。这些私人主体也会因为职位、权力等利益而做出效用最大化的选择，此时所制定出的政策必然会表现出多数获利集团的个人边际利益大于社会边际利益或个人边际成本少于社会边际成本的结果，致使公共物品的产出减少。而在西方民主制度程序下，政治决策往往反映的是"中位选民偏好"，由此政府提供的公共物品或服务往往具有同质性，不能满足部分群体的特殊需求。其二，政府干预并非一贯高效。一方面，政府进行决策时同样面对信息不完备，并且相较于市场机制，政府对社会需求信息的全面把握和分析处理更加困难。另一方面，政府干预涉及对宏观经济运行状况的准确研判，进而需要对政策工具和实施时机的精确把握，干预不足或干预过度都会对经济产生进一步的负面冲击。其三，政府存在内在的扩张倾向。瓦格纳指出政府的财政支出存在相对增长的趋势，即随着人均收入水平的提高，政府支出占 GDP 的比重将会提高，这也被称为"政府活动扩张法则"。虽然政府扩张倾向某种程度是对社会公共物品需求增长的回应，但极易导致政府干预职能的强化、人员和机构冗杂，形成庞大的财政赤字。

3. 契约失灵理论

一方面，市场失灵客观上需要政府干预，但另一方面，政府失灵又会让市场失灵进一步恶化。市场与政府间存在非零和关系，正如布坎南指出的，"市场机制解决不了的问题，政府也不一定能解决"，这推动学者们将目光投向市场和政府之外的"第三部门"，非营利组织开始登上历史舞台[①]。

面对市场失灵中的信息不对称现象，汉斯曼指出社会中存在"合约失灵"问题，这为非营利组织能够发挥提供公共物品与服务的作用提供了理论依据。合约失灵是指在某些公共物品或服务的提供中，消费者面对两种信息不对称情景而难以对其质量做出评估，一种是由于物品或服务过于专业化复杂化（如对医疗质量的判断），另一种则由于购买者不是最终消费者或受益者（慈善捐赠者难以确知款、物的使用情况）[②]。由此厂商便会存在机会主义动机、降低物品或服务的质量，最终使得消费者与厂商的合约在实质上未能达成一致。

合约失灵使得消费者有意愿从非营利组织处获得这一部分物品或服务，因为其认为非营利组织不会将净收入分配给组织内部人员或出资者，这种"非

---

① 王晋.第三部门：市场与政府的非零和产物——兼论我国第三部门的现状及发展趋势[J].政治学研究，2004(03)：107-116.

② Hansmann Henry. The Role of Non-profit Enterprise[J]. Yale Law Journal, 1980, 89：835-901.

分配约束"便抑制了机会主义行为，也降低了消费者的监督成本，有效弥补了合约失灵[1]。因此，非营利组织成为继市场、政府之后学者们关注研究的第三个能够提供公共物品和服务的对象，用以弥补市场失灵和政府失灵。

4.志愿失灵理论

非营利组织在发展过程中，所扮演的角色已经从传统意义的扶弱济贫，逐步纳入公共政策制定、社会治理参与等。部分学者对于非营利组织抱有极大期望，坚信其志愿性、灵活性、非利润分配性所构建起的是一个完美无瑕的形象，对于国家和社会的民主进程能够起到关键作用。

志愿失灵具体表现在四个方面：慈善不足（philanthropic insufficiency）、慈善的特殊主义（philanthropic particularism）、慈善的家长式作风（philanthropic paternalism）以及慈善的业余主义（philanthropic amateurism）[2]。

（1）慈善不足。萨拉蒙认为"作为集体物品的提供者，志愿制度的一个重要缺陷在于，它无法产生充足的、可靠的资源，来处理发达工业社会中的人类服务问题，且经常无法涵盖所有的地理范围，使得问题最严重的地方反而无法得到必要的帮助"。一方面，非营利组织能够获得的资源不足。成因可归结为两点：首先，公共物品和服务的"搭便车"问题。从非营利组织活动中受益的人们不需要强制为其享受的物品或服务支付成本，而是期望其他人负担。因此非营利组织仅仅依靠志愿性的捐赠所获得的资源不足以与其提供物品和服务的开支相匹配。其次，经济波动现象。由于非营利组织的资源主要来自于私人慈善募捐，在经济衰退时，私人会减少募捐数量，致使非营利组织获得资源减少。另一方面，资源不足也会造成非营利组织分配资源时无法做到地区均衡，从而出现最需要帮助的地区被遗漏的可能性。

（2）慈善的特殊主义。非营利组织具有为特殊群体提供专业服务的优势，但这种优势在某种程度上也会产生问题。第一，真正的弱势群体被忽视。"长期以来，私人非营利部门倾向于接待更'应该获得救济'的穷人，而把最困难的情况留给了公共机构"[3]。非营利组织针对特定群体的活动产生了局部

---

[1] Hansmann Henry. The Role of Non-profit Enterprise[J]. Yale Law Journal, 1980, 89: 835-901.

[2] 莱斯特·萨拉蒙，田凯译.公共服务中的伙伴——现代福利国家中政府与非营利组织的关系[M].北京：商务印书馆，2008：47-50.

[3] 莱斯特·萨拉蒙，田凯译.公共服务中的伙伴——现代福利国家中政府与非营利组织的关系[M].北京：商务印书馆，2008：47-48.

性的利益团体，无法形成公众共同的利益诉求，这种特殊主义蔓延下去，会造成社会各群体间的不平等。第二，重复性活动造成资源浪费。"志愿组织和慈善活动，并不仅仅是由社会需求方面的考虑所推动，也由社区或个人的自豪感所激发。每个群体都想拥有自己的机构，对捐赠人的呼吁经常是沿着宗教的、民族的或宗派的方向展开的"①。因此，由于存在相似的成立动机、覆盖相似的群体，相似的社会组织数量超过了规模经济的范围，降低了非营利组织制度所能实现的社会治理效率。（3）慈善的家长式作风。"志愿机构对社区问题作出回应时，不可避免地把界定社区需求的权力授予了那些控制着最重要资源的人。只要私人慈善是志愿部门的唯一支持，那些控制慈善资源的人就能决定该部门做什么、为谁服务。因此，这个部门的特性不是由整个社区的偏好而是由社区中的富人来塑造的"②。在非营利组织的运行和决策过程中，本应由志愿者或受益者承担主要角色，但其往往缺乏相关的专业知识或技能而不能胜任，导致现实中是由包括捐助者和董事会在内掌握资源最多的人或机构担任。这也造成决策过程呈现出非民主化、非透明化的特征，尤其当非营利组织对于志愿活动的偏好由富人决定时，其所提供的物品与服务反映的是富人阶层的利益诉求，而不会顾及穷人，深化了社会的不平等。（4）慈善的业余主义。非营利组织会用业余的方法处理人类的问题，这种"业余"表现在以下方面：其一，人员业余。非营利组织由于只能够获得有限的资源，故而对于内部雇员难以支付社会平均水平之上的工资，从而无法吸引各领域的精英专业人才。虽然非营利组织的立身之本是依靠志愿者的志愿精神，但是志愿者往往难以提供专业性服务，比如对于残障人士所进行的只是道德劝诫而非医疗救助。其二，发展业余。非营利组织的服务需求难以达到一定规模，服务供给也难以应用最新技术，而过分依赖某一领导也会制约其可持续发展能力。

（三）政府与社会组织关系理论：对部门失灵的回应

非营利组织的概念出现后，一度让人们看到解决市场和政府失灵问题的

---

① 莱斯特·萨拉蒙，田凯译.公共服务中的伙伴——现代福利国家中政府与非营利组织的关系[M].北京：商务印书馆，2008：48-49.

② 莱斯特·萨拉蒙，田凯译.公共服务中的伙伴——现代福利国家中政府与非营利组织的关系[M].北京：商务印书馆，2008：50.

全新途径，但志愿失灵理论揭示了非营利组织的缺陷，因此学者们纷纷开始探索政府与社会组织关系的问题，希望将市场、政府和社会组织有机结合起来发挥最佳作用。

1. 吉德罗、克莱默和萨拉蒙"四模式说"①

吉德罗、克莱默和萨拉蒙通过建立两项重要指标，包括"服务的经费和授权"（financing and authorizing of services）及"服务的实际提供"（actual delivery of services），将政府与社会组织关系归纳为四种模式：政府主导模式（government-dominant model）、第三部门主导模式（third-sector-dominant model）、双重模式（dual model）及协作模式（collaborative model）。政府主导模式是指政府在资金筹措和服务提供中处于支配性地位，同时作为资金和服务的主要提供者。第三部门主导模式则与政府主导相反，是指非营利组织支配资金筹集和服务提供，该模式认为政府无力提供有效服务而排斥政府作用。双重模式是指政府和非营利组织同时作为资金和服务的主要提供者，但二者是在划分好的各自领域范围内独立活动，服务不重合、不交叉，同时非营利组织提供的服务是对政府的补充，包括对政府服务未覆盖群体、未涉及种类的服务提供两种形式。协作模式是指政府和非营利组织通过协作的方式共同提供公共服务，这被认为是最有效的模式，一般由政府提供资金、非营利组织提供服务。同时根据非营利组织在提供服务时的自主性又可分为两种形式：其一，"合作卖方"（collaborative-vendor model），指非营利组织只是作为政府提供服务的代理人、政府意志的执行者，承担政府服务项目的具体执行职责。其二，"合作伙伴"（collaborative-partnership model），指非营利组织能够就服务内容对象、资金筹集等多方面与政府展开协商、参与决策。

2. 考斯顿"连续谱"②

考斯顿通过四项维度（政府对制度多元化的抵制或接受、关系中的权力相对平衡、形式的程度和政府联系的程度）将政府与社会组织关系类型划分为压制、敌对、竞争、合约、第三方治理、协作、互补和合作等八种模式，从而形成一个连续谱。现代社会政府对制度多元化的接纳程度逐步提高，更

① 张钟汝，范明林.政府与非营利组织合作机制建设[M].上海：上海大学出版社，2010：69.

② Jennifer M. Coston. A Model and Typology of Government-NGO Relationships[J]. Nonprofit and Voluntary Sector Quarterly,1998,27(3)：358-382.

多根据服务领域、个别组织行为者和社会历史背景，选择除压制、敌对之外的关系模式，以充分利用各个部门的比较优势。

3. 纳贾姆 4C 模型 [①]

纳贾姆认为任何一种政府与非营利组织间关系都存在必要的"张力"（necessary tension）这一根本特征，时而显著时而隐蔽、时而具有建设性时而具有破坏性，总是不可避免的。关系模式不单由社会背景或政府动机决定，还取决于政府与非营利组织各自的战略性制度利益，根据二者的目标及偏好两个维度归结为四种形式：一是合作型关系，即政府与非营利组织具有相似的目标和实现途径，能够实现利益一致、共同行动。二是冲突型关系，即政府与非营利组织目标处于或明或暗的对立状态。三是互补型关系，即政府与非营利组织在目标方面一致，但倾向于不同的手段去实现。四是吸收型关系，这是一种不稳定的过渡关系，政府与非营利组织偏好策略相似而目标不同，最终会转变为冲突型或合作型关系。另外，纳贾姆认为即使在政府或非营利组织内部，关系模式的选择也不是统一的，不同机构或成员会有不同的偏好倾向，从而会建立不同的关系类型。

4. 杨"二模式说" [②]

杨通过历史分析方法，回顾美国政府与非营利组织关系的史料，将其概括为三种模式：其一，补充模式。在这种模式下非营利组织所提供的服务是政府无法满足的，并且私人捐助与政府支出具有负相关关系，随着政府提供服务的增加，对非营利组织服务的需求会下降。其二，互补模式。政府与非营利组织互为协作伙伴，政府服务由非营利组织实际执行，因此二者活动的经费支出具有正相关关系，政府提供服务越多，非营利组织负责活动的规模越大。其三，抗衡模式。政府与非营利组织作为独立且相互影响的个体进行活动，政府通过立法规范非营利组织活动，非营利组织则对政府决策起到社会监督作用。这种模式中不存在确定的正或负相关关系，非营利组织可能偏向于小政府的效率高，也可能偏向于大政府的服务多。另外，杨指出政府与

①　Adil Najam. The four-Cs of third sector-government relations: cooperation, confrontation, complementarity, and cooptation[J]. Nonprofit Management&Leadership,2000,10(4): 375-391.

②　Dennis R Young. Alternative models of government-nonprofit sector relations: theoretical and international perspectives[J]. Nonprofit and Voluntary Sector Quarterly,2000,29(1): 149-172.

非营利组织关系模式是根据不同国家、不同发展阶段决定的，三种模式并非相互排斥，既能弥补政府服务不足，又能接受委托执行政府服务决策，同时监督政府运行。

（四）治理理论

国外学界普遍将治理的主体概括为公共机构、私人机构和非营利组织，在我国的话语体系中则表达为政府、市场与社会组织[1]。学者们通过对政府与社会组织关系模式的梳理，认为政府与社会组织能够实现相互配合，并基于此进一步阐明市场、政府与社会组织在现代社会治理中的主体地位。

1.市场、政府与社会组织相互弥补

首先，就市场与政府而言。从经济理论和社会发展结果来看，市场调节和政府干预早已不是非此即彼的关系，对于经济政策选择往往是二者的有机结合。从上世纪的石油危机到 2008 年国际金融危机，资本主义市场经济在短期难以达到充分就业的论断不断被证实，加之市场自发调节过程缓慢，是一个高成本或痛苦过程，因此仅依靠市场调节无法应对；另外经济波动具有随机性，需要政府相机抉择，这种干预应当是短期性的、应急性的，单凭政府干预会从根本上抑制私人经济，对于公共选择存在偏离公共目标、甚至机构不再代表公共利益的可能性，需要制度实施将市场调节和政府干预结合起来，充分发挥市场对资源配置的决定性作用，更好发挥政府作用。

其次，就政府与社会组织而言。政府的弱点往往是社会组织的长处，反之亦然。政府对于社会组织发挥作用的帮助在于：其一，通过政府相对民主透明的决策程序，抵消社会组织家长式作风，使其提供的服务更加符合社会整体偏好而非富人意愿。其二，政府通过税收形式将一部分收入转移到社会组织，能够充分提高社会组织提供服务的数量和质量，解决其仅依靠私人捐助的资源不足问题。社会组织对于政府发挥作用的弥补在于：其一，能够针对政府没有涉及到的领域、群体提供精细化服务，使得社会每一个体都能享受到合其意愿且合法的公共服务。其二，社会组织间的有效竞争能够促使其提供专业化的高质量服务，弥补政府提供服务中缺失竞争机制的不足。因此，政府与社会组织决不是相互排斥的，而是相互补充的，由政府提供资金并管

---

① 王名，蔡志鸿，王春婷.社会共治：多元主体共同治理的实践探索与制度创新[J].中国行政管理，2014(12)：16-19.

理活动，由社会组织提供服务，以满足社会多元化的需求。

值得注意的是，萨拉蒙的志愿失灵理论并不将非营利组织的产生看作弥补政府失灵的派生制度，而认为首先由非营利组织对市场失灵做出最迅速的反应，公共部门只有在非营利组织反应不足情况下才会出现。即非营利组织和政府都是对市场失灵做出反应，而不是志愿失灵与政府失灵间的相互弥补。这对于研究当前我国社会组织与政府、市场的关系问题具有重要意义。

2. 多中心治理理论[①]

在 20 世纪 80 年代各国为了提高公共部门绩效，通过私有化、权力下放、分权等方式掀起了全球性的政府改革浪潮。在此背景下，多中心治理理论由文森特·奥斯特罗姆和埃莉诺·奥斯特罗姆夫妇融合多中心理论和治理理论而创立。迈克尔·博兰尼在《自由的逻辑》一书中率先提出多中心理论，并为分析世上万物提供哲学基础，其后奥斯特罗姆夫妇通过实证检验了多中心秩序适合于人类的社会公共管理活动。奥斯特罗姆认为在集权体制下，管理的信息和策略成本会增加，并且容易产生寻租和腐败现象；而在分权体制下，存在相关制度不同步以及管理主体责任缺失的问题。为解决集权和分权这两种单中心制度下"一收就死，一放就乱"的困境，提出了多中心治理概念。多中心与治理都具有分权和自治的共同特征，多中心突显了各主体间的竞争性，治理则强调通过合作使各主体间协作共生。二者相结合的多中心治理理论能够解决原有的分权制与集权制的固有缺陷，从而形成了包含多个中心主体的竞争与合作的新的公共管理范式[②]。

多中心治理理论主要包括五种主要观点：一是治理主体的多元化，包括中央政府、地方政府、非政府组织甚至公民个人在内都是社会公共事务的管理主体，只要管理主体能够得到社会公众的认可，就可能成为社会权力的中心。二是治理意味着在界限和责任方面存在模糊性，私人部门更多承担政府原有的职责。三是多中心的治理结构是网络型的，公民、政府、企业间构成复杂的社会关系网络，并且随着互联网技术发展，每个中心都只是作为网络

[①] McGinnis, M.D.& E. Ostrom, 2011. Reflections on Vincent Ostrom, Public Administration, and Polycentricity. Public Administration Review, 72(1): 15–25.

[②] 王志刚.多中心治理理论的起源、发展与演变[J].东南大学学报(哲学社会科学版)，2009，11(S2): 35–37.

上的一个结点而不存在层级或间接代表，能够与其他中心进行着直接交流从而实现自身利益诉求表达①。四是有助于维持社会偏好。首先通过多层级、多样化的控制方法将公共服务的外在效应内部化，提高经济效益，减少搭便车现象。其次决策中心下移，公民个人和基层组织的意见被吸收，增强决策的有效性②。五是实现有效治理的途径不再仅限于政府依靠权力发布命令，还可以采用新的管理方法和技术，引导社会参与公共事务，提高管理效率。

3. 萨拉蒙"新治理"理论

萨拉蒙在揭示了志愿失灵理论及阐明了政府与社会组织关系的"四模式"说后，指出了非营利组织在治理中作为重要主体的观点，进而强调各类主体之间存在的广泛合作关系的重要性，提出了"新治理"理论③。

"新治理"理论又称作"新政府治理"（the new governance）或"工具途径"（the tools approach），是一种在"第三方政府"时代解决公共问题的新方法。其核心思想有两点：其一，体现在"治理"。治理的本质是合作性，是对除政府外第三方的依赖。由于解决社会公共问题早已不能单单依靠政府本身，而需要广泛的协作关系共同应对，故而用"政府治理"（governance）代替政府管理（government）。其二，体现在"新"。广泛的协作关系意味着管理制度设计上的严峻挑战，这些合作方法虽然很难说是新颖的，但如今必须以一种更加连贯的方法来处理，使得公共部门能够更好地参与治理。

"新治理"是一个新的范式，理论的核心由以下几个关键思想构成：工具性、网络制、公私合作、谈判和劝服、赋能④。第一，从组织和项目到工具的转变。工具性是指在新治理范式中关注点已经从公共部门或单个的公共项目转移到对解决社会问题的工具和技术选择上。近年来，治理工具的种类、数量和规模都迅速发展，而每种工具都具备独特的操作方式和运作法则，因此对工具的选择也是对项目实施过程中各个阶段行为主体的选择。各类行为

① 王志刚.多中心治理理论的起源、发展与演变[J].东南大学学报(哲学社会科学版)，2009，11(S2)：35-37.

② 张克中.公共治理之道：埃莉诺·奥斯特罗姆理论述评[J].政治学研究，2009(06)：83-93.

③ Salamon, L.M.& O. Elliott, 2002. The Tools of Government Action：A Guide to the New Governance, Oxford University Press.

④ 莱斯特·M·萨拉蒙，李婧，孙迎春.新政府治理与公共行为的工具：对中国的启示[J].中国行政管理，2009(11)：100-106.

主体在行为方式和价值理念方面的差异又很大，选择某一种工具，就是选择了某一主体，选择了政策如何执行。第二，从科层转移到网络。新治理范式将焦点从科层制的机构转移到了组织网络上，强调对公共部门与一系列第三方主体之间共生关系的研究。基于"委托代理理论"和"网络理论"，萨拉蒙认为管理这些网络关系会面临严峻挑战。一方面，委托人虽然掌握财权，但由于信息不对称和成本等问题，不能监督代理人行为、掌控项目运行。另一方面，即使代理人符合委托人意愿和利益，由于多元组织间缺乏交流合作、更多考虑自身利益、对同一目标追求具有不同偏好以及存在动态变化因素，网络关系使得委托人目标难以达成。第三，从公私对立到公私合作。传统公共管理理论为了保证政府回应的是公众而不是私人团体需求，认为政府与私营部门存在冲突。而新治理范式对此加以批驳，认为部门间关系已经从竞争走向协作，合作关系能够将政府筹资优势与非营利组织提供服务的灵活性优势结合起来，共同配置公共资源。第四，从命令与控制转移到谈判与磋商。传统行政管理理论通过命令与控制的方式实施公共项目，而新公共管理理论则强调私有化的意义而忽视政府控制的重要性。新治理范式则提供第三条道路——谈判与磋商，公共管理者已经不能只依靠颁布行政命令去控制行政对象，尤其在失去对后者部分控制权力的背景下，而应当采用恰当的激励机制实现管理目标。第五，从管理技能到赋能技巧。新治理范式同新公共管理主义认为政府角色不可或缺，但在不否认政府权威的前提下，将关注点转移到政府与私人组织之间的授权技术上。政府将权力授予第三方，通过政策手段激励各主体积极主动地解决公共问题。具体包括三种技能：其一，"激发能力"，即通过政府行为主动激发网络中的各主体解决公共问题。其二，"指挥能力"，强调协调而非命令，且不仅体现在网络的创建，还体现在网络的运作和维持方面。其三，"调控能力"，管理者能够通过合理的奖惩工具手段，既促进网络中相互依赖主体间的合作，又防止各自敛财行为的泛滥。

因此，通过梳理治理理论的发展脉络，市场、政府和社会组织在解决社会问题、满足社会需求中都各自发挥着重要积极作用，任何一方都是不可或缺的。并且强调市场、政府与社会组织的分工协作成为现代治理的共识，三者间相互补充才能获得最大的治理效益。"尽管治理也有失效的时候，但是，认识到只有政府、市场和社会共同致力于公共利益最大化的治理过程本身则成为一种至高无上的价值追求。"① 这种治理理论也为我国建立全民共建共享的社会治理格局奠定了理论根基。

二、应急管理基础理论

（一）应急管理必要性依据：风险社会理论

1986年乌尔里希·贝克在《风险社会》一书中首次提出"风险社会"的概念，用以描述后工业社会所面临的复杂风险状态，由此提出风险社会理论。最初贝克的风险社会理论并未被广泛关注，直至英国学者马克·里特将《风险社会》翻译成英文版，并随着苏联切尔诺贝利核电站爆炸以及疯牛病的全球性蔓延，风险社会理论才成为理论研究的焦点。

风险社会理论的基础命题是如何理解"风险"这一概念。贝克重新定义了"风险"一词，指出："风险是个指明自然终结和传统终结的概念。或者换句话说：在自然和传统失去它们的无限效力并依赖于人的决定的地方，才谈得上风险。风险概念表明人们创造了一种文明，以便使自己的决定将会造成的不可预见的后果具备可预见性，从而控制不可控制的事情，通过有意采取的预防性行动以及相应的制度化的措施战胜种种（发展带来的）副作用。"② 。现代社会所面临的风险具有三个特点：其一，危害的全球性，风险的危害早已逾越民族国家的疆界，同时危害所造成的经济损失也是无法计量的；其二，高度复杂性，风险严重程度超出事前预警和事后处理的能力、风险发生的时空变化难测、风险引致灾难的结果具有多样性，致使无法选择风险计算的程序标准；其三，广泛影响性，每一个社会成员都无法避免风险危害的波及。

贝克指出我们正处于传统工业现代化向反思现代化的转型过程中，而针对全球化不断深入趋势，反思现代化意味着考虑全球化影响，进而提出"全球风险社会"概念③。贝克认为，各国作出的决策可以导致全球性后果，包括触发一系列风险，但各国在风险发生前所做出的应对风险承诺根本无法有效解决

---

① 周红云.全民共建共享的社会治理格局：理论基础与概念框架[J].经济社会体制比较，2016(02)：123-132.

② 乌尔里希·贝克等著，自由与资本主义[M].浙江：浙江人民出版社，2001：119.

③ 周战超.当代西方风险社会理论引述[J].马克思主义与现实，2003(03)：53-59.

危机①。对于风险治理而言，贝克更强调风险社会是一种文化概念，因此在防范化解风险的决策过程中，必须充分考虑社会、伦理和价值因素②。

贝克指出风险社会的最根本结构性特征，就是"个体化"概念，即风险社会的结构是由个人作为主体组成的，而非阶级、阶层等要素。因此对于风险社会的治理而言，有明确地理边界的民族国家不再是唯一的治理主体，风险具有的跨边界性质，要求有更多的治理主体协作参与③。正如贝克所说的，"在新的风险社会中应该建立起双向沟通的'双向合作风险治理'模式，使得政府、企业、社区、非营利组织之间构筑起共同治理风险的网络联系和信任关系"④。故而，风险社会理论为社会组织参与重大突发公共事件应急管理提供了理论依据，社会组织是社会风险治理的重要主体，能够对政府风险管理起到补充作用。

（二）应急管理理论发展

为了有效应对风险社会对国家治理的重大挑战，国内外学者提出了很多对突发公共事件应急管理的理论，国外以生命周期理论为代表，我国学者也提出全面应急管理的理论。

1. 生命周期理论

生命周期理论的研究成果颇丰，学者们根据突发事件应急管理的不同内容提出不同的生命周期模型，主要包括"三阶段模型"、"四阶段模型"、"五阶段模型"以及"六阶段模型"。

（1）"三阶段模型"

威廉·哈顿在 1972 年提出"三阶段模型"，将突发事件发生过程划分为危机前、危机中和危机后。哈顿主要分析的是道路安全交通事故，并提出了著名的哈顿矩阵，将人、车、路在交通事故中的相关关系用矩阵形式表示⑤。该模型目前已广泛用于各类伤害的研究与控制，包括公共卫生领域，

---

① 乌尔里希·贝克，王武龙."9·11"事件后的全球风险社会[J].马克思主义与现实，2004(02)：70-83.

② 薛晓源，刘国良.全球风险世界：现在与未来——德国著名社会学家、风险社会理论创始人乌尔里希·贝克教授访谈录[J].马克思主义与现实，2005(01)：44-55.

③ 杨雪冬.风险社会理论述评[J].国家行政学院学报，2005(01)：87-90.

④ 薛晓源，刘国良.全球风险世界：现在与未来——德国著名社会学家、风险社会理论创始人乌尔里希·贝克教授访谈录[J].马克思主义与现实，2005(01)：44-55.

⑤ 方守恩，郭忠印，陈雨人.道路安全系统与道路安全工程[J].中国公路学报，2001(S1)：107-110.

伤害预防能够根据伤害发生的不同阶段，针对致病因子、宿主和环境开展目的性预防[①]。

（2）"四阶段模型"

"四阶段模型"最早由史蒂文·芬克提出，并得到很多发展和应用。

第一，Fink"四阶段"。史蒂文·芬克1986年在《危机管理：对付突发事件的计划》一书中认为危机是有生命周期的，包括危机的征兆期（有迹象显示存在危机发生的可能性）、危机的爆发期（具有伤害性的事件已经发生并引发危机）、危机的扩散期（危机的影响持续，同时积极消除影响）、危机的痊愈期（危机得到完全解决）四个显著阶段[②]。

第二，Heath"4R"模型。罗伯特·希斯在《危机管理》一书中率先提出危机管理4R模式，即缩减力（Reduction）、预备力（Readiness）、反应力（Response）、恢复力（Recovery）四个阶段组成。

第三，Yates"PPRR"模型。耶茨认为应急管理工作中存在危机管理的通用模式，包括危机前预防（Prevention）、危机前准备（Preparation）、危机爆发期反应（Response）、危机结束期恢复（Recovery）。

第四，MPRR模型。美国联邦安全管理委员会对PPRR模型加以修正优化，提出缓和（Mitigation）、准备（Preparation）、反应（Response）、恢复（Recovery）。应急管理四个阶段相互制约，是突发事件应急管理中不可或缺的四个重要动态子过程[③]。

（3）"五阶段模型"

米特罗夫将危机管理过程划分为五个阶段：信号侦测阶段（Signal Detection）、准备及预防阶段（Preparation and Prevention）、损失控制阶段（Damage Containment）、恢复阶段（Recovery）、学习阶段（Learning）。信号侦测即识别新的危机的警示信号并采取预防措施，准备及预防指搜寻已知风险并减少潜在损害，损失控制指尽可能不影响运作的其他部分或外部环

---

① 张秀军，孙业桓.Haddon模型在突发公共卫生事件应对中的探讨[J].疾病控制杂志，2006(06)：610–613.

② 郭远红，魏淑艳.基于危机生命周期理论的城市地下管线事故应急问题研究[J].辽宁大学学报(哲学社会科学版)，2017，45(04)：18–23.

③ 卢文刚.基于PPRR理论的城市公交全生命周期应急治理框架体系研究[J].中国行政管理，2015(06)：134–139.

境，恢复阶段是指尽可能快速恢复运转，学习阶段是指回顾审视采取的危机管理措施并加以总结整理。

西蒙·布斯也把危机分为五个时期，即危机酝酿期、爆发期、扩散期、处理期以及处理后续期，并认为在危机在不同阶段有不同的生命特征[①]。

（4）"六阶段模型"

奥古斯丁提出了"六阶段模式"：危机的避免（Avoid）、危机管理的准备（Prepare）、危机的确认（Confirm）、危机的控制（Control）、危机的解决（Resolve）、从危机中获利（Gain）。他解释了各个阶段的必要性和存在的问题：危机的避免阶段往往被忽视但却是一个简便且经济的方法，危机的准备阶段要认识到危机是不可避免的而需计划演练，危机的确认阶段要及时疏导公众恐慌情绪，危机的控制阶段需要根据不同情况确定工作的先后次序，危机的解决阶段要及时迅速采取措施，从危机中获利阶段就是要总结经验教训[②]。

2. 应急管理过程论

我国学者在借鉴国际经验和国内外研究成果的基础上，提出对突发事件进行"全面应急管理"（Total Emergency Management）。包括实施全过程管理、全系统管理、全面应急响应管理、全方位管理、全手段管理、全社会管理的"六全"管理模式。

其一，全过程管理是指在突发公共事件的危机前、危机中、危机后的全部时期控制干预以减小损失。其二，全系统管理是指形成预警预报、指挥调度、处置实施、信息管理、决策辅助、资源保障等多功能于一体的应急管理系统。其三，全面应急响应管理是指对突发公共事件实施分级管理、应急联动管理。其四，全方位管理是指重点解决突发事件管理的责任分工和基本程序问题、统筹关键项目布局建设。其五，全手段管理是指综合运用行政、法律、经济和技术手段进行应急管理工作。其六，全社会管理是指健全全员参与、群防群治机制，促进社会各方面力量共同应对突发事件、提升应急管理效果[③]。

正如学者所指出的，"突发事件全面应急管理机制代表着一类新理念，

---

① 卢文刚，黎舒菡.中美海外公民领事保护比较研究——基于应急管理生命周期理论的视角[J].社会主义研究，2015（02）：163-172.

② 李传军.复杂和不确定性条件下的危机管理[J].行政论坛，2007（04）：18-21.

③ 黄宏纯，突发事件全面应急管理[M].北京：北京理工大学出版社，2018：11-12.

代表着一项基本的制度安排,代表着一种整合流程,代表着一套科学的方法",是我国应急管理体制机制改革所能够依据的重大理论方向[①]。

三、社会组织参与应急管理的评估理论

(一)社会组织评估理论

随着20世纪70年代新公共管理运动在世界范围展开后,各国纷纷推行的政府改革都内在要求非营利组织广泛参与国家社会治理。在非营利组织日益发挥重要作用的过程中,志愿失灵理论又让世人认识到第三部门也存在固有缺陷,故而对于非营利组织绩效评估的研究逐步成为热门话题。

1.国际通用社会组织评估理论

(1)"3E"评估理论

"3E"理论,即经济(Economy)、效率(Efficiency)与效果(Effectiveness),是国际上最为流行的非营利组织评估理论。经济是指在采购既定服务品质的公共服务时以最低可能的成本供应,关注成本控制及投入数量,忽略产出及品质。效率是指投入与产出的比例,一般包括服务水准的提供、活动的执行、每项服务的单位成本等指标。效果是指公共服务实现目标的程度,指标只关注目标或结果,具体包括与预期结果的适当性效果、区分结果产生因素的针对性效果、选择指标的充分性效果、政策环境变化对目标的外部性效果、根据对象选择量性结合效果[②]。

"3E"理论被普遍采纳的关键在于其回应了社会对于非营利组织活动能力的考量,经济、效率与效果三项指标都是政府、企业与非营利组织自身普遍关注的问题。但"3E"侧重于经济和价值角度,以财务数据占据主导,容易忽略非营利组织发展其他方面问题,包括对组织的公益使命的偏离、对组织整体发展能力判断失真、对组织滥用资源或腐败的忽视等。

(2)平衡记分卡

平衡记分卡(Balanced Scorecard)是衡量非营利组织经营管理绩效的一

---

① 宋英华,王容天.基于危机周期的突发事件全面应急管理机制研究[J].华中农业大学学报(社会科学版),2010(04):104-107.

② 上海社会科学院政府绩效评估中心.非营利组织绩效评估[M].上海:上海社会科学院出版社,2015:47-48.

种全面有效方法，以远景和战略为中心，能够确保非营利组织可持续健康发展，包括一系列财务与非财务绩效衡量指标，主要涉及财务、顾客、内部业务和学习与成长等方面。财务方面考察服务的价值提高和成本降低，并贯穿于其它非财务绩效；顾客方面考察顾客满意度、顾客保留率、顾客增加率等方面，促进服务价值转化；内部业务方面重点考虑创新动力、营运效率以及后续服务三方面，推动组织业绩改善；学习与成长方面考虑员工满意度、员工流动率、员工训练时间等，以提升组织竞争能力[1]。

平衡记分卡最早于20世纪90年代盛行，对于传统绩效评估理论过分关注财务指标进行了回应，但其自身同样存在问题，最突出的便是实施成本较高，且更关注组织自身的学习与成长，而不充分考虑组织行为的社会影响[2]。

（3）"3D"评估理论

面对"3E"理论和平衡记分卡的不足，学者们提出"3D"理论，即诊断（Diagnosis）、设计（Design）和发展（Development）。诊断是指项目负责人能够准确判断公益项目实施过程中出现的问题，能够全面把握并整合协调各相关利益者的需求；设计强调项目负责人能够针对公益项目实施过程中的问题及各利益相关者的需求设计出恰当合理的结构和战略加以解决；发展侧重于提高组织解决相关问题的能力，并在学习过程中实现组织的创新与变革[3]。

"3D"理论与平衡记分卡相似，同样关注非营利组织自身能力建设，认为评估能够起到促进组织不断发展完善的作用。但"3D"理论也具有局限性：评估更多停留在定性方面，难以进行定量分析；无法实现不同组织间绩效的比较，难以根据评估结果确定奖惩[4]。

2. 国内社会组织评估理论综述

国内学者基于不同的评估理论构建了不同社会组织绩效评估体系。国际上通用的社会组织绩效评估理论包括"3E评估理论"、"3D评估理论"等，邓国胜（2004）在深入探讨了这些理论的基础上，创新性地提出了符合中国

---

① 赵国杰，赵红梅.基于平衡记分卡构建商业银行绩效评价体系[J].现代财经-天津财经学院学报，2004(05)：3-6.

② 果佳，王海玥.社会投资回报：一种社会影响力评估的工具[J].中国行政管理，2016(06)：71-75.

③ 郁建兴，王名.社会组织管理[M].北京：科学出版社，2019：195.

④ 夏炜，叶金福，蔡建峰，李正锋.非营利组织绩效评估理论综述[J].软科学，2010，24(04)：120-125.

非营利组织国情的"APC评估理论",认为应该从组织问责、绩效和组织能力等维度对非营利组织进行全方位评估[1]。李丹萍和张玲（2014）的研究促进了该理论的进一步发展，她们基于APC评估理论并结合境外非政府组织的特点，从发展规划和公益性、基础条件、内部治理、工作绩效和社会评价五个方面构建了境外非政府组织评估体系[2]。

有学者认为应该借鉴企业绩效评估的思想来构建社会组织的绩效评估体系。比如仲伟周等（2006）参考商业企业经营的绩效评估，基于科学客观性、可操作性、公开明确化、反馈性的评估原则从员工的工作态度、工作能力、工作业绩等方面构建了我国非营利组织的绩效考核指标体系[3]；徐君等（2007）也指出尽管非营利组织以社会需求为导向开展其运作活动，但为了顺应经济发展而不得不实行企业化管理，因此应该基于全面又精简、可测性、层次性、通用性等评估原则从内部治理与运作、效益、效率和发展创新能力等方面构建非营利组织企业化管理绩效评价指标体系。值得注意的是，社会组织和企业有着本质上的区别[4]。韩国明和魏丽莉（2007）指出非营利组织的最高目标是完成社会使命，因此结合该组织目标并基于平衡计分卡评估理论把顾客维度作为评估重点构建了非营利组织绩效评估体系[5]；叶萍（2010）同样基于平衡计分卡构建了"使命—维度—基本指标—观测点"的指标模型结构，并指出在构建社会组织绩效评估体系指标设计时应遵循SMART原则[6]；马梦砚（2010）则从非营利组织目标出发，结合组织类型和组织特点，基于绩效与权责对等、可沟通、可测定、可行性和实用性、定期化和制度化等评估原则从组织活动、目标、结果三个方面建立了非营利组织的绩效评估

① 邓国胜.非营利组织"APC"评估理论[J].中国行政管理，2004(10)：33-37.

② 李丹萍，张玲.境外非政府组织评估：功能、定位与评估体系[J].行政论坛，2014，21(04)：85-89.

③ 仲伟周，曹永利，Shunfeng SONG.我国非营利组织的绩效考核指标体系设计研究[J].科研管理，2006(03)：116-122+74.

④ 徐君，王冠，曾旗.非营利组织企业化管理绩效评价指标体系及评价方法研究[J].科技进步与对策，2007(04)：137-140.

⑤ 韩国明，魏丽莉.试论平衡计分卡在非营利组织绩效评价中的应用[J].科技管理研究，2007(04)：98-100.

⑥ 叶萍.社会组织绩效评估指标体系研究[J].广西社会科学，2010(08)：104-107.

指标体系[①]。

随着社会组织绩效评估的发展，越来越多的学者提出了创新性的评估理论。裴宏森（2009）侧重从评估主体的角度，分析了360度绩效考核理论应用于非营利组织绩效评估的适用性[②]；于水波和曹堂哲（2011）指出社会组织能力评估在评估视角、评估目的、评估内容、评估标准等方面具有多样性，同时在基本要素、基本维度和基本项目等方面又具有家族相似性，因此从系统过程和组织"基因"两个维度构建了既能够反映多样性又能够反映家族相似性的社会组织能力评估框架[③]；陈志广（2012）基于交易成本理论探索了非营利组织的绩效评估，指出不同类型评估的实施成本和机会主义成本的优劣不同，应根据偏好、专业和信息等因素在这两种成本之间进行权衡，从而选择适当的评估类型[④]；刘春湘等（2014）在概括了目标导向模型、开放系统模型、利害相关者满意模型、社会建构论模型等四种非营利组织效能评估理论模型的基础上，认为非营利组织效能评估应该基于社会建构论的视角从资源、结构、业务流程以及项目和服务加以考量，并指出评估标准是基于组织使命对组织运行、服务传输、功能实现及整体形象的社会建构[⑤]；杨芳勇和张晓霞（2019）则基于法团主义、社会学制度主义和公共服务二次分工理论从资源平台、能力提升、信息服务、信用担保、服务效果五个维度构建了平台型社会组织评估体系[⑥]。

从评估方法来看，社会组织的绩效评估大多采用了层次分析法、德尔菲法、模糊综合评价法等进行分析，国内部分学者还提出了新的评估方法。比如，邓丽明和胡杨成（2009）在基于平衡计分卡和竞争价值框架提出非营利组织

① 马梦砚.非营利组织绩效评价指标体系设计——基于绩效预算的研究[J].价格理论与实践，2010(07)：79-80.

② 裴宏森.非营利组织导入360度绩效考核模式探析[J].现代财经-天津财经大学学报，2009，29(01)：54-59.

③ 于水波，曹堂哲.社会组织能力评估的系统权变观[J].云南行政学院学报，2011，13(06)：33-36.

④ 陈志广.非营利组织绩效评估：基于交易成本视角的分析[J].中央财经大学学报，2012(10)：91-96.

⑤ 刘春湘，刘格良，刘媛.非营利组织效能评估体系研究[J].中南大学学报(社会科学版)，2014，20(01)：70-75.

⑥ 杨芳勇，张晓霞.平台型社会组织模糊综合评估体系的构建与验证[J].社会工作，2019(03)：87-98+112.

绩效评价体系后，采用了因子分析法进行实证研究[①]；王智慧和陈刚（2011）基于平衡计分卡和利益相关者理论对云南省草根非营利组织构建了绩效评估体系，并采用层次分析法和系统聚类法进行分析[②]；黄岳钧和颜爱民（2016）构建了基于投影寻踪的社会组织绩效评估新方法，通过引入细菌觅食算法对投影指标函数进行了优化[③]。

从评估内容来看，随着社会组织绩效评估的发展，夏炜等（2010）发现非营利组织的绩效评估越来越重视定量与定性相结合以及结果与过程相结合的评估方式[④]。从评估主体来看，曹天禄（2015）认为社会组织绩效评估的评估模式可以基于政府主导治理、政府与市民社会合作治理、市民社会主导型三种治理模式概括为政府主导评估模式、政府与第三方合作评估模式和第三方主导评估模式[⑤]。值得注意的是，国内关于社会组织绩效评估的研究大多从组织层面出发，张培莉和张爱民（2008）在基于价值管理的分析框架下探讨了非营利组织的绩效评估，特别指出了在组织层面和项目层面进行绩效评估时评估主体和评估理论有所差别。此外，社会组织绩效评估的研究在评估对象上也会有所不同[⑥]。杜英兰等（2006）特别关注了非营利组织的公信力评估，建议以科学发展观、构建和谐社会为确定该评估标准的指导思想[⑦]。石国亮和李培晓（2013）认为缺乏核心竞争力是阻碍社会组织发展的重要原因，因此建议在社会组织评估指标中增添代表组织核心竞争力的特色指标[⑧]。

① 邓丽明，胡杨成.应用因子分析法构建非营利组织绩效评价体系[J].统计与决策，2009(15)：75-77.

② 王智慧，陈刚.我国草根非营利组织绩效评价指标体系研究——以云南省草根NPO为例[J].云南行政学院学报，2011，13(06)：85-88.

③ 黄岳钧，颜爱民.基于改进的投影寻踪法的社会组织绩效评估模型[J].软科学，2016，30(08)：75-78.

④ 夏炜，叶金福，蔡建峰，李正锋.非营利组织绩效评估理论综述[J].软科学，2010，24(04)：120-125.

⑤ 曹天禄.社会组织评估：困境与突破——以深圳社会组织评估为例[J].湖湘论坛，2015，28(06)：79-85.

⑥ 张培莉，张爱民.试论非营利组织在VBM框架下的绩效评估[J].生产力研究，2008(14)：130-132.

⑦ 杜兰英，石永东，康乐，杨春花.关于非营利组织公信力评估指标体系的探讨[J].经济纵横，2006(13)：47-49.

⑧ 石国亮，李培晓.在社会组织评估指标体系中增设特色指标的思考与建议[J].理论与改革，2013(05)：113-115.

（二）应急管理评估理论综述

正如许振宇（2011）所说，应急管理能力的评估目的在于分析影响应急管理能力的主要因素，发现应急工作的薄弱环节，从而调整政府的工作重点，减少突发事件带来的损失[①]。值得注意的是，根据突发公共事件的类型和特点以及开展工作的主体不同，工作相应的重心不同，由此应急管理绩效评估的评估理论、评估内容和评估方法也会有所差别。童文莹和张海波（2012）的研究证实了这一观点，他们指出虽然不同类型的突发公共事件具有相同的应急管理流程，但也会产生不同的关键有效行为，该行为的判断标准也不尽相同[②]。国内学者在应急管理绩效评估的评估理论、评估方法、评估模型等方面都已经有了较为成熟的研究。

1. 按照评估理论划分

国内关于应急管理绩效评估的研究大多基于应急管理过程在灾前、灾中、灾后的时间维度上构建了包含预防、准备、响应和恢复等评估指标的应急能力评价指标体系。比如，冯立杰等（2008）基于现代质量管理，构建了突发公共事件应急管理的质量评价体系，将应急管理划分为五个重要的阶段，包括预防、准备、反应、恢复和学习[③]；而刘德海等（2014）将应急管理划分为事前、事中、事后三个阶段，认为不同管理阶段具有不同的应急管理内容及目标，从而不同阶段的评估目标不同，并基于过程管理思想构建了包括监测与预警、基础保障、应急响应、应急恢复等评估指标的突发事件应急能力评估体系[④]。

基于应急管理的周期理论，相关研究以政府的应急能力评价为主。比如，王锐兰（2009）按照突发事件及应急管理发展的时间序列，基于可操作性、突出主要性、综合全面性、相对独立性等评估原则从预防绩效、过程绩效、

---

① 许振宇.基于盲数的信息混沌条件下应急管理能力评价[J].统计与决策，2011(22)：52-55.

② 童文莹，张海波.地方政府应急评估研究[J].华东理工大学学报(社会科学版)，2012，27(04)：99-107.

③ 冯立杰，罗慧，崔立新.突发公共事件应急管理质量评价体系研究[J].北京理工大学学报(社会科学版)，2008(02)，39-43.

④ 刘德海，于倩，马晓南，尹丹，王维国.基于最小偏差组合权重的突发事件应急能力评价模型[J].中国管理科学，2014，22(11)：79-86.

效能绩效和恢复绩效等方面构建了政府应急管理绩效评价指标体系[①]；凌学武（2010）从政府的绩效维度、层级特征以及样本属性三个维度出发，构建了包括预防、预警、处置、恢复等评估指标的政府应急管理能力评估指标体系[②]；曹惠民和黄炜能（2015）特别强调政府在不同应急管理阶段的工作重点和中心不同，但都应将实现"以评促建"作为评估目标，同时遵循公共价值导向、预警与预防为主、弹性化等评估原则，从而使得绩效评估为科学、有效指导地方行政区域内的自然灾害和突发事件的应急能力提供新的动力[③]。

不少学者还基于应急管理过程研究了城市灾害的应急能力评价。比如，杨青（2007）等基于过程管理，建立了包括灾前预警能力、灾中应急能力和灾后恢复等评价指标的城市灾害应急管理综合能力评价体系[④]；杨翼舲等（2010）基于应急管理周期理论的思想，遵循相关性、系统性、层次性、可行性、灵敏性、独立性等评估原则，从灾害监测预警及防御能力、灾时快速反应及救援能力、灾后评估与重建能力、社会配套资源保障能力、信息管理能力等方面构建了城市灾害应急能力的自我评价指标体系[⑤]；贺山峰等（2016）以河南省的城市灾害为例，基于应急管理理论和我国突发事件应对法中"预防—备灾—响应—恢复"的全过程理念，并遵循系统性、代表性、可行性和动态性等评估原则，从灾前准备、临灾预警、灾中处置和灾后恢复四个方面构建了城市灾害应急能力评价指标体系[⑥]。此外，还有学者基于应急管理的周期理论研究了重点单位突发事件的应急能力评估，郭太生和寇丽平（2010）特

---

① 王锐兰.政府应急管理的绩效评价指标体系研究[J].安徽大学学报(哲学社会科学版)，2009，33(01)：35-39.

② 凌学武.三维立体的政府应急管理能力评估指标体系研究[J].武汉理工大学学报(社会科学版)，2010，23(03)：303-307.

③ 曹惠民，黄炜能.地方政府应急管理能力评估指标体系探讨[J].广州大学学报(社会科学版)，2015，14(12)：60-66.

④ 杨青，田依林，宋英华.基于过程管理的城市灾害应急管理综合能力评价体系研究[J].中国行政管理，2007(03)：103-106.

⑤ 杨翼舲，张利华，黄宝荣，李颖明.城市灾害应急能力自评价指标体系及其实证研究[J].城市发展研究，2010，17(11)：118-124.

⑥ 贺山峰，高秀华，杜丽萍，邱兰兰.河南省城市灾害应急能力评价研究[J].资源开发与市场，2016，32(08)：897-901.

别强调了重点单位突发事件的应急能力评估应能够反映重点单位应急能力的主要特征和基本状况，将发现应急能力存在的缺陷作为评估目标，并遵循系统性、层次性和可行性等评估原则[①]。

除了应急管理周期理论，国内学者还运用了各种其他评估理论对各类突发公共事件的应急管理进行绩效评估。吕稚知（2009）以2008年雪灾事件的应急管理为例，基于平衡计分卡的评估思想，从公众角度、学习与成长角度、内部流程角度、资源环境角度构建了应急管理的指标体系[②]；卢文刚和彭静（2011）以广州市地铁突发公共事件为例，基于危机管理目标和4R理论，构建了包括缩减力、预备力、反应力、恢复力四大能力评估的地铁突发公共事件应急能力评估体系，特别指出应急能力评价研究必须根据应急管理工作的主体和特点，并遵循针对性、实操性、科学性等评估原则[③]；卢文刚和黄小珍（2018）同样基于危机管理4R理论构建了地铁踩踏事件应急能力评价模型[④]；杨乙丹（2012）认为群体性事件具有链式演化的突出特征，它是导火线事件与特定社会系统发生链式传承效应的演化过程与结果，因此在构建群体性事件应急管理能力评价指标体系时应从基础应急能力、诱因消除能力、导火线事件处置能力、事中应急处置能力、事后恢复能力等方面进行考虑[⑤]；王妍等（2017）基于三维结构理论从要素、流程、功能维度提出了海洋生态灾害处置能力评价指标体系[⑥]；杨立华等（2020）在绩效评估、环境冲突处置评估理论的基础上，构建了衡量环境污染群体性事件处置绩效的价值—主体—过程的整体性评估框架，该框架涵盖了经济性、效率性、效果性、

① 郭太生，寇丽平.重点单位突发事件应急能力评价指标体系研究[J].中国人民公安大学学报(社会科学版)，2010，26(03)：80-88.

② 吕稚知.基于BSC法和AHP法的突发事件应急管理绩效模糊综合评价——以2008年雪灾事件为例[J].生产力研究，2009(19)：184-186.

③ 卢文刚，彭静.广州城市地铁突发公共事件应急能力评价指标体系研究[J].城市发展研究，2012，19(04)，118-124.

④ 卢文刚，黄小珍.基于FCE法的城市地铁踩踏事件应急能力评价研究——以广州地铁为例[J].中国行政管理，2018(03)：145-152.

⑤ 杨乙丹.群体性事件的链式演化与应急能力指标体系的构建[J].河南社会科学，2012，20(06)：35-37.

⑥ 王妍，高强汪艳涛.海洋生态灾害重大事件处置能力评价指标体系初探——基于"三维结构"理论分析[J].科技管理研究，2017，37(16)：84-89.

公平性、民主性和法治性等方面的评估[①]。

2. 按照评估对象划分

从评估对象来看，除了以自然灾害、社会安全事件等突发公共事件的综合应急能力为研究对象，还有一部分学者主要将突发事件应急管理过程中的应急信息管理作为评估对象进行深入研究，并基于不同的评估目标、评估理论和评估方法构建了不同的评估体系。比如，喇娟娟和蒋葛夫（2009）构建了城市公共安全应急管理信息系统评价模型，以实现不同应急管理信息系统之间的可比性，实现双向互动乃至完全整合的城市应急保障系统[②]；许振宇和郭雪松（2011）应用综合指数评价模型、软件质量模型等理论，从性能、技术、效益、成本、功能、操作六个方面构建了基于用户满意视角的应急管理信息系统评价指标体系[③]；侯洪凤等（2013）指出应急管理信息系统能够为政府提升应急管理能力提供重要支持，在构建系统评价指标体系时应该考虑应急管理信息系统与一般信息系统不同的特点，兼顾"抓主要矛盾"和可操作性的评估原则，运用关键成功因素法重点从系统建设评价、系统技术水平评价、应急信息服务水平建设、系统应用评价四个方面进行评估[④]；平健等（2013）基于熵理论，从信息传递的时效和质量两方面，以有序度为综合指标，评价了"最简传递机制"、"协调机构传递机制"和"小组成员传递机制"的应急信息传递能力[⑤]；许振宇等（2013）从平衡计分卡的视角构建了应急管理信息系统评价指标体系，并综合运用三角模糊数、层次分析法和灰色关联分析理论方法建立了信息不确定条件下应急管理信息系统评价模型[⑥]；徐文强等（2020）指出应急信息质量评估的目的在于筛选出高质量的、符合应急决策要求的应急信息，因此应该结合应急信息的特征及其需求分析，

① 杨立华，程诚，李志刚.如何衡量群体性事件的处置绩效？——VPP整体性评估框架与指标体系的建构和检验[J].公共管理与政策评论，2020，9(06)：15-32.

② 喇娟娟，蒋葛夫.城市公共安全应急管理信息系统评价模型[J].统计与决策，2009(07)：49-50.

③ 许振宇，郭雪松.基于用户满意的应急管理信息系统评价研究[J].情报杂志，2011，30(03)：161-165.

④ 侯洪凤，史原，李逊.应急管理信息系统评价指标体系构建和评价方法研究[J].科技管理研究，2013，33(06)：63-66.

⑤ 平健，韩传峰，于振宇.基于熵理论的政府应急管理组织信息传递能力评价[J].软科学，2013，27(10)：126-130.

⑥ 许振宇，任世科，郭雪松，袁治平.多维度应急管理信息系统评价[J].现代情报，2013，33(05)：21-27.

基于云理论和应急管理的周期理论构建大数据环境下的应急信息质量评估体系[1]；郭勇和张海涛（2020）创新性地构建出突发公共卫生事件、疾控应急工作情报智慧树模型，以新型冠状病毒肺炎疫情为例，探讨了我国突发公共卫生事件、疾控应急工作情报能力评价问题[2]。

此外，上官艳秋等（2009）和陈安等（2009）基于应急管理全生命周期特别关注了应急管理过程中的被困人员和物质财产的"可挽救性"的评价问题[3][4]；张苑秋等（2015）从应急物资供应管理的流程视角，采用面向过程的评估方法和基于网络层次分析法的评估模型建立了应急物资供应能力评价指标体系[5]；刘天畅等（2017）研究了基于案例驱动的关键基础设施系统应急能力不足的评估，该评估方法具有快速、有针对性而非整体性的特点，可有效减少评估的工作量[6]；宋英华（2014）以公众在突发事件中的应急能力为研究对象，构建了基于熵权模糊综合评价的公众应急能力评价体系[7]，而陈迎欣等（2020）在结合公众参与自然灾害应急救助实际情况的基础上，构建了公众参与效率评价的投入指标与产出指标，并根据模糊超效率数据包络分析建立评价模型[8]。

3. 按照评价模型和评价方法划分

除了常用的专家打分法、层次分析法、模糊综合评价法等评估方法，国内学者还针对不同的侧重点采取了多种多样的应急管理绩效评估方法和评估模型。陈升等（2010）以汶川地震的应急管理为例，通过对1243户受灾

① 徐文强，刘春年，周涛.大数据环境下应急信息质量评估体系研究[J].图书情报工作，2020，64(02)：50-58.

② 郭勇，张海涛.新冠疫情与情报智慧：突发公共卫生事件疾控应急工作情报能力评价[J].情报科学，2020，38(03)：129-136.

③ 上官艳秋，陈安，倪慧荟.突发事件应急管理中的"可挽救性"度量评价模型研究[J].中国软科学，2009(09)：165-173.

④ 陈安，赵晶，张睿.应急管理中的可恢复性评价[J].科学对社会的影响，2009(02)：36-39.

⑤ 张苑秋，田军，冯耕中.基于网络层次分析法的应急物资供应能力评价模型[J].管理学报，2015，12(12)：1853-1859.

⑥ 刘天畅，李向阳，于峰.案例驱动的CI系统应急能力不足评估方法[J].系统管理学报，2017，26(03)：464-472.

⑦ 宋英华.基于熵权模糊法的公众应急能力评价研究[J].科研管理，2014，35(12)：183-188.

⑧ 陈迎欣，周蕾，郜旭彤，李烨.公众参与自然灾害应急救助的效率评价——基于2008-2017年应急救助案例的实证研究[J].中国软科学，2020(02)：182-192.

家庭的问卷调查、深度访谈等方法，基于可感知、可度量、针对性等评估原则构建了地方政府应急能力、应急管理绩效指标体系[①]；许振宇（2011）指出由于内外部应急管理信息的不确定性影响会导致评估主体获得的信息往往具有随机性、模糊性、灰性和未确知性，因此有必要针对信息混沌状况的特点，构建基于盲数理论和熵值的应急管理能力综合评价模型[②]；刘德海等（2014）为了解决突发事件应急能力评价问题中存在着不同评价方法具有冲突性的问题，基于最小偏差组合权重构建了高速公路突发事件应急能力的评价模型[③]；田军等（2014）侧重面向过程且以关键过程目标实现程度为基准，将能力成熟度模型应用于政府的应急管理能力评估中，构建相应能力成熟度的评估框架[④]；闫绪娴等（2014）从城市自身的风险和抗御灾害能力两个方面出发，采用投影寻踪评价方法构建了城市灾害应急管理能力评价指标体系[⑤]；刘德海（2016）针对群体性突发事件的矛盾对抗性特征，根据"着重解决群众反映意见较大的突出问题"的善后处置原则，在社会结构、应急策略和评价指标等多重维度下构建了基于最大偏差原则的多属性评价模型[⑥]；王薇和曹亚（2018）采用 BP 神经网络模型对政府应急管理能力进行评价，从逻辑维构建了指标并采用物理—事理—人理系统方法进行了指标筛选[⑦]；刘洋等（2020）基于物元可拓理论建立了高校突发事件应急管理能力改进模型，并基于全生命周期过程构建了高校突发事件应急管理能力评价的指标体系[⑧]。

[①] 陈升，孟庆国，胡鞍钢.政府应急能力及应急管理绩效实证研究——以汶川特大地震地方县市政府为例[J].中国软科学，2010(02)：169-178.

[②] 许振宇.基于盲数的信息混沌条件下应急管理能力评价[J].统计与决策，2011(22)：52-55.

[③] 刘德海，于倩，马晓南，尹丹，王维国.基于最小偏差组合权重的突发事件应急能力评价模型[J].中国管理科学，2014，22(11)：79-86.

[④] 田军，邹沁，汪应洛.政府应急管理能力成熟度评估研究[J].管理科学学报，2014，17(11)：97-108.

[⑤] 闫绪娴，董焱，苗敬毅.用改进的投影寻踪模型评价城市灾害应急管理能力[J].科技管理研究，2014，34(08)：211-214.

[⑥] 刘德海.基于最大偏差原则的群体性事件应急管理绩效评价模型[J].中国管理科学，2016，24(04)：138-147.

[⑦] 王薇，曹亚.基于BP神经网络的政府突发事件应急管理能力评价[J].科技管理研究，2018，38(19)：75-81.

[⑧] 刘洋，刘晓云，李玉飞.基于改进物元可拓模型的高校突发事件应急管理能力评价[J/OL].中国管理科学：1-12[2021-02-24]. https://doi.org/10.16381/j.cnki.issn1003-207x.2020.0290.

（三）社会组织参与应急管理评估理论综述

国内对社会组织参与突发公共事件应急管理的绩效评估研究尚处于起步阶段。突发公共事件的应急管理是社会治理的重要组成部分，笔者认为可以借鉴参考社会组织参与社会治理的绩效评估。史传林（2014）认为社会组织和政府合作治理的绩效评估应该以"善治"为评估目标，从合作过程和合作结果两个维度来进行测量和评价[①]。在分析了政府与社会组织合作治理的绩效评价与政府绩效评价和公共治理评价差异性的基础上，史传林（2015）基于"SMART"评估原则从政府与社会组织合作的投入、管理、产出、结果的四个环节设计了合作绩效评价指标体系的四个维度[②]。孙浩和龚承（2016）认为由于服务效能内涵和价值取向的多维性，应该从服务成本、服务效率、公众满意、公众参与、服务能力等五个维度设计决定了社会组织承接公共服务效能的评价体系[③]。孙莉莉和钟杨（2018）则基于"合法性—有效性"理论框架，从制度支持、社会支持、参与能力和参与效能四个维度构建了社会组织参与社会治理水平的绩效评估模型[④]。

第三节　本章小结

在概念界定方面，本书将社会组织分为社会团体、基金会和社会服务机构，将突发事件分为自然灾害、事故灾难、公共卫生事件和社会安全事件，将应急管理的阶段按照灾前、灾中和灾后三个时间段，并根据功能划分为三个阶段：灾前预防准备、灾中反应、灾后恢复总结。

在理论基础方面，本章概述了公民社会和社会本位等社会组织兴起理论，从市场、政府、契约、志愿失灵等部门失灵理论探讨社会组织存在的合理性问题，从政府与社会组织关系及治理理论讨论社会组织地位问题。从风险社

① 史传林.社会治理中的政府与社会组织合作绩效研究[J].广东社会科学，2014(05)：81-88.
② 史传林.政府与社会组织合作治理的绩效评价探讨[J].中国行政管理，2015(05)：33-37.
③ 孙浩，龚承.社会组织承接公共服务效能的评价及提升研究[J].湖北大学学报(哲学社会科学版)，2016，43(05)：133-140.
④ 孙莉莉，钟杨.社会组织参与社会治理的绩效评估：理论框架和评估模型[J].宁夏社会科学，2018(05)：115-119.

会理论出发，介绍应急管理的生命周期理论及全过程论，系统梳理学者关于应急管理阶段的理论。

最后通过对国内外评估理论的综述，梳理相关研究的进展。值得强调的是，突发事件应急管理工作需要以绩效为基础，研究社会组织参与重大突发公共事件应急管理，需要合适的评估理论与指标系统。但评估本身不是目的，而是为了实现公共组织宗旨的手段。因此，在选择我国社会组织绩效评估所依据的理论时，应当注意与我国国情相匹配，同时关注社会组织及客观环境的阶段性变化，对评估指标加以调整。

第三章　社会组织参与突发公共事件
应急管理机制

第一节　机制构建原则与运作机理

一、突发公共事件应急管理特点

重大突发公共事件应急管理是针对突发公共卫生事件、大型事故、自然灾害等破坏性事件开展的全方位、全过程、全灾种的管理。相应的应急管理机制涵盖应对全过程系统化、制度化、程序化、规范化和理论化的方法措施[①]。建立并完善科学有效的应急管理机制，应对重大突发公共事件，是实现科学决策、强化管理绩效的根本途径。在实践中，突发公共事件应急管理具有以下特殊的机理特征：

（一）不确定性

突发公共事件在发生时通常面临信息高度缺失的问题，其破坏程度、发展速度以及影响范围难以得到准确的估计，具有较高不确定性。这种现象使得在突发公共事件爆发初期确定妥善安全的管理方案极为困难，对政府及其他治理机构及时响应产生了严重制约。由于不同的应对方案差异极大且需要巨额成本支撑，方案一旦确立就难以调整，如果选择错误，造成的危害有时比事件本身更为严重。

（二）应急性

突发公共事件在爆发初期会对公共安全产生较大冲击，严重时可能大范围威胁民众生命安全，因此对治理主体快速响应以降低事件产生的负面

---

① 闪淳昌，薛澜.应急管理概论：理论与实践[M].高等教育出版社，2012.

影响提出了较高要求。应急性是突发公共事件应急管理中的核心属性之一，由于部分影响范围较广的公共事件产生的破坏可能会威胁社会秩序且具有蔓延性，前期治理效率低下不仅会加重财产与生命损失，还可能致使后期面临更高的治理成本和更加恶劣的治理条件，严重影响后续救援工作的开展。

（三）危害性

突发重大公共事件通常会产生较高的危害性，包括生命财产损失、社会秩序破坏以及信息流通受阻。一方面，诸如战争、疫情、地震、恐怖袭击等突发事件会在爆发初期对人民生命和财产造成严重威胁，带来难以估量的损失。另一方面，突发重大公共事件所产生的负面影响还会不断蔓延，持续扩大。这种蔓延性将使救援实施难度更大，治理环境更加复杂。

（四）复杂性

突发重大公共事件应急管理错综复杂，具有时间上的蔓延性与空间上的溢出效应。在信息缺失的情况下，中途次发灾害与溢出影响往往难以得到准确的评估。任何轻微的变化都可能引发极其严重的后果。此外，资源稀缺往往是应急管理初期所需要解决的重要问题，对应急管理形成了更大的制约，在应急管理中的任何一个领域，庞大的工作量，绝非独立的社会组织所能胜任。因此，在复杂的环境下，如何做到协同配合，共同应对公共危机成为应急管理的重要议题。

总的来说，突发重大公共事件应急管理对救援的及时性和有效性提出了较高的要求。但是社会组织参与应急管理时面临着较多的约束：一是信息缺失。社会组织相较于传统的政策机构规模小，实力弱，面临更为严重的信息缺失。因此，面对突发性重大公共事件，仅依靠组织自身难以做出准确的评估和及时的应对。二是沟通成本较高。社会组织的复杂性决定了单一组织难以独立参与救援工作，而不熟悉的组织间相互搭配协同则面临着较高的沟通成本。由于存在信息流通障碍，组织间常常出现配合疏漏的问题，造成不必要的资源浪费。三是组织权限不足或不够明晰，导致基层社会组织无法及时获取相关信息，也难以实施理想状态下的救援工作。

二、构建原则

（一）多元合作

重大突发公共事件应急管理应当实现多元主体协同治理。新型社会管理体系不但要求政府发挥社会管理中的主导作用，还要体现多元主体在应急管理工作中协同配合、相互监督和专业服务的价值，使得社会资源能够充分整合，共同推动灾情应对，维持社会秩序，推进救灾工作。相对于政府而言，追求经济利益的企业在政府指导的框架下参与灾情应对能够使救灾资金发挥更大效力。而社会组织能够利用其独有的非营利性和灵活性特点，对政府工作起到配合和细节补充的作用，提升应急管理绩效。

（二）源头治理

由于重大突发公共事件产生的破坏具有蔓延性，在事件发生前期实施有效的风险防范，并在事件发生初期有序开展救援活动，可以有效控制事件危害，切断或减缓灾难的传播速度并削减其带来的负面影响。源头治理原则，一方面要求应急管理做好风险评估和应急预案。另一方面，要求做好前期处置工作，有效隔离事态，判明危害性质和发展趋势，并及时实现控制和处置。

（三）统筹兼顾

社会组织参与应对重大突发公共事件，要求做好各部门间的统筹协调。在应急管理过程中，不同部门往往面临着信息短缺和行为权限限制，良好的统筹规划是顺利开展应急管理的必要条件。相关规划首先要正确反映和协调相关主体的利益需求，在部门间实现横向调配的同时，还要在时间上实现纵向的调配。要在调节各方利益需求、保证救援绩效的同时，维护社会基本公正和应急管理活动的基本原则，实现动态平衡。

（四）依法实施

依法实施相关规划是重大突发公共事件应急管理的基本底线。在建设社会主义法治国家的环境下，应急管理活动同样需要坚持依法管理的重要原则。要完善应急管理过程中的相关法律法规，明晰执行要求和法律、道德界限。在任务分配时做到权责一致，相关责任传导明晰可追溯，强化监管过程和追责体系。同时，在手段上要实现创新型转变，善用法律法规、经济调节、道德约束、心理疏导、舆论引导等多种手段化解问题[①]。

（五）科学管理

重大突发公共事件管理往往伴随着资源稀缺，科学管理能够提升应急管理绩效，最大限度地发挥现有资源效力。实现科学管理，一方面要求做好评估调研与信息收集工作，为科学规划提供充足且准确的信息支持。另一方面要强化技术手段在应急管理中的使用。现代化硬件设施的应用，科学算法流程的引入，都有助于提高应急管理的科学性。现如今，创新是公共管理的必然要求，利用有限的资源激发最大活力、减少无意义的时间与资源消耗是提升应急管理效率的关键。

三、运作机理

重大突发公共事件应急管理中，不同的组织和部门，有着独特的行动目标、职责权限和有限的信息制约。构建科学的应急管理机制，最为重要的便是充分发挥社会组织在应急管理大环境中的相关优势。在科学有效的管理体系下，多元治理主体应当是相互依存的关系，通过业务配合和资源共享，形成"你中有我，我中有你"的共生型治理体系。围绕相关体系，构建社会组织参与重大突发公共事件应急管理主要机制，包括利益联结机制、协同治理机制、资源管理机制和国际合作机制。相关运作过程如图3-1所示：

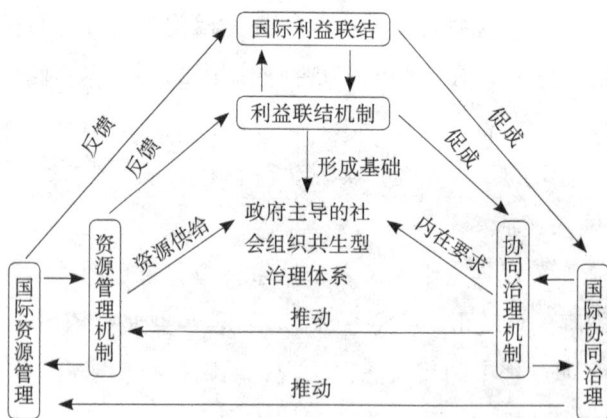

图3-1 社会组织参与重大突发公共事件应急管理作用机理关系

①　闪淳昌，薛澜.应急管理概论：理论与实践[M].高等教育出版社，2012.

利益联结机制是指在突发公共事件应急管理中，参与各主体形成有效的利益同盟关系。利益联结机制的建立，可以有效降低应急管理中各主体间协商与博弈的成本，确保各主体工作的顺利开展并提高相关物资使用效率。此外，利益联结机制还能有效避免不同团体间身份认同差异导致的社会裂化现象。利益联结机制的核心目标，在于促使不同治理主体间形成互相依存的共生型治理关系，保障相关工作的顺利开展与不同治理主体优势的有效发挥。

协同治理机制是指在应急管理工作中，各治理主体协同规划，共同应对危机事件。当突发公共事件发生时，治理任务庞大复杂，单一主体很难顺利完成救援工作。有效的统筹规划、信息交流和工作合作可以有效提高应对效率，避免不必要的资源浪费和错误应对，确保各主体专业性的有效发挥。构建协同治理机制的目标是敦促社会组织在应对突发性重大公共事件时能够与外部进行有效的沟通与协作，不同主体间相互配合，优势互补，形成多元共治的应对格局。

资源管理机制是指在社会组织参与应急管理时，保障有效的救援资源生产、筹集、流通与应用。应对突发公共事件离不开人力、物力和资金的保障，相关物资的及时供应是应急管理中重要的一环。供应链管理涉及多个领域、不同主体的专业范畴，需要对各个主体的职能进行详细的划分，并针对性地赋权和监管。构建并完善资源管理机制的核心目标在于维护突发公共事件中应急管理资源供应链的畅通运转，确保资源供应公正合理，应急管理工作顺利进行。

国际合作机制是指社会组织与国外相关团体合作交流，共同应对突发公共事件。一方面，当今人类社会已经形成命运共同体，合作与包容有利于组织发展和应急管理任务的顺利展开。但是另一方面，意识形态渗透和间谍组织使得我国在与国外社会组织展开合作时，必须注意内外有别。国际合作机制的关键在于保证国家安全的前提下建立并完善我国共治格局的内生保护机制，通过合作促进我国社会组织的发展。

值得注意的是，各个机制并非是孤立存在的，利益联结机制是政府领导下国内社会组织共生型治理体系的形成基础，促成协同应对机制；而协同应对机制是形成共生行治理体的内在要求，也推动资源配置机制的正常运行；

良好的资源配置机制在共生治理体系中形成资源供给链，最终在系统形成"你中有我，我中有你"的利益同盟关系，向利益联结机制发出正向反馈。在国内循环的基础上，各个机制通过交流学习与国际协作与国际组织接轨，在国家安全的前提下促成国际层面上的共生型治理关系。

第二节　利益联结机制

利益联结机制是指参与突发事件应急管理的多方主体开展合作、形成利益同盟的机制。该机制以形成相互依赖、优势互补的共生型治理关系为目标，围绕价值实现、资源与权限、组织发展及组织营运等利益诉求，通过服务型组织定位、多元化组织成员、信任关系构建以及资源与成果公平分配等利益联结方法，来打通各类社会组织间、社会组织与个体居民间、社会组织与政府间、社会组织与企业及国外组织间的利益联结渠道，从而为应急管理的顺利开展打下良好基础。

一、利益联结主体

一是各类社会组织间的利益联结：不同的社会组织有着不同的目标与专业特点。应急管理事务要求庞杂且细致，需要不同专业领域的社会组织协同应对，甚至同一领域可能需要多个同类别组织进行合作才能够完成。因此，组织间的利益联结是社会组织间沟通协作的前提，特别是在资源稀缺的情况下，保证组织之间利益的一致性，可以避免无意义的博弈资源损耗。

二是社会组织与个体居民间的利益联结：一方面，社会组织是个体居民参与公共治理的重要桥梁。面对突发公共事件，社会组织能够积攒社会闲置资源，集中供给应急管理工作：例如，红十字会从居民个体处收集社会闲散资金与救援物资供给救援工作、志愿者协会招募居民个体作为志愿者参与救援等等。另一方面，社会组织开展公共活动的根本目标是为居民提供服务，相关资源取之于民，用之于民，在应急管理中发挥了重要的作用。

三是社会组织与政府间的利益联结：不论是政府还是社会组织，最重要的职能都是为社会提供公共产品与公共服务，可以说，政府与社会组织的目标具有一致性。面对突发公共事件，政府与社会组织的良好配合，可以达到优势互补的效果：政府独有的信息优势和执行能力，可以极大缓解社会组织由于信息缺失引发的风险；同时，政府能够对组织间的协作和沟通起到良好的协调作用。而社会组织独有的灵活性与专业性，能够在突发公共事件中迅速应变，提高救援效率，减少资源耗费。

四是社会组织与企业间的利益联结：在突发公共事件应急管理中，企业是救援资源的重要供应者，也是救援资金的供给对象之一。企业与社会组织间的利益联结机理与个体居民类似，只是分布得更加聚合。社会组织同样是联结企业与公共服务的重要桥梁。

五是社会组织与国外组织间的利益联结：随着经济全球化的发展以及各国人员流动与文化交融，各类突发公共事件的影响不再局限于某一国家或某一特定的人群，而是具有全球范围内的溢出效应。这也意味着，我国社会组织有必要与外国组织在保证国家安全的前提下展开国际交流与协作。这种协作应当基于公共利益开展，而不是打着公益组织的旗号为某一国家谋求私利。现实中，国际救援、学习交流已经成为社会组织重要的公共活动之一。构建安全稳定、真正为公共服务的国际利益联结体系，有助于减轻国内救援压力，提高整个治理系统的管理效率。

二、利益构成

尽管社会组织不以盈利为最终运营目的，但这种为了有效达到特定目标，按照一定宗旨、制度、系统建立起来的共同活动集体[①]在参与公共活动时仍存在利益诉求。具体包括以下几个方面：

（一）价值实现

社会组织具有特定的组织目标。这种目标通常能够具体且明确地展现出社会组织的基本性质与功能定位。列维特（1973）认为，社会组织的核心特质在于其公共使命的定位。这种公益性组织表现出的社会责任能够不断为社会价值、信念和规范注入新的活力，它能够体现社会的道德取向、预测未来趋势，并通过新型社会服务方式满足民众的需求[②]。组织目标是社会组织的

---

① 李晓明.国内外非营利组织研究述评[J].西北大学学报(哲学社会科学版)，2007(05)：147-153.

② Levitt T. The third sector; new tactics for a responsive society[M]. L477，1973.

灵魂，也是社会组织成立的基础。实现组织使命是社会组织参与公共活动的立足之本，也是社会组织的核心利益诉求。因此，构建社会组织利益联结机制的前提是促进各治理主体间组织目标的包容性。

（二）资源与权限

社会组织为实现价值使命展开公共活动，必然具有获取外部资源与活动权限的诉求。其中，社会组织需要的资源通常通过政府支持、募捐等方式获取，在一些条件下，也可能伴随一定程度上的商业化经营。而权限通常根据组织的目标定位和组织实力，由政府相关部门审核后赋予。获取资源与权限是社会组织展开活动的重要依托，一个社会组织拥有的资源与权限，某种程度上对组织的自身实力起到了决定性作用。因此，资源与权限是社会组织利益构成的重要组成部分。

（三）组织发展

大多数社会组织都具有一定的发展需求，在提供公共服务的同时，社会组织也期待组织成员的发展、组织实力的提升与社会地位的提高。这种发展性需求既是由成员个体在经济活动中的基本属性决定的，也是社会组织在实现组织使命、参与公共活动过程中产生的必然结果。伴随着组织的发展，它们可能被寄予更高的期待，从而拥有更多的资源流入与权限赋予，具有参与更加重要的公共活动的能力和提供更多公共服务的条件。因此，实现组织发展是社会组织的又一重要诉求。

（四）组织营运

与企业等营利性组织不同，社会组织不以财务指标为组织营运的核心要求。但在日常营运中，一方面维持组织基本的运作功能不可避免地会产生一定的成本支出；另一方面，社会组织日常活动也需要投入一定成本。因此，争取更多的政府支持与募捐资金以维系组织运营，成为社会组织活动的重要环节。组织的日常运营，是社会组织时时刻刻面对的现实问题，故而也是社会组织的重要利益构成。

可以发现，社会组织这些利益诉求不是孤立存在的。资源与权限的获取是价值实现的基本保障，而组织的当前运营与未来发展既需要资源与权限的输入，同时也进一步促成了价值的实现。

三、利益联结方法

（一）服务型组织定位

陈丽琴（2004）提出了新公共服务思想，认为公共管理的根本目的在于公共服务[①]。因此，能够提供优质的公共服务是社会组织参与公共治理的基本条件，也是对多元共治格局参与主体进行筛选的重要指标。现实中的社会组织类别庞杂，部分组织基于特定人群的利益或爱好成立，面向小部分群体展开服务，其相关主张可能与公共利益相违背，对于非成员群体具有负面溢出效应。如果不加限制地将这些组织纳入多元公共治理体系之中，可能会加重小群体间的对抗性，甚至出现社会裂化等严重后果，严重影响治理效率。

服务型组织定位是避免这一问题的重要方法，这一特质要求作为社会治理主体的社会组织在参与公共治理时强调服务供给而不是利益索取。当突发性重大公共事件发生时，各项应急管理工作往往伴随资源供给不足、服务短缺等现象。社会组织作用的正面发挥应当对应急资源及使用起到补充和调节的作用，而不是基于小群体利益的资源占有。因此，服务型组织定位在公共治理中的推广有助于限制基于资源流向引起的组织间对抗，避免由此引发的群体裂化，从而减少不必要的博弈成本和资源损耗。

（二）多元化组织成员

多元共治的最大威胁与误区在于加重由身份政治引起的对抗与裂化。实现多元共治必然伴随治理主体身份认同多元化。南茜·弗雷泽认为，现实中的社会正义包含了"再分配正义"与"承认正义"两种类型，前者追求资源与财富公正性的提升，另一种要求允许并推动价值和认同的多样性[②]。但在资源稀缺条件下，基于不同身份认知所组建的社会群体展开"身份政治"，就可能面临难以调和的矛盾与冲突，原有的"差异化"现实在"不公平"的主观体验和团体内部"回声室效应"放大下极易演变为社会冲突，加大公共治理中群体间的协调成本，甚至使合作走向失败。

促使组织成员多元化发展，一方面要求社会组织包容不同属性成员，丰

---

① 陈丽琴.公共利益：新公共服务与治理理论的联结点[J].湖北省社会主义学院学报，2004(06)：66-68.

② 汪越.身份政治的理论逻辑[J].学术界，2018，000(003)：85-95.

富组织内部多元性，避免社会组织沦为少数偏激群体的利益代表；另一方面要求成员个体丰富自身社会属性，避免成员对单一标签产生过强"归属感"。当不同的群体间身份认知相互混杂交融时，群体间对立型关系就无法形成，从而避免了在公共治理中发生"零和博弈"的冲突。在这一环境下，不同社会组织作为公共治理主体参与多元化公共治理体系构建就不会产生裂化。

（三）信任关系构建

良好的信任关系是利益同盟建立的基础，构建信任关系需要把控三个方面的要点：一是构建信任关系的间接信息获取机制，主要用于缓解由信息不对称现象造成的合作风险；二是在日常协作中建立组织内部的合作伙伴关系与风险化解机制；三是建立完整的责任追究机制。

其中，系统性信息不对称现象的缓解依赖于政府的推动。一方面，政府作为治理体系中的指导者与监管者，有权利对其他治理主体进行监督与指导，在信息上拥有最大的权限。而组织间、组织与个体间的协商与交流面临极高的成本，且虚假信息难以被识别。因此，政府披露相关信息是缓解信息不对称最简洁有效的方法。另一方面，只有政府有实力与权限做出系统性的调整与优化。此外，现代大数据的发展也能为组织信任评估工作提供重要信息来源。

除间接评估外，社会组织还需要在合作交流中直接开展信任机制构建。例如，根据往期合作开展针对性信用评估，结合间接数据获得更加可靠的评估结果。或订立合同，以增大对方违约成本，防范违约风险。完善责任追究机制，一方面要求完善相应法律法规，对合作中的不同争议给出明确的解决方案；另一方面要求组织明晰合作中的责任关系，减轻组织间的合作顾虑。

（四）资源与成果公平分配

利益联结机制构建的重要一环在于建立公平的利益分配机制。尽管社会组织不以盈利为运营目的，但组织发展、成员个体需求以及组织价值的实现要求社会组织重视资源与成果的分配。公平公正的分配将对社会组织参与公共治理形成正向激励作用，推动组织协作与利益共同体形成。

社会治理中的分配公平在结果公平方面体现为科学的考评结果和落实的

分配政策。在多组织合作的公共事务中，对组织绩效展开科学合理的考评，有助于科学度量社会组织参与公共管理的能力，为分配提供重要依据。社会治理中分配公平在过程公平方面体现为公开透明的决策过程。一方面，共同参与的社会组织依照相关合约、考核结果、前期投入获得相应报酬，决策过程依据清晰，数据可溯源。另一方面对社会组织进行考核的过程也应当是公开透明且可监管的。

第三节　协同治理机制

协同治理是多元主体共同应对重大突发公共事件的核心过程，协同治理的绩效有时决定了社会组织在应急管理中主要功能的发挥。构建协同治理机制，就是在应急管理体系中形成能够促使多元主体有效参与配合的制度化、程序化和规范化措施，促使各方合作应对重大突发公共事件的模式。研究认为，组织之间展开协作，能够有效增强技术创新与组织实力，提升应急管理效率[①]。构建协同治理机制，推进多部门、多主体协同参与应急管理，能够有效调节单一主体和单线管理产生的相关弊端，加强了政府与企业、非政府组织以及公民之间的联系，是实现政府领导下共生型治理格局的内在要求。

一、协同治理类别

（一）多元主体协同

传统以政府作为单一治理主体展开应急管理的协调活动，主要局限于政府及政府直接控制部门的协调。主要包括两种类型，一种是由上级直接对下级强制协调的纵向协调，另一种则是根据部门利益专业分工，在同级之间产生的配合协调联动关系。后者作为横向协调，因为不具有隶属关系，较前一种而言更为复杂。

新型社会治理关系结构下，政府与企业、社会组织以及公民之间同样存

---

① 闪淳昌，薛澜.应急管理概论：理论与实践[M].高等教育出版社，2012.

在着协调需求。各个组织在重大突发公共事件应急管理上具有更高的强度需求，需要社会组织和企业充分发挥能动性。多元主体协同要求政府发挥良好的指导和监管作用，统筹协调全民参与。社会组织和企业则突显专业性、灵活性、高效性等特有价值。

（二）区域间协同

重大突发公共事件发生地点通常会超出一定区域范围，在时间上可转移，在空间上具有蔓延性。因此，相关应急管理工作需要做到区域间协同应对，在不同区域应急能力和资源都有效的条件下，如何相互援助，形成有效的应急防护网络，成为区域间协同治理的重要环节。

推进区域间协调联动，通常由行政部门牵头签署单边或多边协议。主要渠道包括：共同促进信息共享，开展应急理论研究和科学人才交流，定期举办相关会议，协商应急管理事项；建立并完善联络制度，建设工作小组，完善工作交流通报等等。相关举措以促进优势互补、提高绩效为主要目的，加强应急物资、救援队伍、信息网络等应急管理重要业务的合作，共同提高应急管理效率。

（三）跨专业领域协同

各部门参与应急管理协同治理，最常表现为多种专业领域分工协作，实现某一共同目的。在利益联结机制构建的前提下，不同专业领域和不同个体之间能够有效形成战略协同，并在此指导下展开跨专业领域的协同应对。跨专业领域协同治理，既是应急管理庞杂事务应对过程的必然要求，也是提升各环节专业性的关键任务。实现跨专业领域协同，要做到良好的统筹、及时的信息沟通与资源调配，实现应急管理有序进行。

二、战略协同

（一）政府统筹

实现应急管理中协同治理有序进行的核心环节在于做好统筹工作。有效的统筹规划是实现信息共享、资源共用、有序联动的工作基础。在一般情况下，统筹工作由政府进行。由国家或当地政府设立紧急管理综合协调指挥机构，充分调动可利用的一切资源，整合社会力量，进行重新分配。我国在过去每一次灾情应对的过程中，都由国务院牵头成立了相应应急管理部门，对相关组织的指挥和调度起到了关键性的指导作用。

除整体性统筹之外，重大突发公共事件应急管理往往需要针对其中的重要环节进行专项统筹，相关职能通常由政府承担。根据灾情性质，相关部门可以分为常态专项应急指挥部和临时专项应急指挥部。前者负责协调洪涝、干旱等常见的突发性灾情应对；后者负责地震等发生频率较低的突发性灾情应对。

（二）组织间协调

在重大突发公共事件应急管理中，有时会出现难以统筹的细节性问题，需要参与各方自行协调合作。缺乏上级统筹的横向协调，通常可以选择联席会议或临时工作领导小组两种方案。

联席会议是指重大突发公共事件应急管理中具有隶属关系的部门或区域，为了解决协同治理的协调联动问题，由一方或多方牵头，通过正式会议形成有约束力的规范性意见。相关意见要求充分发挥部门积极性，整合相关资源并解决联动矛盾，寻求共识并实施相关计划。

临时工作领导小组通常用于应对危害较轻、规模较小的应急管理内容，不需要成立专门的指挥部，可以由小组自行牵头成立临时领导小组进行协商联动。临时工作领导小组的顺利组建和运营，需要相关部门具有良好的协调能力，否则容易出现组建迟缓、运营效率差等问题。

三、行动落实

（一）法律法规

法律法规是多元主体参与重大突发事件应急管理的基本制度保障。主体间的协作不能仅停留在口头或无号召力的字面上，必须基于多个应急主体的利益与需要，建立具有法律效应的约束机制[1]。为保障应急救援顺利推行，法律法规需要对参与协作的各个主体的功能定位与职权范围进行明细划分，确定责任归属和基本行动程序，为各主体及时响应提供规范的行动指南。法律法规在落实协同应对规划的众多举措中具有最强的执行力度，是治理主体行动的基准，完善相关法案对推进协同治理机制建设具有重要意义。

---

[1] 曹杰，朱莉.现代应急管理[M].科学出版社，2011.

（二）指导意见

由于重大突发事件具有不确定性和复杂性，一般性的法律法规在具体的应急救援工作中难以作为高效精确的行动指南。政府或领导小组通常会根据灾情的具体情况制定临时、专项的指导意见。与法律法规相比，指导意见的灵活度更高，在协调各类主体救援行动时能够对法律起到良好的辅助和补充作用。

指导意见与法律法规不是孤立存在的。一方面，法律法规是指导意见顺利推行强有力的制度保障。另一方面，指导意见要与相关法律相匹配，避免在救援指导中形成混乱。法律法规与指导意见相互促进，共同进步，是落实协同治理的有效政策手段。

（三）合作契约

重大突发事件除造成宏观经济波动外，在微观上也可能会对相关主体造成产品需求波动、原材料供应中断、交通瘫痪、设备失灵和信息阻塞等问题[①]，不同主体之间常通过合作契约的方式自发性地建立协同应对方案。应急契约协作以风险共担机制为基础[②]，以降低成本耗费，提高管理效率为目的，多应用于社会组织与企业、其他社会组织之间的非政策性合作协议。通过契约进行的协调，不依赖于行政体系中的命令和控制，而是按照市场或法律的要求，以合同条例的形式体现。契约本身应当在实现战略目标的前提下，体现互惠、信任、激励、约束和惩罚等因素。

四、信息交流

多元主体协同治理是多领域、多视角的治理模式。不同主体从不同的切入点着手研究，必然伴随着一定的信息差异。出于资源共享性与互补性的考虑，提高信息的差异性，能够有效提升资源的互补性与共享程度，降低不同合作者之间的信息不对称性，实现降低交易成本与提升价值的目标[③]。

---

① 曹杰，朱莉.现代应急管理[M].科学出版社，2011.

② 张宁，刘春林，王全胜.企业间应急协作：应对突发事件的机制研究[J].商业经济与管理，2009，1(9)：30-35.

③ Austin J E, Seitanidi M M. Collaborative Value Creation: A Review of Partnering Between Nonprofits and Businesses: Part I. Value Creation Spectrum and Collaboration Stages[J]. Nonprofit and Voluntary Sector Quarterly, 2012, 41(5): 726-758.

信息共享是多元主体参与重大突发公共事件应急管理的必然要求，任何部门或组织在应急管理中，通常都会面临着一定的信息约束。高质量的信息资源是制定科学规划、指导救援行动顺利展开的关键性因素。应急管理需要对信息资源进行采集、处理、内部交流与发布。搭建应急信息平台是实现科学有效治理的重要技术手段。

（一）信息采集

应急信息采集是使用信息设备及时捕捉灾情现状及救援信息，并将其转化为标准化格式录入系统的过程。信息采集以数据库技术、网络通信技术、地理信息技术等技术手段和智能设备为依托，具体来源囊括：物联网监控设备捕捉、操作员录入、公共平台信息抓取、专项数据库、项目调研数据等。信息采集工作的关键在于及时捕捉与灾情相关的重要信息，准确完整地描绘出灾情全貌与救援现状。

（二）信息处理

应急信息管理首先需要对收集到的数据进行筛选，过滤掉过时、失真或无效的信息，并对剩余的有效信息进行整合和分类存储。借助于特定信息来源和局域网，整合分类可以实现自动分类，但可能也需要依据访问主体和波及领域对信息进行再造分类。实际使用时，应急信息还需进行深度科学的剖析，而现代数据处理技术就可以很好地完成这一任务。其中，数据挖掘技术（DM）实现了对复杂数据的挖掘并过滤掉无用数据；联机分析技术（OLAP）实现了探寻数据间的规律；可视化决策支持系统（Vidss）为使用者直观呈现出数据结果，方便其发现现有问题并预测未来趋势，进一步为管理者决策提供有效支持[1]。张茜（2006）认为，能够为应急决策提供有效支持的信息系统，应当包括储存地理空间、人力资源、应急资源和救援资金的基本数据库系统、存放不同主体响应程序的预案库系统、对已发生事件进行经验总结的案例系统、对管理程序进行科学分析的模型系统、支撑应急决策的方法系统和实现人机交互的对话系统[2]。

---

[1]　文雷，王欣乐.国家治理现代化视域下乡村智慧治理体系构建与实现路径[J].陕西师范大学学报(哲学社会科学版)，2021，50(02)：72-81.

[2]　张茜.公共危机管理系统研究[D].武汉理工大学，2006.

（三）信息沟通

加强应急信息管理，提升治理主体信息沟通效率是实现协同治理的重要路径。应急信息管理：相比于只有信息发送，没有应急信息确认的单向信息沟通，应急管理中需要具有可逆性的双向信息管理[①]。张沛和潘峰（2007）总结了双向信息沟通的一般工作流程[②]。

如图 3-2 所示，首先，信息沟通以信息发送者为起点，明确传递信息内容。其次，信息发送者需要依据接收者特质和环境选择合适的信息载体（文字、图表等）。之后，再选择与载体相匹配的信息传输渠道。最后，接收者通过相关渠道有效接收准确信息。

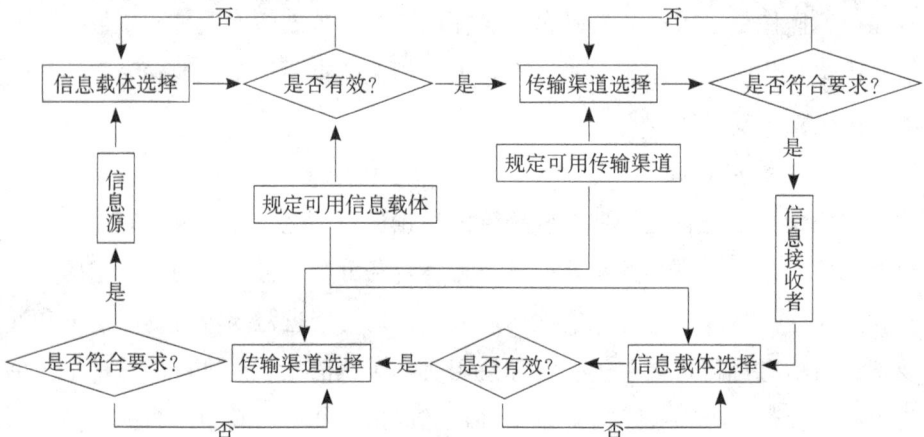

图 3-2　双向信息沟通一般工作流程[③]

（四）信息发布

部分应急信息在处理过后需要对外发布，信息发布主体以县级以上人民政府为主，其他主体在权限范围与专业领域内及时跟进。有效的信息发布可以提高救援过程的公信力与透明度，满足公众知情权、参与权和监督权，提高应急管理效率。信息发布过程要做好舆论引导工作，事件信息准确反映事件细节是反馈风险评估可靠信息、明晰责任人的有效举措，能够增强合作者信心与参与感，及时对救援行动形成反馈。

---

① 曹杰，朱莉.现代应急管理[M].科学出版社，2011.
② 张沛，潘锋.现代城市公共安全应急管理概论[M].清华大学出版社，2007.
③ 张沛，潘锋.现代城市公共安全应急管理概论[M].清华大学出版社，2007.

第四节　资源管理机制

应急资源是指在突发事件应急管理中，能够短时间被迅速调度或积极响应的各类资源总称[1]。应急资源是重大突发性公共事件应急管理中重要的物质基础，社会组织参与应急资源管理，可以面向应急管理体系增加资源供给，提升使用效率。同时，社会组织的特殊优势能够促进管理模式多元化、管理流程科学化发展，使得有限的资源在应急管理中得到充分有效的利用。如表3-1所示，应急物资一般可以分为以下四种类型[2]：

表3-1　应急资源分类

类别	定义	内容举例
消耗性救援物资	用于应急救援、转移、灾民安置和灾后恢复的各类消耗性物资	生活用品（衣物、帐篷、食品等）、医疗耗材（医药、防护服等）等
设施与设备	用于应急管理中的大型装备与设施	通信设备、交通工具、供电与供水设施、消防设备、起重设备、侦检设备等
人力资源	直接或间接参与救援的人才队伍及应急管理人员	政府人员、医疗人员、军队、物流人员、公安消防、社会组织成员、评估人员等
应急资金	应对突发事件的专项资金	中央专项财政拨款、地方专项财政拨款、社会捐赠资金、金融保险理赔资金等

一、消耗性救援物资管理

消耗性救援物资是重大突发性公共事件应急管理中重要的资源支撑，也是维系灾民在事件发生后生存需要的重要保障。在一般情况下，重大突发公共事件常伴随着应急资源匮乏，其中以消耗性救援物资约束最为明显。消耗性救援物资根据用途可以分为两类：一类是用于受灾居民日常衣食住行的日常必需品，一类是应用于急救的专业性应急医疗消耗品。消耗性救援物资管理一般工作流程如图3-3所示：

---

① 曹杰，朱莉.现代应急管理[M].科学出版社，2011.

② 王绍玉，冯百侠.城市灾害应急与管理[M].重庆出版社，2005.

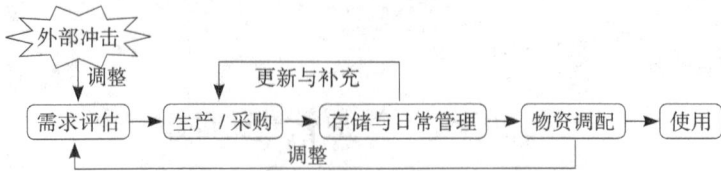

图 3-3   消耗性救援物资管理一般工作流程

消耗性救援物资管理首先要求通过调查汇总各部门物资需求，结合应急管理体系内现有物资存量，基于资源整合与优化的角度，对应急管理中消耗性救援物资进行需求评估并制定资源规划，为后期工作的展开提供明晰的指导意见和程序规范。对于重要的救援耗材，企业与社会组织应当及时反映准确信息，交由政府统筹规划。

按照需求评估结果，各部门应当依照自身职权范围，及时完成生产与采购工作。生产与采购的应急物资应当满足应急管理中对数量与质量的基本需求，各组织、企业、各级政府协调配合，充分发挥各自功能保证物资供给。

在大多数情况下，一些应急物资不会被立即使用，而是作为风险储备或在应灾期间经历短暂的周转程序。因此有必要对消耗性应灾物资进行存放管理。应急管理储备要实现存储方式多元化：包括政府储备与非政府储备相结合、实物储备与生产能力储备等等[1]。还需注意的是，随着时间的推移，消耗性救援物资存在消耗或报废的现象。此外，新技术和产品的出现也要求对救援物资进行更新和升级。

在突发重大公共事件发生后，各部门的应急资源管理需要在领导层和执行层两个层面实现调配。其中，领导层负责战略定制与统筹规划，执行层负责编制具体计划，收集相关信息并监督物资存放与使用的计划执行过程。政府是这一过程的主体，社会组织需要严密把控实施过程，如果在调配中发现消耗性救援物资需求不能得到满足，则需要及时反馈，重新展开需求评估并调整规划，以保证消耗性救援资源供给能够满足应急管理需要。

二、设施与设备管理

重大突发公共事件应急救援必须依托于基础设施和大型设备硬件的支持。这些设施与设备可以划分为两大类：一类是水电路等基础设施，完善的

---

[1]   张文峰.应急物资储备模式及其储备量研究[D].北京交通大学.

基础设施建设可以有效提高应急管理效率；另一类则是在救援中针对性使用的专用救援设备。救援设备管理一般工作流程如图 3-4 所示：

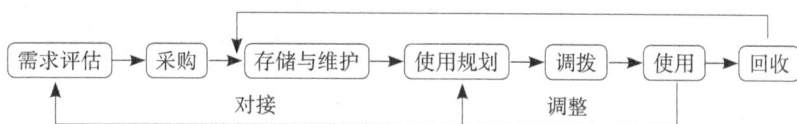

图 3-4 救援设备管理一般工作流程

作为重大突发公共事件应急管理中重要的物资资源，设施与设备管理具有与消耗性救援物资相近的管理流程，但由于相关大型设备生产、存放与使用都具有一定特殊性，相应也要求一定的特殊管理需求：

在需求评估与采购方面，由于应急管理所需要的相关设备价格较为昂贵，需要进行更加精确的需求评估并按计划采购。同时，由于相关设备生产周期相对较长，通常难以在出现突发性应急管理需求之后临时采购，因此提前储备相关设备以防范风险成为设备管理的重要要求。

在存储与维护方面，相关设备体积较大，存放不便，一些精密的专业仪器甚至限制了存储的温度与湿度。因此，对储存环境要求更高。除存放外，应急设备还需定期维护，严格日常监管，确保在灾情发生后可以及时调用并投入救援。

在使用规划与调拨方面，大型设备由于在运输中耗时长、成本高、中途调整极为复杂。因此，在使用之前应当慎重制定科学的使用规划，并执行规范化的调用流程，避免无意义的时间、成本、资源浪费。

在使用与回收方面，救援设备通常专业性强，在使用中需注意科学的使用程序，尽可能减少因不规范的使用程序对机械产生的不必要损耗。使用完毕后，相关责任主体应对及时回收设备，避免出现丢失或损坏现象。

三、人力资源管理

人是应急管理的灵魂，人力资源是保证应急管理体系有效运行的必要条件。不同于其他资源，人力资本的个体差异性使得其管理相对复杂。应对重大突发公共事件，不仅要求足够数量的人力资本投入，还对质量和功能提出了较高要求，以此实现合理、有效的人力资源配置。应急管理中人力资本构成如表 3-2 所示：

表3-2　应急管理中人力资本构成

类别	职责	举例
统筹规划人员	重大突发公共事件应急管理中为多元参与主体提供战略指导；确立应急预案，实现重要方案决策	各部门应急小组负责人、政府及其他临时负有指挥决策职责的机构成员等
调查评估人员	通过调研和信息检索获取、分析并形成灾情分析和应对方案，为应急决策提供参考	政府、信息工作人员等
现场救援与管理人员	重大突发公共事件现场控制、管理与救援	警察、一线医疗工作者、社区工作人员、基层政府外勤人员等
后勤保障人员	提供重大突发公共事件应急管理中后勤保障服务	交通运输人员、物资生产人员、通信技术人员等
参谋指导人员	根据相关分析，为决策者提供科学专业的决策意见	相关领域的专家、学者

重大突发公共事件应急管理要求人力资源在结构分布合理、在空间分布均衡。随着时间的推移和技术、管理策略水平的优化，不同部门多种类别的人力资本需要形成有效合作才能保障应急管理的顺利开展。人力资源管理一般工作流程如图3-5所示：

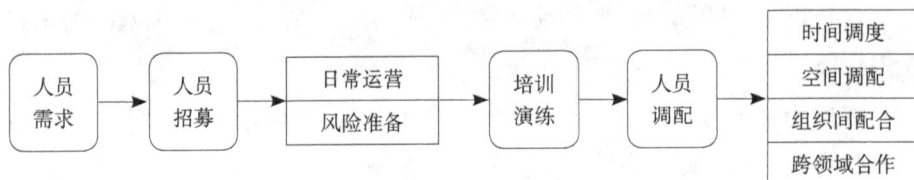

图3-5　人力资源管理一般工作流程

突发重大公共事件应急管理首先要求相关部门调查汇总应急管理体系内现有人力资源，结合各部门人力需求进行综合分析，最终形成科学的人力资源规划。应急管理需要依照人力资源需求招募到满足相关功能和构成、数量与质量的成员。

在灾情发生前，一部分成员参与组织日常运营与风险监测，另一部分成员不参与组织日常业务，而是成为储备性资源应用于重大突发公共事件应急管理体系中的人才储备。应急管理体系中的成员需要不断深入学习岗位职责、工作技能、应急管理规则流程等内容，并定期进行实战模拟演练。

在灾情发生后，相关人员要重新调配以满足应急管理需求。人员调配的原则应当包括：（1）做好时间调度，保证人员及时参与应急管理工作并敦促救援工作有序开展；（2）保证空间调配，确保依照灾情严重程度合理安排人员空间分布；（3）实现组织间配合，协调应对重大灾情；（4）推动救灾人员跨领域合作应对，调整参与人员属性使其处于合理结构水平，提升人力资源使用绩效。

四、应急资金管理

应急资金是应用于重大突发公共事件风险防范、灾情应对和灾后重建的专项资金。应急管理工作离不开充足的资金保障，要使应急资金顺利筹集并在应急管理中发挥良好绩效，必须建立并完善应急资金筹集、使用与监管机制。

资金资源具有特殊性，作为交易媒介，资金是应急管理中人力资源和物资资源的必要保障。由于重大突发公共事件发生后资金大多供不应求，如何科学使用资金，保证资金发挥合理绩效是应急资金管理的核心内容。为此，应急资金管理首先需要建立规范的科学使用规划，为后期筹募使用与监管提供指导。工作流程图如下：

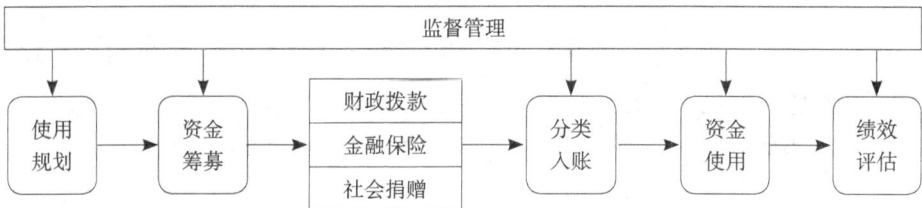

图 3-6　应急资金管理一般工作流程

充足的资金是保障重大突发公共事件应急管理工作顺利开展的基础。一般情况下，应急资金大部分由财政资金提供支持，建立紧急预算制度、完善预备费制度、调整税收政策以及通过关闭一般预算追加阀门、发出预算追减指令或指导要求等手段保障突发公共事件中的财政资金支持[1]。此外，促进筹资渠道多元化可以有效缓解应急管理中的财政压力。发展金融、保险可以分担风险，促使公共部门与商业部门形成利益共同体。此外，积极引导社会捐赠，鼓励慈善事业发展是实现应急管理资金周转的重要渠道，能够有效缓解直接应灾主体财力物力的不足。

---

[1]　曹杰，朱莉.现代应急管理[M].科学出版社，2011.

筹集到的应急管理资金需要依照规范程序进行整合并划入专项资金账户进行管理。有效整合资金可以避免重复安排造成的资源浪费，实现多部门资源整合，提升应急管理效率。应急资金的相关工作最终要落实于资金使用环节，在落实中应当做到透明化、规范化，还需完善责任追究过程。对于已使用的资金，要强化绩效评价体系，关注资金资源在应急管理中的效果与影响，提升服务效率。

与其他资源相比，资金资源在使用上更具灵活性，又与其他资源的使用与维护过程息息相关。因此，应急资金的监督管理相比于其他资源监管更加复杂，针对应急资金的监管活动必须贯穿资金使用全程。提升资金使用过程透明度、及时的信息公示和完善的责任追究过程是构建有效应急资金监管机制的重要举措。

第五节　国际合作机制

国际合作机制是指我国社会组织与国外相关团体开展合作以共同应对突发性公共事件的机制。在利益联结机制、协同治理机制、资源管理机制的基础上，进一步结合国际交流与合作的特殊要求，拓展形成了国际合作机制。国际合作机制主要围绕社会组织与外国政府、国外企业和国际组织之间的合作展开设计，通常以学习培训、援助、捐赠、信息交流和形成合作协议等方式进行。在面对重大突发公共事件庞杂的应急管理需求时，通过国际合作机制展开应急救援，可以有效提升应急效率。

一、合作目标与风险应对

党的十九大报告指出，世界正处于发展大变革大调整时期，和平与发展仍然是时代的主题。随着世界各国联系不断增强，重大突发公共事件应急管理由一个国家减灾向区域联合减灾和全球联合减灾转变[①]。这种转变的出现有以下四个原因：

①　闪淳昌，薛澜.应急管理概论：理论与实践[M].高等教育出版社，2012.

一是重大突发公共事件爆发后，灾情在空间上具有蔓延性。灾情可能不会局限于一国一地，而是随着人口流动和季风、洋流等自然因素扩散至周边乃至世界各地。如果事件在爆发初期不能得到妥善处置，将会使后期应对环境更为复杂[①]。

二是区域之间存在经济上的蝴蝶效应。在经济全球化的大形势下，各国间贸易不断往来，经济上相互依存，任何一个国家发生重大突发公共事件，都会通过经济贸易对国外相关部门产生影响，任何一个国家都不可能独善其身。协助他国应对灾情，能够有效避免重大突发公共事件对本国经济产生的负面溢出效应。

三是比较优势下分工带来的绩效提升。应对重大突发公共事件需要大量的人力物力资源，作为应灾保障，相关生产活动可能击穿本国制造能力的上限。国际间合作可以充分发挥比较优势，降低应灾成本，提升救援绩效。

四是其他非经济原因。国家实力的不同，也使得不同国家面对重大突发公共事件具有不同的应急管理能力。一些相对落后的国家应急管理能力脆弱，不足以面对严重的灾难，出于人道主义援助和大国责任担当，在不考虑经济因素的前提下，也需要对相关国家进行援助。

国际合作要求各主体在应对重大突发公共事件过程中的信息沟通、宣传、培训、技术、研发、物资援助等方面加强合作与交流。国际间各组织积极借鉴国外经验，引进先进技术和科学管理模式，实现对组织自身应急管理能力的提升与突破。在这个时代，各国日益相互依存，命运与共，已经成为你中有我、我中有你的命运共同体。构建良好的国际合作机制，加强各主体国际间合作能力是应对重大突发公共事件的必然要求。

不可否认，由于涉及大国博弈和国家安全，国际合作相比于国内合作有着更多的谨慎性要求。随着国际间竞争的增强和以美国为首的单边主义、霸权主义不断抬头，国际协同应对，特别是社会组织参与国际合作会对我国信息安全产生一定压力。由于社会组织具有一定的独立性，甚至部分社会组织天然作为某些国际组织的分部，在国内活动时，带有特殊目的的境外资本有条件渗透其中并从事违法活动。因此，各主体在涉外活动中，应当坚守内外

---

① 张峰.国际合作：迎战公共危机的法宝——访中国国家"友谊奖"获得者、世界卫生组织驻华代表贝汉卫博士[J].国际人才交流，2004.

有别，严格执行相关纪律，遵守保密规则。

另一方面，构建人类命运共同体是大势所趋，国际间的交流与协作不能"因噎废食"。特别是面对重大突发公共事件庞杂的应急管理需求，通过国际协作展开及时有效的救援，可以有效避免生命财产损失。社会组织应当在坚守国家安全立场的前提下，积极响应政府及国际组织推行的减灾战略部署，推进国际间的交流与合作。在学习交流、提升自我的同时，积极发挥人道主义精神和大国责任，提供物资资金、救援医疗等服务，发挥积极的建设性价值。

二、合作主体

（一）政府

政府是应对重大突发公共事件的核心指导主体，也是促成应急管理国际合作的关键主体。政府参与应急管理国际合作，既可以通过缔结国家与国家之间的双边多边合作契约、加入区域协作或国际公约，也可以推动组织和企业达成联合互助协定或协助应灾合作方案。

（二）企业

在重大突发公共事件应对过程中，国家可以与国外企业合作救援。应急物资的国际采购、救援设施的紧急引入和相关新技术的获取都离不开企业的参与。现如今，部分发达国家已经设立了国际紧急救助中心，并在其他国家开设分支机构，政府可以按照商业化模式调用国外紧急救援公司参与应急管理[①]。

（三）社会组织

社会组织是应对重大突发公共事件国际合作中的重要力量。相比于政府或企业部门，社会组织兼具中立和人道主义色彩两种特质，部分社会组织甚至天然具有国际组织性质，拥有国际化网络，能够与地区政府达成临时契约，合作应对紧急情况。除此之外，社会组织结构精巧，反应灵活，专业性较高，不同社会组织之间学习交流，取长补短，可以有效提升应急管理效率。

（四）国际组织

国际机构是国际合作应急管理中的重要主体，在协同应对重大突发公共

---

① 闪淳昌，薛澜.应急管理概论：理论与实践[M].高等教育出版社，2012.

事件过程中起到关键的疏通与推动作用。以联合国、世界卫生组织为代表的国际组织，能够在灾难发生后对相关问题提出专业的指导意见，并在国际合作中发挥指挥和协调的作用，能够有效提升不同国家、不同组织共同应对突发事件的效率。

三、国际合作方法

（一）学习与培训

学习与交流是各部门国际合作最常见的方式，也是面对重大突发公共事件，提升应急管理效率的基本要求。加强国际交流，可以有效学习借鉴其他国家往期应急管理重要经验，升级改良现有应急技术，为未来本国应急管理提供重要参考。国际交流的主体，通常包括科研机构、政府成员、高校企业或其他社会组织，常通过学术研讨会、实地考察和教育培训等渠道进行。

（二）援助与捐赠

捐赠与援助是国际合作另一项重要工作内容。应对重大突发公共事件，各国应当奉行人道主义精神和大国责任，向受灾国家提供援助。我国《国家突发事件应急体系建设"十三五"规划》[①]中专门提出要深入推进应急管理国际交流合作，包括参与国际应急管理救援和人道主义紧急救助，完善部门合作机制和操作规程，增加人才储备，提升国际救援行动工作效率水平，加强对外统筹，提升境外援助能力，推进并主动参与国际减灾救援联合实兵演练等等。

（三）信息交流

信息管理是应急管理国际合作中的重要举措。在各国统筹协调合作应对重大突发公共事件时，必须实现信息管理与共享。内容包括合作调查、信息通报、情报交互和数据共享等。重大突发公共事件强烈的蔓延性使得各国必须关注国外事件对本国产生的影响。必要信息的共享是维护和保障国家安全的重要条件。例如《国际卫生条例》规定通报一切构成国际关注公共卫生突发事件，如面对重大疫情，需要将相关信息通过各国指定联络点进行定期的信息交流和反馈[②]。

---

① 资料来源：http://www.gov.cn/zhengce/content/2017-07/19/content_5211752.htm
② 王子军.国际卫生条例对我国应急体制影响[J].中国公共卫生，2007，23(010)：1275-1276.

（四）合作协议

国际合作另一个重要的渠道便是订立合作协议。通常有三种具体渠道可供选择：一是直接订立双边或多边合作协议，共同面对风险挑战，分享技术和经验。订立协议的主体可以是政府，也可以由企业或社会组织直接沟通协定。二是在特定的区域内形成区域合作，如我国和东盟国家在抗击非典中订立的联合声明，与美国、日韩在抗击甲流时进行的联合防控等；三是通过联合国下属的分支机构作为国际合作的中介，在重大突发公共事件中寻求协调和统筹。

第六节　本章小结

建立有效的应急管理机制，是社会组织参与重大突发事件救援活动时实现科学决策和有效应对的重要举措。应急管理机制是以往期应灾经验为基础，根据现代科学理论加以修正、总结和提炼而形成的规范程序化结果[①]。应急管理机制由相关法律法规和部门规章推动，贯穿着事前、事发、事中和事后全过程。突发公共事件具有不确定性、应急性、危害性和复杂性等特点，这对相关应急管理措施提出了多元合作、源头治理、统筹兼顾、依法实施与科学管理等要求。一般而言，社会组织参与重大突发事件应急管理机制包含四个方面：利益联结机制、协同治理机制、资源管理机制和国际合作机制。四个机制彼此影响，共同发展，促进政府主导的社会组织共生型治理关系的形成。

利益联结机制是政府主导的社会组织共生型治理体系形成的基础。机制涉及不同社会组织之间、社会组织与个体居民、社会组织与政府、社会组织与企业以及社会组织与国外组织之间利益关系的联结机制。构建良好的利益联结机制，要求在社会组织的运营目标中寻找共同的利益诉求，具体包括价值实现、资源与权限、组织发展与组织运营。构建良好的利益联结机制，应当明确服务型组织定位，吸引多元化组织成员，在组织成员之间构建良好的信任关系并尽可能做到资源与成果分配公平。这些举措能够有效减少群体间对抗性，促成组织协同。

---

① 闪淳昌，薛澜.应急管理概论：理论与实践[M].高等教育出版社，2012.

　　协同治理机制是社会组织参与重大突发事件应急管理的核心，也是政府主导的社会组织共生型治理体系的内在要求。具体包括了多元主体协同、区间协同和跨专业领域协同三种类别。构建协同治理制机制，首先应当实现战略协同，以政府的整体性统筹和针对重要环节进行的专项统筹为主要手段。对于政府难以统筹、需要参与方横向协调的细节问题，通常通过联席会议或临时工作领导小组两种方式予以解决。统筹形成的救援计划可以通过法律法规、指导意见和合作契约推动落实。此外，多元主体协同参与应急管理必须促进有效交流，缓解信息不对称现象。因此，加强信息系统建设，建立健全信息采集、信息处理、信息沟通和信息发布的相关制度与程序，是有效利用应急信息资源、推动协同治理机制建设的重要内容。

　　社会组织参与重大突发事件应急管理中的资源管理机制由协同治理机制推动形成，为政府主导的社会组织共生型治理体系提供资源供给。一般而言，应急所需的资源可以分为消耗型救援物资、设施与设备、人力资源和应急资金四类。其中，消耗性救援物资与设施设备在管理中都按照需求评估、生产、采购、日常维护、物资调配和最终使用的基本流程运行。而设施设备由于体积更大、价值昂贵，需要重点关注准确规划和及时回收。相较物资管理，人力资源管理更具复杂性，应急管理中的人力资源可划分为统筹规划人员、调查评估人员、现场救援与管理人员、后勤保障人员和参谋指导人员。在人员调度中要考虑结构分布与空间分布等内容，促成各组织之间的配合与救灾人员的跨领域协作。资金资源是应灾资源中最为灵活的部分，必须强化资金使用全程的监督管理，做好精准规划、强化筹募、及时分类入账、合法合规投入使用以及绩效评估工作。良好的资源管理机制能够对利益联结机制形成重要的积极反馈。

　　社会组织参与重大突发事件应急管理时必须要与国外对接，相关机制拓展形成国际合作机制，并衍生出了一些不同于国内合作的要求。国际合作机制形成的基础包含事件危害的蔓延性、经济层面的蝴蝶效应。比较优势下，社会组织的分工可带来绩效提升以及人道主义等其他非经济后果及影响。国际合作中，既要保持谨慎性、维护国家安全，也要顺应人类命运共同体的形成大势，不能因噎废食。国际合作机制包含社会组织与外国政府、国外企业和国际组织之间的合作，通常以学习培训、援助、捐赠、信息交流和形成合作协议等方式进行。

第四章 社会组织参与突发公共事件
应急管理模式

第一节 社会组织参与应急管理传统模式

应急管理是国家治理体系和治理能力现代化的重要组成部分，有效的应急管理体系能够及时防范并化解重大安全风险，快速应对多种事故灾害。在社会矛盾逐渐凸显，民众利益诉求日益多元化的社会转型时期，突发事件更是频繁发生，如何建立起科学有效的应急管理机制与模式，成为我国应急管理制度优化创新的重要任务。因此，探究我国应急管理模式的特色与优势有利于积极推进我国应急管理体系和能力的现代化。

然而，面对公共危机和突发事件发生频率高、波及范围广、破坏性严重等状况，仅仅靠政府相关部门是远远不够的，建立有效整合社会资源和社会力量参与应急管理工作的体制已经成为我国应急管理制度优化创新的重要任务。2022年2月14j日，国务院发布《"十四五"国家应急体系规划》，强调构建优化协同高效的应急管理治理模式，并明确了坚持社会共治作为基本原则打造共建共治共享的应急管理格局。该规划的颁布为社会组织参与应急管理带来了新的突破口。本节将在以往学者研究的基础上，结合应急管理相关实践，梳理社会组织参与应急管理的传统模式。

一、社会组织联动参与模式

社会组织联动是指组织之间的相互关系以及互惠互利行为。一般来说，参与应急管理的社会组织具有相同的目标——紧急救援，即挽救受灾群体的生命安全和财产损失。不同社会组织在应急救援中应当相互配合、相互支撑、共同行动。

（一）组织类型

由于突发事件存在不确定性，且不同类型的社会组织拥有的资源禀赋有所差异，因此有效的应急管理需要多个社会组织联动参与，分工合作。比如基金会可以利用其独特的运作模式募集和管理资金；公益慈善类社会组织更侧重提供物资管理与分配；志愿者协会类社会组织开展志愿者招募、培训等服务；学术科研类社会组织可以利用专业知识为应急管理提供前期规划和后期的专业评估；行业协会类社会组织更多是作为政府与企业之间沟通的"桥梁"，进行行业数据的采集统计与分析，帮助企业协调生产和资源调配，促进企业有序参与救灾；社区社会组织更多以属地为原则，对接辖区居民的自治与重建需要。不同的社会组织发挥的作用是有所差异的，但总体而言，在新冠病毒感染疫情中行业协会商会类社会组织、社区社会组织以及基金会发挥的作用最大。

（二）优势

1. 资源互补，协同整合

朱健刚和赖伟军[1]（2014）通过研究汶川地震中联合救灾的案例，表明不完全合作策略下的社会组织联合救灾是一种非常好的救助模式。社会组织在链接各类社会资源方面具有得天独厚的优势。不同领域、不同类型的社会组织，由于发展路径不同，往往所拥有的资源禀赋存在巨大差异。因此，在参与重大事项应急管理过程中，资源互补的社会组织开展合作能够缓解资源分布不均，有利于组建资源供给链条，将分散的资源协同整合，将差异化需求与供给良好对接，形成联合集聚效应，以最快的速度参与到事中救援和灾后重建工作中。同时，社会组织间合作所构建的一系列社会网络关系可以为网络中的个人或组织提供社会资本的存量积累，对社会组织协调自身价值以及获取发展资源等具有重要作用。并且通过合作网络形成的一些新资源有利于拓展社会资本[2]。

2. 机构间信任度

社会组织联盟合作的前提是机构间的相互信任。若社会组织平时积极开

① 朱健刚，赖伟军."不完全合作"：NGO联合行动策略——以"5·12"汶川地震NGO联合救灾为例[J].社会，2014，34(04)：187-209.

② 杨柯.社会组织间自合作的实践困境及策略选择[J].云南行政学院学报，2015，17(05)：51-55.

展交流互动，机构与机构之间建立全面的了解，并且在合作的过程中互助互利，配合良好，就将具备一定的信任基础。这种信任恰如润滑剂，能使一个群体运转更加有效，在合作网络中达到相互啮合的协同状态。同时由于社会组织联盟救灾的目标一致，容易基于共同利益达成广泛共识。

在汶川地震救援中，陕西省妇女理论婚姻家庭研究会、妇源汇性别发展培训中心、小天鹅艺术团、西安市碑林区拉拉手特殊教育中心等10家社会组织成立了"陕西NGO赈灾联盟"，奔赴一线救援，为汶川救灾做出了极大的贡献。由于这些社会组织平时交往交流较多，建立了一定的信任基础，组织之间沟通合作成本大大降低，才能够在短时间内迅速联合起来，有序分工协作。

3. 去等级化的弹性组织形式

社会组织合作过程中会根据应急管理的不同阶段采用灵活多样的联合方式，随着外部环境的发展变化做出灵活的调整。例如，在汶川地震紧急救援过程中，灾区情况复杂多变，由陕西10家NGO成立的陕西NGO赈灾联盟统一行动，采取任务导向型联合行动方式，将机构成员差异化的专业能力与救灾需求精准对接，分别负责宣传、联络、志愿者招募与培训、技术支持、后勤保障等不同工作[①]。等到灾后恢复重建时，这10家机构又从大联合走向了小联合方式，基于项目导向型的原则，不再划分具体的工作小组，机构成员可以自组合完成该项目，同时合作网络内部相互支持与配合。总之，这10家社会组织根据具体情况采取灵活多样的组织方式，体现出了合作网络的弹性优势。

4. 专业化分工合作

某一类型的社会组织通常倾向在单一专业救援领域提供服务，在专业特长以及实践经验上积累了很多优势，因此不同类型的社会组织往往能提供差异化的应急管理与服务。在"四川5·12中心"的救灾服务平台中，社会组织分工提供灾情信息统计、物资分配、志愿者供求信息、财务规划等具体的服务，为抗震救灾做出了巨大贡献。其中以"支持民间公益"为宗旨的南都基金会，利用自身的资金优势为参与救灾和灾后重建的民间公

---

① 史雪莲.公民社会组织联合救灾侧影——以汶川地震后"四川5·12民间救助服务中心"和"NGO四川联合救灾办公室"为例[A].李凡.中国基层民主发展报告(2009)[C].当代中国研究所，2009：20.

益组织提供资金保障，还连同部分公益孵化器、信息咨询中心等迅速组成工作团队，展开资助项目的征集、筛选、评估，以及公益组织在四川灾区的联络与协调工作。

（三）缺点与不足

尽管社会力量在应急管理过程中发挥着重要作用，是政府力量的有效补充，但相对于政府组织的严密性，社会力量存在自身难以克服的缺陷，如松散性、自发性、约束弱、问责难等各种不足，导致其在联动参与过程中没有办法发挥协同效应。

1. 社会组织自身弊端

（1）松散的管理体制。社会组织一般按志愿机制运行，不是下级服从上级的强制性体系，其组织结构和运行机制较为松散。2020年新冠疫情期间，武汉市红十字会发生的种种问题都与其内部松散的管理体制有关。

（2）自发性与"志愿失灵"。公益组织具有扶贫济弱、灾害救助的光荣社会责任与使命，具有非营利性质，通常是自发参与到重大突发性事项的治理。然而，如果没有有效的动员激励机制、组织协调机制、需求对接机制、信息共享机制等，社会组织之间较难形成合力，存在"志愿失灵"的现象[①]。

（3）缺乏完善的监督与考核机制。部分公益团体由于缺乏竞争，组织的市场活力低，同时受到行政部门的干预，存在内部体制僵化、专制腐败、专业程度低等问题[②]。但是却没有一个系统完善的问责体系和监督考核机制，导致其一直停滞不前，无法向高质量社会组织转型。

2. 信息共享不畅与组织应急联动迟缓

除了社会组织固有弊端以外，不同社会组织之间信息共享程度低也是其联动应急迟缓的重要原因之一。应急管理是个非常复杂的系统性工程，需要各社会组织之间协同合作，信息共建共享。但目前各社会组织之间数据割裂现象严重，应急协作效果不佳，这主要是因为社会组织过度专业化分工导致的。不同类型社会组织的资源禀赋、专业知识和实践经验促进它们长期进行

① 严俊，孟扬.道德化市场中的社会组织：市场区隔与"价值-利益"双目标行为[J].中国第三部门研究，2018，16(02)：125-150+229-230.

② 蔡潇彬.中国社会组织高质量发展：困境与路径[J].新视野，2020(03)：101-106.

单一化的救援行动，容易造成各专业灾害应急系统相互割裂，进而产生专业化下的信息壁垒，不同类型社会组织之间很难进行信息交流沟通。此外，可能存在社会组织谋私利的现象，有意隐瞒应急信息、物资和技术。

3. 合作的不完全性

多个社会组织参与救援时，如果缺乏有效协调管理，容易出现重复性工作，导致资源浪费和低效利用。尽管社会组织的目标一致，但是合作的组织来自于四面八方，有不同的工作领域和社会地位，例如在救灾联合办公室，从类型上看有环保发展中心、信息技术中心、文化发展中心、教育研究会等社会组织，种类多样形式各异；从性质上看有官方背景的，民间草根的，甚至还有临时性的企业志愿者团体。这些联合行动主体之间在服务能力、服务对象、实现目标以及活动范围方面存在巨大差异，面对灾害危机的不确定性环境时，可能"各自为政"，缺乏对大局的敏感性把控。

二、社区社会组织模式

社区社会组织本质是为社区居民直接传递服务的一种基层社会组织，在为居民提供公共服务、维护社区的稳定与秩序方面发挥着重要的作用。

社区是最贴近基层群众公共治理的基本单位，风险灾害的发生首先会影响到社区。在重大突发性公共事件来临时，社区作为城市管理的最基础的单位，成为防灾防控的第一线。尤其是在公共卫生事件中，基层社区既承担着外防输入的战斗堡垒作用，又承担着内防扩散的治安防控作用，是组成国家治理体系的基本要素。将社区作为基础防控第一线加强突发事件应急管理，是对城市公共管理布局的合理划分，也是提高国家治理体系、治理能力现代化的重要举措。

在本次疫情防控期间，社区社会组织探索出了一条"网格 + 社会治理"的抗疫新模式[①]。无论是大型城市还是中小城市，都可以按照属地原则，将其分为一个个网格化的管理单元，分为若干版块进行治理。在一个社区内部还可以进一步细分管理区域，按照不同小区、不同单元、不同楼栋区隔，分配相应的网格员提供管理与服务。利用 QQ 群、微信群等社交媒体，社区居

---

① 张军，刘雨.新冠肺炎疫情防控中的"志愿者+社区社会组织"模式服务效力及其反思[J].天津行政学院学报，2020，22(03)：79-86.

民可以将自身需求发布在群内，由网格员分派社区志愿者去提供援助。这种"Face to Face""Key to Key"结合的模式能够在特殊时期保障社区居民的基本生活需要，关怀其心理健康。这种社区小规模范围内的治理模式将志愿者与社区居民服务需求良好匹配，保障了疫情防控工作的顺利实施。同时，在所属辖区内开展疫情排查防控，还可以形成网格内隐患发现、事件处置、评估与反馈、责任追究等一整套的运行机制，维护社区秩序的稳定。

尽管社区公共治理作为基础防控第一线对于疫情的进一步扩散起到非常重要的战斗堡垒作用，但是当疫情突然暴发后，社区工作由常态运行不可避免地转为紧急防控，会造成一定的紧张和混乱。并且在实际运行中，社区社会组织模式仍然存在某些问题，阻碍着基层社会疫情防控的效率。

首先是社区动员与居民参与度低。社区工作人员是社区疫情防控中的骨干力量，是链接居民和社会网络的纽带，在抗疫中发挥着重要作用。但是，社区管理者面对严峻的疫情防控形势，既要开展面宽量大的宣传、摸排、统计工作，还要兼顾测温消毒、购物维稳，既当调查员、统计员，又当楼长、小区门卫，既要保障辖区封闭安全状况，又要关注居民的身心健康，导致志愿者招募困难。同时一些社区志愿者文化水平不高，在此次疫情防控中方法落后、专业性差、效率低下、法制意识淡薄，导致社区疫情防控工作受阻。

其次是社区可支配公共资源有限。应急保障资源是开展应急行动的物质基础，包括应急预案、应急队伍、经费、物资、设施、信息、技术等各类保障资源。然而在疫情暴发之初，社区可支配的公共资源有限，尤其是社区级合格的医护人员和医疗物资严重短缺，应急物资采购、分配以及市民生活必需品的精细投放渠道不畅，都严重影响了初期疫情防控效果。部分社区缺乏疫情防控必要的监管环境，尤其是一些棚户区和老旧小区，这种问题更加明显。

三、社企合作模式

随着经济的发展，企业逐渐成为社会的重要组成部分，履行扶危救助、慈善公益等社会责任已经形成一致的公众认同，越来越多的企业与政府、社会组织等相关利益者合作来共同推动企业社会责任的建设。同时，从社会组织的层面来看，其通过与企业的联盟互动实现了开拓筹资渠道和提升知名度等目的。在这种情况下，一种新的协作方式——社企合作模式应运而生。

社企合作模式是指企业和社会组织通过参与企业社会责任项目而形成的一种跨部门的联盟[①]。所谓跨部门联盟是指两个及两个以上的主体有共同战略利益，为达到一致的战略目标通过协议、契约等方式结合成的一种风险共担的合作模式[②]，目的是双方资源互补、取长补短从而实现双赢。在多元主体协同治理的形态下，跨部门联盟是公共治理的一种新形式，尤其是社会组织与企业的联盟，对于促进社会包容性增长、解决社会不平等、环境保护、社会治理等问题具有重要意义[③]。在应急管理的过程中，社企合作模式也发挥着重要的积极作用。

（一）社企合作参与应急管理动因：资源优势互补

1. 从企业层面来看

（1）企业履行自身社会责任的需要。中国改革开放以来，企业社会责任的概念不断得到推广。企业社会责任是面对现代化企业提出的一种发展理念，与传统意义上的企业将利润最大化作为自身发展目标不同，现代化企业除了追逐自身经济利益外，还需要关注社会和环境效益，注重承担社会责任有利于其实现自身长期价值与可持续发展。

关于企业社会责任的具体内容，Carroll Archie B.（1991）提出了"企业社会责任金字塔"的概念[④]。他指出企业除了要履行基本的经济责任和法律责任外，还要承担起道德责任和捐赠责任。换句话说，一些能够改善公众生活质量的事情包括慈善捐赠、社会救济、扶贫等都是公众期待企业积极承担的责任，彰显了现代社会"企业公民"的良好形象[⑤]。社会组织参与应急管

① 荣奎桢，陆奇斌.企业与社会组织联盟研究综述——基于企业社会视角[J].管理现代化，2020，40(02).

② 吴磊，谢璨夷.社会组织与企业的合作模式、实践困境及其超越——基于资源依赖视角[J].广西社会科学，2019(09)：44-49.

③ Dorothea Baur, Hans Peter Schmitz. Corporations and NGOs：When Accountability Leads to Co-optation[J]. Journal of Business Ethics，2012，106(1)：9-21.

④ Carroll A B. The Pyramid of Corporate Social Responsibility：Toward the Moral Management of Organizational Stakeholders[J]. Business Horizons，1991，34(4)：39-48.

⑤ 刘刚，黄苏萍.企业社会责任、关系资本与竞争优势——基于丰田"召回门"事件的分析与思考[J].财贸经济，2010(06)：121-126.

理本质上就体现了公民社会的理念。

（2）企业慈善"同群效应"的影响。通过梳理以往学者对企业慈善责任的研究我们发现，企业慈善捐赠具有一定的同群效应。祝继高、辛宇等（2017）[①]分析了中国 A 股市场上 1426 个公司在汶川和雅安两次地震中的公益慈善捐赠数据，结果表明企业捐赠存在锚准效应，既包括外锚准效应，即同行业其他企业的捐赠概率越高、金额越多，企业捐赠的概率和金额也越大；还包括内锚准效应，即如果该企业在汶川地震中捐赠数额越大，在雅安地震中的捐赠的金额也倾向于越多。谢乔昕，叶佳慧等（2021）[②]通过分析 2014—2018 年房地产业上市公司的数据，表明企业慈善捐赠存在显著"同群效应"，同一行业企业在慈善捐赠比例和规模方面容易相似，并且这种效应在民营企业中更加明显。因此，在突发事件爆发后，同一行业间企业慈善捐赠的行为会相互影响，相互促进，激励更多企业参与到应急资金捐赠和物资供应中去。

（3）实现企业自身利益的需要。在当前新媒体环境下，网络舆论给企业带来的的影响非常大，企业积极参与突发事件下的慈善捐赠可以带来显著的媒体关注。一方面能够树立企业负责任的公众形象，提高企业声誉；另一方面媒体聚焦可以强化企业长期发展战略，吸引更多技术资源，促进企业创新，为企业带来经济利益，促进企业自身发展[③]。此外，企业通过与社会组织的交流合作，从中获取隐性知识，有利于企业分散财务风险、扩大社会网络[④]。

2. 从社会组织层面来看

首先，经费不足。活动资金短缺是目前很多社会组织面临的最主要问题之一。社会组织将与企业的联盟作为进一步获取公益资金来源的重要渠道，通过跨部门联盟的方式寻求更多的企业捐赠以及潜在多样化资金支持，这也有利于降低对政府资助的依赖性，减轻国家财政负担。

其次，社会组织与企业相互协作有利于其社会网络的扩展和社会信誉的

① 祝继高，辛宇，仇文妍.企业捐赠中的锚定效应研究——基于"汶川地震"和"雅安地震"中企业捐赠的实证研究[J].管理世界，2017(07)：129-141+188.

② 谢乔昕，叶佳慧，陈文强.企业慈善捐赠的同群效应——来自房地产上市公司的经验证据[J].山东工商学院学报，2021，35(01)：114-121.

③ 欧锦文，陈艺松，林洲钰.慈善捐赠的媒体关注与企业创新[J].外国经济与管理，2021，43(04)：111-122.

④ 张毅，张勇杰.社会组织与企业协作的动力机制[J].中国行政管理，2015(10)：69-73.

传播。一方面，社企合作伙伴关系的实现能够促使社会组织接触属于企业的目标顾客群体，有利于拓展自身社会关系网络；另一方面，社企合作参与应急管理拥有网络媒体报道的双重效应，将给社会组织带来更加良好的声誉和社会认知度。

最后，社会组织与企业的跨部门合作有利于解决社会组织自身的内部体系方面的问题，提高其内部管理水平。由于现代企业往往会将效率作为核心治理理念支撑企业发展，社会组织通过跨部门的组织学习与行为整合，能够从合作企业那里学到高效的管理模式和营运模式，有助于提高社会组织的整体运营效率。

因此，无论是社会组织还是企业，都倾向于通过协作实现资源优势互补，提高参与应急救灾的效率和效益。

（二）社企合作参与应急管理的案例

社会责任的履行能够为企业获取更多的利益，对于企业长期发展而言意义重大。部分企业基于重大战略意义出资建立了自己的基金会，比如阿里巴巴、腾讯、蒙牛等公司试图以社会责任的履行来提高自身声誉，为企业发展创造更大空间。这就是一种典型的社企合作模式，在应急管理的每个阶段都发挥着巨大的作用。

以腾讯公益慈善基金会为例，其是腾讯公司 2007 年以 2000 万原始基金发起成立的。腾讯基金会作为国内第一家由互联网企业成立的公益性基金会，利用互联网技术与服务优势积极地参与公益慈善事业。当国家发生一些重大灾害后，腾讯基金会会借助腾讯的媒体影响力和号召力，通过社交网络、网络捐款平台、门户网站等产品，全方位展开关注灾情、网络搜救、网络倡议、在线捐助等系列救灾行动，开创了线下线上结合的"立体救灾模式"，从灾情评估、灾难一线救援、救灾团队后勤保障三方面展开行动。2008—2015 年间，腾讯基金会在南方雪灾、四川汶川地震救助、四川芦山灾后重建、云南鲁甸地震紧急救灾、海南威马逊风灾灾后重建、尼泊尔地震紧急救灾等灾难救助项目都发挥了积极作用[①]。

在 2021 年新冠病毒疫情中，腾讯基金会在善款征集、医疗物资采购与

---

① 腾讯公益慈善基金会百度百，https://baike.baidu.com/item/%E8%85%BE%E8%AE%AF%E5%85%AC%E7%9B%8A%E6%85%88%E5%96%84%E5%9F%BA%E9%87%91%E4%BC%9A/949700?fr=Aladdin

捐赠、安全信息推动方面发挥着重要作用。数据显示，从 1 月 23 日腾讯公益平台上线"驰援新型冠状病毒肺炎疫情"专题到 1 月 30 日 17 点，来自天南海北的 730 万人次爱心网友参与募捐，共有 65 家慈善机构通过腾讯公益平台筹得善款超过 3.7 亿，并迅速投入了多地的抗击与救助工作。捐赠款项主要用于武汉等疫区前线抗击及防治工作，包括口罩、防护服、消毒液、护目镜、一次性医用乳胶手套、呼吸机、血氧仪、测温仪等物资的采购，以及对一线医护人员的帮助与激励。在了解到国内各地防护口罩紧缺的情况下，腾讯基金会还紧急联系了其海外合作伙伴、世界最大的药品器械生产供应商——迈兰公司，协调对方第一时间进行全球调拨，运用首期"防控基金"从迈兰公司采买到 50 万只防护口罩，并于 1 月 28 日紧急运抵武汉 [①]。

除了腾讯基金会开展的资金募集、各渠道物资采购及运输工作外，腾讯公司也充分发挥自身的产品技术与链接能力，推动旗下多个产品联动，在信息采集与分析、疫情信息发布、公开募捐号召等方面发挥积极作用，连接数亿用户立体化共抗疫情。在捐助信息链接方面，腾讯旗下各平台均开辟"援助武汉"捐赠通道，用户可以通过微信搜一搜、腾讯看点、QQ 浏览器等搜索"援助武汉"获得第一手最新信息，还能进入公益捐赠专栏贡献自己的一份力量。在疫情安全知识和群防群控专栏，腾讯依托微信公众号平台，向社会大众推出疫情防控相关的多个版块，包括疫情动态发布、辟谣信息、医院查询、在线问诊等，及时发布权威可靠的疫情资讯和就医指引，开放野生动物贩卖和线索举报入口，助力群防群控。在线上协作方面，通过企业微信、腾讯会议等平台实现了线上协作和远程办公，降低了人员线下聚集的风险和疫情可能造成的经济损失。并且通过腾讯教育、腾讯课堂、企鹅辅导、腾讯 ABC mouse、腾讯英语君等产品，为线上辅导和教学开展创造了条件。通过企业线上线下的积极宣传推广能够募集应急资金，增强自我防护意识，回应社会关切，引导社会舆论，让更多社会公众主动参与到疫情防控工作中来。

（三）社企合作模式的问题

和之前的几种模式类似，在社会组织公信力、信息透明度、物资供需

---

① 腾讯新闻"腾讯携手65家慈善组织共抗疫情 数亿防控物资持续驰援疫情前线"，https：//tech. qq.com/a/20200130/015264.htm

对接等方面也存在一定缺陷。一般基金会募集善款的形式有限定性捐赠和非限定性捐赠两种。所谓限定性捐赠是指捐赠方对于款物有明确使用意向的捐赠，这种情况下捐赠方往往通过合同条款来规范捐赠规模、资金用途和使用时间范围，捐赠方会关注善款使用情况并要求组织定期报告和信息公开。所谓非限定性捐赠是指筹集的善款并非专项用途的款项。但无论是限定性还是非限定性捐赠，基金会只承担着一个款物快进快出的作用，并未进行资金后续的跟踪调查、监管及使用效率的评估。比如说中国慈善总会将募集资金汇给湖北慈善会，再由湖北慈善会按照武汉疫情指挥部的要求将款项拨给需要的地方，一旦拨出后资金是否真正用于该领域、具体购买了哪些物资设备或者分发给哪些人、以及使用的效率高不高这些问题，基金会并不能掌握这些情况。

第二节　社会组织参与应急管理的目标和宗旨

随着中国社会步入转型期，面临的风险因素和不确定性越来越多，公共危机的复杂程度日渐加深，突发事件治理难度也愈发增大，社会组织作为多元协同治理体系的重要力量发挥着越来越重要的作用。综合分析上述四种传统模式，我们发现当前社会组织参与应急管理存在问题的根源在于公共危机治理的碎片化，具体表现为社会公众认知、资源供给与调配、政策制定和执行、治理流程、信息传递与交流、人员专业度等方面呈现出的明显碎片化特征①。本节针对突发事件治理碎片化问题，论述社会组织必须坚定自身参与应急管理的目标，提高自身应急管理的效率，推动我国治理能力现代化建设。

一、我国应急管理碎片化问题分析

（一）治理重心碎片化

危机管理是由缩减力、预备力、反应力和恢复力四个阶段所构成的动态

---

① 刘超.地方公共危机治理碎片化的整理——"整体性治理"的视角[J].吉首大学学报(社会科学版)，2009，30(02)：78-81.

循环过程[①]，每个环节缺一不可。忽视减灾与整备阶段的重要性，可能会造成"重反应，轻风险"的管理倾向，导致应急管理与决策行为的失灵。然而中国的公共危机治理从流程上来看，重心偏向了应急响应和灾后恢复阶段，对于导致突发事件的风险预警与监测重视不到位，呈现出"重事后被动治疗而轻预前防范"的特征。社会组织参与应急管理工作也主要集中于救灾与灾后恢复阶段的专业化救助、慈善捐助等工作，对于危机风险的预测、应急预案的编制、应急策略的制定、应急物资储备等参与十分有限。在今后的治理中，应当加大对危机前期的投入比重，花费少量的成本来预防而不是用大量的资金来治疗。

（二）信息碎片化

真实可靠、内容全面的信息是突发事件应急管理的基础与前提。但是由于突发事件暴发是临时性、突然性的，很多相关的信息分散于不同治理主体，且由于技术条件、交流沟通渠道、系统兼容性、信息管理与决策等因素导致治理主体之间信息不对称，难以准确反映突发事件的具体概况和应急管理的现状，影响治理主体之间的协调合作和整个决策的科学有效性。同时，由于某些社会组织是国企转型的，参与应急管理时带有政府部门传统科层体制的特征，逐级管理、对上级部门负责、部门之间缺乏横向沟通与协调、信息共享程度低等问题使得信息碎片化更加严重。

（三）资源碎片化

从物质资源分布来看，我国应急管理体系建设在救灾设备、救援队伍、应急物资储备、资源调配等方面都存在显著的碎片化特征。一方面，政府、社会组织、企业间缺乏资源共享和互补机制，各主体按照自己的意愿进行应急救灾物资的储备，分散的信息和资源难以有效整合，可能导致资源的大量闲置；另一方面，缺乏相应的信息共享平台容易导致应急物资的供应与受灾群体需求相脱节，使得资源不能及时有效地投入到危机治理中，造成流动迟缓、物资浪费等现象。

（四）制度碎片化

中国在危机治理领域的相关法律制度、规范章程并没有形成一套完整的

[①] 李全利，周超.4R危机管理理论视域下基层政府的危机应急短板及防控能力提升——以新冠肺炎疫情应对为例[J].理论月刊，2020(09)：73-80.

体系。社会组织与其他主体之间的协调联动机制、慈善基金会的监管机制等制度方面的不完善都会影响整个应急管理体系的效率。

因此，面对碎片化的突发事件治理模式，社会组织必须坚定自身参与应急管理的目标，提高自身应急管理的效率，推动我国治理能力现代化建设。

二、社会组织参与应急管理的目标

（一）弥补政府不足

之前文中已经讲过，社会组织可以有效弥补应急管理过程中政府、市场的"失灵"现象。因此，社会组织主要发挥辅助和弥补作用，提升我国对突发事件的治理效率和治理能力。

（二）未病先防

《黄帝内经·灵枢经·逆顺》曰："上工，刺其未生者也；其次，刺其未盛者也；其次，刺其已衰者也。下工，刺其方袭者也；与其形之盛者也；与其病之与脉相逆者也。故曰方其盛也，勿敢毁伤，刺其已衰，事必大昌。故曰，上工治未病，不治已病，此之谓也。"古人就已经感受到治未病的重要性，在病症还没有变现出来时就治疗是上策，在病症严重叠加时予以治疗是下策。拓展到风险社会与应急管理的角度也是如此。"夫风生于地，起于青苹之末。侵淫溪谷，盛怒于土囊之口。"在各种风险不断涌现的今天，从风险的源头加以防范，有利于将应急管理的"关口"前移，充分化解和管控风险，从根源上减少和避免重大突发事件的发生。

社会组织在参与突发事件应急管理时，应该更多把时间和精力投入到风险防范和化解阶段，在一些风险识别、评估、分析、检测等方面发挥自身优势。同时，可以为政府在应急预案编制方面建言献策，发挥"民间智库"的优势。

（三）急能应变

在突发事件爆发后，最重要的就是采取相应的措施，展开应急响应，快速降低危机带来的人员伤亡和财产损失。社会组织在该阶段内应当协助政府部门，并联合企业、基层群众力量，提高紧急救援阶段效率，迅速平定灾情带给人们的伤害和损失。

（四）愈后防复

习近平总书记在芦山地震灾区考察时曾讲到，恢复重建是一项复杂的系统工程，要科学规划，精准组织实施。特别要按时完成灾害损失、范围的评估；同时，要按照以人为本、尊重自然、立足当前、着眼长远的要求进行科学规划。在汶川地震中出现一个现象是，紧急救援阶段，众多社会组织纷纷涌向灾区，造成了部分资源的浪费和低效率，但是恢复重建阶段却如潮水般褪去，悄无声息。因此，社会组织应该注重对经济恢复重建阶段的投入，促进良好环境和社会秩序的恢复。

（五）信息联动

信息是应急决策的生命线。一般来说，社会组织拥有广泛的群众基础，信息来源渠道广阔，并且我国很多社会组织是由专业人员组成，成员参与组织事务的积极性较强，使得社会组织既能很好地联系群众，收集大量数据资料，进行专业分析得出科学结论，又能很好地联系政府，为政府相关决策提供信息基础。因此，社会组织应当更好地充当政府与群众沟通的"桥梁"，及时预警和传递信息。

三、社会组织参与应急管理的宗旨

（一）以人为本，生命至上

以人为本作为一种社会治理理念，自古有之。早在春秋时期，齐国名相管仲就提出"夫霸王之所以始也，以人为本。本理则国固，本乱则国危"，还有"民为贵，社稷次之，君为轻""民为邦本，本固邦宁""天地之间、莫贵于人"等思想，都强调要重视人民，利民惠民。尤其是人和生命，是一个社会的本源问题，必须要高度重视，生命至上是灾后救援行为的一切价值之价值。

社会组织在紧急救援的过程中，必须秉承"人的生命重于一切"的宗旨和原则，坚持生命至上的理念，与其他救援主体舍弃往日的歧见，消弭贫穷与富有、富贵与卑微的差别，尽力抢救灾难中得以存活的每一个生命。同时也要利用自身优势，抚慰殇情民众，关怀其情感和心理健康。

（二）维护国家总体安全

总体国家安全观是社会主义现代化建设新时期我国进行应急管理工作的总领核心，任何主体在参与应急管理过程中都必须牢记坚持国家利益至上，以人民安全为宗旨，促进国家安全体系建设。

（三）推动深化平安中国建设

政法综治战线要主动适应新形势，增强风险意识，坚持多方参与、合作共享、风险共担，坚持科技引领、法治保障、文化支撑、创新理念思维、体制机制、方法手段，推进公共安全工作精细化、信息化、法治化，不断提高维护公共安全能力水平，有效防范、化解、防控各类风险，努力建设平安中国。社会组织参与公共安全工作要推动公共安全工作信息化建设，充分运用新兴信息技术，协助政府构建全方位、立体化的公共安全信息网络，以推动平安中国建设为目标。

第三节　数智化背景下社会组织应急管理模式

通过梳理社会组织参与应急管理的传统模式，我们发现其呈现出明显的治理重心碎片化、资源统筹碎片化、信息共享碎片化以及制度碎片化特征。为了探究社会组织在大数据时代如何更好地实现未病先防、急能应变和愈后防复的应急管理目标，本部分提出基于数智化技术建立"1平台+3阶段+4链"社会组织参与突发事件应急管理的模式，为今后类似事件的发生提供相应的经验借鉴。

一、数智化背景下应急管理的特征

（一）大数据时代的典型特征

互联网的迅速发展让人们快速进入了信息化和数字化的时代，海量的信息、数据被传递和运算。国内外学者对大数据的典型特征有一种"4V"的说法。第一，数据量大（Volume）。大数据时代的到来使得各种数据信息爆炸式增长，数据存储量大幅增加。第二，数据多样化（Variety）。在大数据时代，结构化数据占比极少，大多是非结构化数据，包括文本、网页、社交媒体、感知数据、图片、音频、视频、模拟信号等，形式多样；除此以外，数据来源和用途也具有多样性。第三，输入和处理速度快（Velocity）。大数据时代，传感器等智能化设备广泛使用，可以进行多数据动态更新、追踪和监控，数据的采集、传输、存储速度有了极大提升，利于在短时间内快速响应，及时反馈信息。第四，价值密度低（Value）。数据量在增长，但是其中有价值的信息比例并没有协调增长，导致数据的价值密度低。

除了这些基本特征以外，在万事万物皆可量化的时代，很多以往容易被忽略的信息都能够被量化为各式各样数据呈现在世人眼中。美国教授艾伯特·拉斯洛·巴拉巴西在《爆发：大数据时代预见未来的新思维》提出，在一切都被量化的基础上，人类日常行为模式并非是随机的，而是具有"爆发性"，通过数据、科学、技术的联合可以揭开人类行为中的深层次的秩序，更容易预测人类的未来。因此，我们要科学运用信息技术手段，对社会未来发展和风险进行预测和监控，抓住大数据技术在数据来源关联、挖掘处理、分析决策方面为突发事件应急管理带来的机遇。

（二）大数据时代下突发事件的复杂性

面对社会风险逐渐加深，公共危机的破坏程度日益严峻，重大突发事件应急管理的难度也大大提升。特别是随着互联网、大数据等现代科学技术的发展，危机信息传播速度加快，使得大数据时代突发事件治理的复杂性日益明显。

1. 危机信息来源众多

网络环境下，突发性公共事件传播速度快，覆盖面广，可以迅速形成社会热点，引发公众热议[①]。但是危机信息的来源和获取渠道日益多样，海量的信息在开放的互联网平台上"井喷式增长"，相互融合相互渗透，转变了传统协同治理思维的结构和手段。因此，大数据时代的危机治理对数据信息的挖掘、采集、分析与动态监控提出了更高的要求。

2. 波及范围更广，次生灾害加剧

社会是一个内部结构复杂的整体系统，在大数据时代，由于信息技术、交通通讯的飞速发展，各子系统之间联系更加密切，依赖性更加明显，物质信息互动性加强。自然灾害、食品安全、传染病、安全事故等突发事件爆发所产生的负面影响能够通过各系统间的内在联系实现区域间的灾情扩散与信息传播，从而引发更多类型、破环性更强的突发事件，波及到更大范围地区和更广群体，导致社会整体系统破坏、失控、瘫痪。此外，这种"裂变式"

---

① 曹曦晴.新媒体时代公共危机传播的平台思维[J].新闻前哨，2020(07)：9–11.

的信息传递方式容易造成"多米诺骨牌效应",形成突发事件链条网络,极大地增加了应急管理的广度、深度和难度。

3. 网络舆情与事件热点纵深发展

目前,我国处于社会转型的关键时期,随着不同群体利益诉求的多元化发展,社会矛盾也在变化与发展中呈现出复杂化与多样化趋势,突发事件频繁发生。而随着微信、QQ、抖音、快手、微博、百度贴吧等自媒体的迅速发展,公众的权利意识逐渐觉醒,话语空间得到了极大拓展,人们可以在自媒体平台上获取信息、发表意见。一旦突发事件发生,借助于这些平台,一些突发事件的亲历者能第一时间将图片、文字、视频、音频等信息上传。研究表明,一般在突发事件爆发 2 小时后会有事件亲历者在网上发帖爆料,6 小时后会有网民转发跟帖评论,12 小时后会有一波冲击,24 小时后事件将达到第一波舆论高潮。经过网络媒体的推动,负面新闻会过度渲染放大,形成更大范围的的舆论风暴。

此外,从近些年的突发事件来看,很多网民已不再满足于线上发帖、评论,而在现实生活中也非常关注事件动态,推动了社会舆论热点的形成和舆论格局的走向。在这种强大的网络舆论压力下,突发事件治理主体必须选择科学合理的方式来回应公众。比如在 2005 年松花江水污染事件中,地方政府在前期处理过程中一些隐瞒、堵塞、拦截、拖拉等传统方式已不再适用,反而会导致公众的抵触、质疑和抨击,造成"塔西佗陷阱"[1],引发更多社会谣言,导致政府的公信力下降。

4. 智慧大脑多元互动

互联网环境下,政府、社会组织、企业、公民个人、自媒体等众多主体参与公共危机治理的形式将更加多样化[2]。在统一开放的互联网信息管理平台能够汇聚无数智慧大脑,贡献出强有力的应急预案[3],使各主体相互学习、相互交流、协同互动,有效地应对危机。

---

① 庄严.我国公共危机治理面临的机遇与挑战——基于大数据视角的探析[J].商丘师范学院学报,2020,36(11):47-51.

② 徐宪平,鞠雪楠.互联网时代的危机管理:演变趋势、模型构建与基本规则[J].管理世界,2019,35(12):181-189.

③ 牛宗岭.利用大数据及区块链技术构建"政府智慧大脑"[J].人民论坛,2019(33):74-75.

因此，信息技术时代的到来提升了突发事件的治理难度，为应急管理带来了新的挑战。自媒体的飞速发展以及移动终端爆炸性增长使得社会组织和个人参与突发事件治理的必要性比以往任何时候都更加突出，对科学合理、系统完善的应急管理决策模式也提出了更高的要求。

（三）大数据下社会组织参与应急管理的新特点

1. 社会力量自发性增强

互联网时代的到来使得信息传递更加通畅，人们之间交流更加便利，社会组织的形式也发生了一些变化。以本次新冠疫情为例，面对抗疫一线医护人员物资短缺、居家群众生活困难等问题，众多社会力量自发参与到疫情防控中。很多社区居民自发组建志愿团队，按照就地原则，利用微信等社交软件进行交流，搭建了灵活多元的应急服务网络，积极参与防疫信息统计、健康知识宣传、应急物质援助、群众心理疏导等工作，成为政府疫情联防联控机制的有力补充[①]。

2. 非正式志愿组织增加

这次疫情防控战中最独特的一点在于，除了慈善团体、社会服务机构等传统正式的社会组织，众多活跃在各条"战线"的非正式志愿组织以及来自各行各业的志愿者成为了全国公共卫生应急管理体系中的有机组成部分，发挥了重要作用。

3. 突发公共事件合作治理网络日渐兴起

应急治理网络是政府和一些社会力量建立在信任和规范基础上的一种合作治理网络。这一网络资本的搭建从"线上"公共危机信息平台，提供实时信息，到"线下"不同机构之间的联动，保障沟通互动，都发挥着非常重要的作用。在合作治理体系下，能够第一时间将分散的社会组织协调起来，使之有序合作，全力保障危机应对成效。

二、应急信息管理平台

应急信息管理平台是我国应急管理部组建的系统化机构，主要工作包括

---

① 张超. "自组织"社会整合的三重机制——基于COVID-19疫情治理中志愿组织的"抗疫"考察[J].杭州师范大学学报(社会科学版)，2020，42(04)：104-112.

编制国家总体应急预案和规划，在突发事件爆发后指导各地区、各部门协同有序地应对突发事件工作，以及推动应急预案体系建设和操作演练①。作为整个应急管理体系的信息交流平台，其对于加强协同治理主体沟通、促进部门联动、整合应急资源、采集发布信息、统筹力量建设具有重要意义。因此，无论是平时状态还是战时状态，无论是突发事件事前准备、事中防范还是事后快速响应阶段，应急信息管理平台都发挥着必不可少的作用。

（一）建立应急信息管理平台的优势

1. 抑制公共危机信息传播"失衡"

社会是一个系统的整体，不同个体之间相互联系。危机信息传播过程中会受到相关主体思维方式、意识形态、传播手段多方面的干扰，导致信息被进一步加工②。此外，从受众来看，高级社会阶层群体，比如政府、高级知识分子、商界名流会比普通人接触到更多的信息，在政府内部也存在信息梯度差异，容易引发公共危机的进一步加深。一旦公共危机信息没有形成有效对接，就容易产生不同治理主体"各自为政"的局面，影响整个应急管理过程的效率。

以松花江污染事件为例，危机发生之初，哈尔滨市有关部门以检修水管为名下达了停水四天的通知，但并没有给出明确的事故原因，这引发了地震等谣言，哈尔滨市民纷纷疯狂抢购水、食物，造成了社会秩序的混乱③。因为人们无法及时得知真相，自然就会有猜测，谣言一经散布，传播速度非常快，在这种模棱两可的信息影响下，会破坏地方政府的形象。其次，政府、水利局、国家环保局等危机治理主体之间的关系并没有梳理清楚，责任不明确，也没有统一的指挥机构和信息平台，影响了公共部门决策的效率。

2. 信息共享和协同应对的需要

应急信息管理平台利用大数据，多方位、多领域、多手段地收集、管理和发布信息，对突发事件各环节实时监测，保证信息在应急管理体系内部安

① 应急管理部应急信息资源管理平台官网，http://www.sefonsoft.com/case/detail?sort_id=13&id=14

② 梅琼林，连水兴.公共危机中的信息传播"失衡"现象及其应对策略——从"非典"危机到汶川大地震的考察[J].社会科学研究，2008(05)：11-16.

③ 赵红艳.危机传播中的信息控制与公开——从黑龙江电视台对两次"松花江水污染事件"的报道谈起[J].中国广播电视学刊，2010(10)：50-51.

全、通畅地传递，加强了整体的协调联动性，提高了对突发事件应急处置的效率[①]。同时，不同部门的数据与权威部门相关数据可以进行校对，信息的真实完整性在一定程度上得到了保障。

3. 应急资源保障的前提

资源保障系统是应急管理体系的物质基础，它是指突发事件事前准备阶段的物资储备、维护，以及突发事件处置环节中对系统资源的合理布局和动态调配。应急物资的来源主要包括国家调拨、企业或公民个人捐赠等，但无论是哪一类应急物资，其本质上都是一种"公共资产"，要分配到真正需要的群众手中。因此，应急物资的调配涉及到千万个家庭的生命健康和财产安全，这决定了必须要确保应急物资的公开透明、真实完整以及共享和可追溯性，实现物资高效管理和精准配送。

其次，在大数据时代，需要及时有效的信息来辅助应急管理决策。由于各灾区对于应急物资的需求实时变化，要迅速实现应急物资的精准配送就必须将应急资源的布局和调度建立在一个高效、稳定、统一的应急管理信息平台上，确保有效和公平分配。并且对于物资低质量、欺诈、违规分配等现象，要做到实时审查和追踪去向，这也需要信息平台支持。

此外，通过应急信息管理平台进行及时的信息发布能够有效提升决策透明度，为公众提供监督渠道，从而及时纠正应急管理工作中的决策失误[②]。例如救援物资实时位置、分配方案、落实情况等信息应当在信息平台上及时披露，形成有效的社会监督力量。

4. 提高公信力的需要

公众希望公益组织的信息披露更加公开透明、内容完整。而应急信息管理平台的普及会促使政府部门、社会组织的信息披露机制更加健全，同时，互联网舆论等公众监督手段，促进了服务型政府建设和社会组织公信力的提高。

---

① 曹杰，于小兵.突发事件应急管理研究与实践[M]，科学出版社，2014(10)：39.

② 王延川.区块链赋能突发事件应急物资保障系统探析[J].北京理工大学学报(社会科学版)，2020，22(05)：126-133.

（二）社会组织的优势

1. 信息收集成本低

统一开放的应急信息管理平台上能够将日常公共安全数据信息进行汇集和报送，同时，在发生重大突发性公共事件时，获取的应急综合信息可以整合在信息平台上，供社会主体浏览、查询和统计，为社会组织开展各种应急工作提供了有效信息，减少了社会组织的信息收集成本。

2. 资源配置精准

通过获取、统计应急信息管理平台上的资源信息库，尤其是救灾物资供应与受灾群体需求方面的信息，社会组织可以协助政府整合相关资源，提供专业化的应急服务，满足特殊群体的个性化需求，将碎片化的供应和需求联系起来，实现"一对一"的资源精准配置。

3. 服务"最后一公里"

应急信息管理平台通过信息传递、协调联动机制可以有效捕捉并及时回应受灾群体"最后一公里"乃至"最后一米"的动态需求，促使社会组织根据灾情变化的阶段性目标调整重点服务工作，提升应急救援的效率，促进组织完善其内在机制和运行模式，提高公共服务产品的质量。

三、实施与运行

本节将主要介绍"1 平台 +3 阶段 +4 链"模式具体的运行机制，即基于应急信息管理平台，社会组织在灾前预警阶段、灾中处置阶段和灾后重建阶段参与突发事件应急管理的具体方式，为社会组织进行科学化、专业化应急管理提出相应的意见和建议。

（一）灾前预警阶段

灾前预警阶段，是指为突发性公共事件做好防范处理准备的阶段，既包括潜在风险的识别评估与分析，又包括提供应急预案、进行应急演练、组织相关技术培训、协调各种资源、群众宣传教育等日常防范处理工作，做到"平战结合""有备无患"。社会组织基于应急信息管理平台参与预警阶段的工作有：

1. 隐患分析与风险评估

当前社会下各风险往往不是孤立出现的，而是相互耦合相互交织相互叠加成一个风险综合体，自然、技术、经济、社会领域的风险容易产生交叉感染。如果无法准确识别及时防范，小的矛盾风险转化为大的公共危机会给社会造成更大的伤害。因此，各公共治理主体都需要加强风险的识别监控与预测。

社会组织作为汇集风险信息、公众安全需求、以及利益相关者意见的平台[①]，通过信息渠道可以及时向相关部门反映早期风险隐患、公共利益诉求等信息，便于从源头上识别、控制潜在的隐患。首先，从风险感知层面看，社会组织的专业背景和技能比较丰富，并且它的社会性、基层性、主体广泛性等优势有助于其延伸社会触角，敏锐地察觉到可能引起突发事件的生态环境和风险隐患信息，包括自然灾害致灾因子、基础设施安全隐患、系统工程问题、未知病毒与流行性疾病、恐怖袭击等可能引致风险的原因[②]，进而有效地收集、加工、识别风险信息，在应急信息平台上予以汇集反映。同时，从风险规避层面看，社会组织通过参与风险治理项目找到风险的现实诱因并加以遏制和消除，利于把公共危机控制在萌芽状态，降低其发生概率。

识别出准确的风险数据信息并汇集到信息平台后，需要对风险做一个评估分析，明确风险的性质级别以及可能的后果，为后续管控措施打下坚实的基础。社会组织内的一些专家学者可以通过会商进行研究分析，也可以利用比较完备的指标体系来对风险的可能性后果进行判别预测。

2. 应急预案编制

古语有言："事未至而预图，则处之常有余；事既至而后计，则应之常不足。"应对高度不确定性的突发事件时，应急预案是应急准备的集合体。所谓应急预案是指能够控制、减轻以及消除重大突发性公共事件引发的严重社会危害而预先制定的方案。如果没有事先制定好的预案，在突发事件爆发后临时抱佛脚，必定会慌乱无措，束手无策。我国在2003年非典后便全面推行"一案三制"的应急管理体系，即制定应急预案，建立健全应急的体制、机制和法制，而应急预案是应急管理体系建设的基础和龙头。用这种事先预

---

① 董幼鸿.社会组织参与城市公共安全风险治理的困境与优化路径——以上海联合减灾与应急管理促进中心为例[J].上海师范大学学报(哲学社会科学版)，2018，47(04)：50-57.

② 钟开斌.应急管理十二讲[M].人民出版社，2020：71.

定方案的确定性可以对冲突发事件的不确定性，有利于将应急管理转变为常态化管理，居安思危，有备无患。具体内容详见图 4-1。

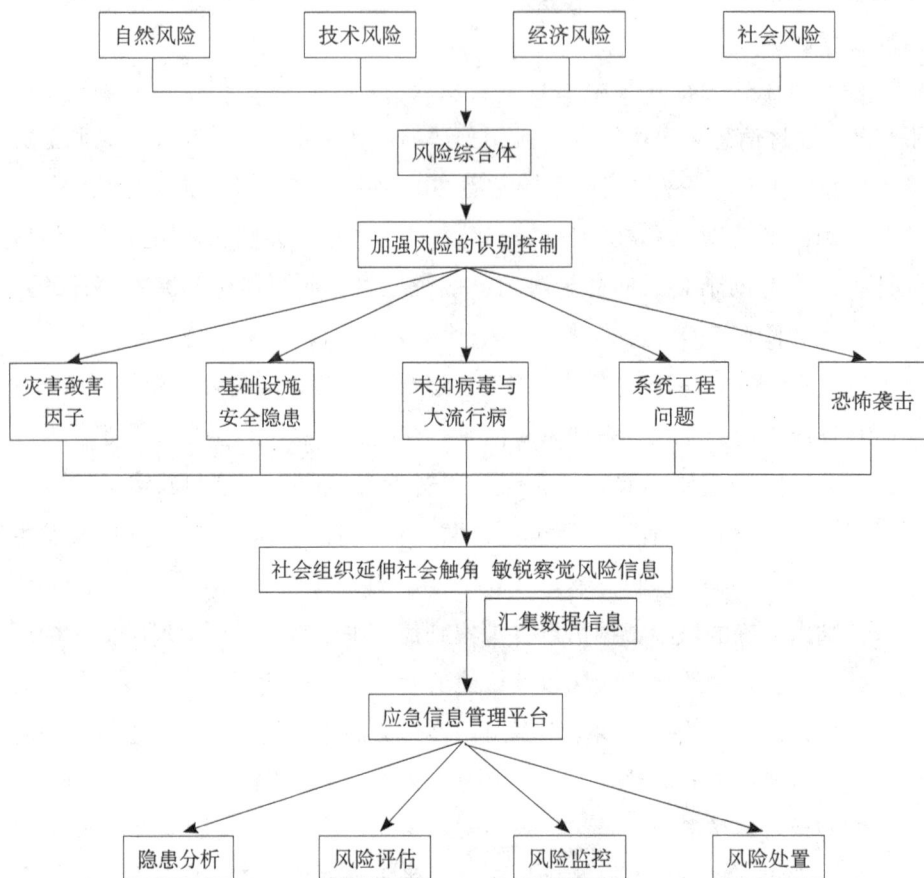

```
┌────────┐  ┌────────┐  ┌────────┐  ┌────────┐
│ 自然风险 │  │ 技术风险 │  │ 经济风险 │  │ 社会风险 │
└────────┘  └────────┘  └────────┘  └────────┘
```

风险综合体

加强风险的识别控制

| 灾害致害因子 | 基础设施安全隐患 | 未知病毒与大流行病 | 系统工程问题 | 恐怖袭击 |

社会组织延伸社会触角 敏锐察觉风险信息

汇集数据信息

应急信息管理平台

| 隐患分析 | 风险评估 | 风险监控 | 风险处置 |

图 4-1 社会组织参与隐患分析与风险评估

韩非子曾曰："下君尽己之能，中君尽人之力，上君尽人之智。"换句话说，顶层管理者需要一些民间智囊团来为决策者提供咨询服务。而社会组织汇集了大量专家学者，在专业领域内具有一定的业务敏感度，尤其是一些学术科研类社会组织可以为政府提供公共服务、制定公共决策提供政策方案、意见建议，扮演政府应急管理的"民间智库"角色，成为为决策者提供咨询服务的智囊团。因此，社会组织应该以应急信息管理平台上收集的突发事件相关信息为基础，分析以往应急体系的经验与不足，积极参与到预案库的编制和修订工作中，发挥自身专业优势，对某类较为突出的突发事件的处置，可以收集相关决策资料，集中研究论证，增强相似突发事件应急预案调用的有效性，提升处置应对突发事件的能力，做好突发事件的应急预警工作。

3. 日常科普安全知识

日常关于应急知识的宣传教育对于民众应急能力的提升十分重要。借助应急信息管理平台，公众可以浏览、查询相关信息，一些社会力量可以在该平台上以通俗易懂的方式为群众开展科普工作，指导群众正确认识地震、火灾、洪涝、传染病等灾害的基本知识和应急手段，增强公众的风险意识和自救互救能力。同时，非政府机构使用一些灵活性方式有利于克服群众对突发公共事件的恐惧、焦虑，让他们正确认识灾害的真相，避免虚假信息传播造成的社会秩序混乱。

4. 应急安全培训与演练

除了理论方面的学习，还应当坚持培训与应用的统一，联系实际学以致用。社会组织尤其是社区社会组织可以在应急管理培训与演练方面提供相关服务。社区的特点是为社区居民直接传递服务，这种基层化模式下工作量大，志愿者和物资可能较为紧缺，因此要加强应急安全培训与演练。从服务主体来看，既要对街道干部、社区工作人员、志愿者等群体展开培训，提升其应急处置能力，增强应急管理与服务的专业性；还要对普通群众展开应急技能的培训，增强其自救互救的能力。从培训内容来看，既要包括风险理论层面，还要包括实操层面的风险识别、预案演练、应急技能培训等，通过多样化、个性化、长期化的应急管理培训，努力形成全民动员、平战结合、以防为主、防治抗救相促进的生动局面。

5. 应急物资储备

应急物资保障是我国应急管理工作的强大动力和重要支撑，然而我国应急物资储备模式存在简单化的问题。传统应急部门对于应急物资的储备往往是基于物资的价值、数量，缺乏成本核算和物资控制的观念，容易导致应急物资库存过溢、匮乏、过期等现象。因此，社会组织可以利用自身优势，根据风险预测和应急预案库等信息，估算应急物资储备的种类和数量，为政府、企业提供一个优化的应急物资储备机制。具体内容详见图4-2。

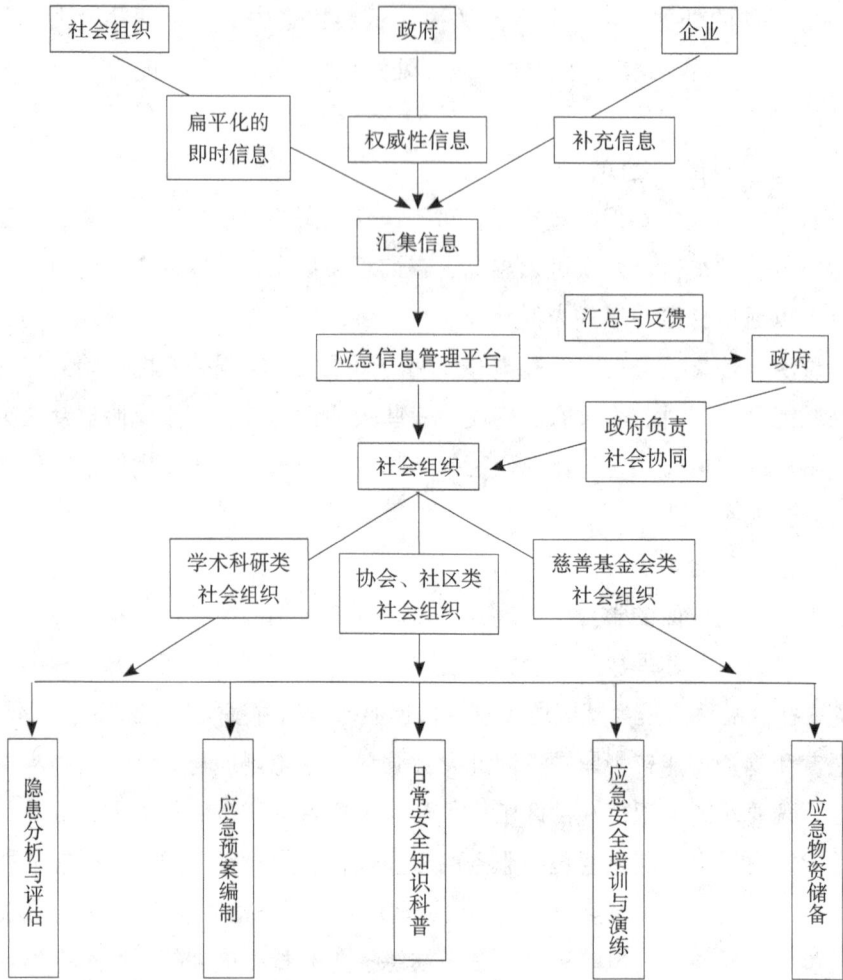

图 4-2　灾前预警阶段社会组织利用应急信息管理平台参与工作

（二）灾中处置阶段

灾中处置阶段又叫应急响应阶段，是指在重大突发性公共事件发展过程中所进行的各种应急处置和救援工作，包括及时收集灾情信息、启动应急预案、慈善捐赠救助、提供应急物资保障、向社会公众报告事件状况等措施。在灾中处置阶段，最重要的是采用各种紧急救援行动，防止灾害进一步扩散。

1.灾害损失预评估

在处置阶段，最重要的是进行事态的分析和研判。正如中医治病讲求"辨证施治，对症下药"，对待不同病症要使用不同的治疗方法，即使是相同病症，引发疾病的原因不同，治疗的手段也将有所区别。这种辨证论治的思维对应到突发事件的应急处置中亦是如此。在突发事件暴发后，准确研判灾害损失是科学决策的前提基础，"对症方能下药"。

当突发事件暴发后，快速准确评估灾情的状况有利于决策者根据损失的严重程度进行应急决策，这些信息和数据为紧急救灾措施的实施提供了重要科学依据。以地震灾害为例，灾情损失评估主要包括确定灾区范围、统计房屋倒塌和人员伤亡状况、城市交通、通讯、水电气供应等工程破坏程度、地表断裂导致的山体滑坡、洪水泛滥、火灾等衍生灾害。一般来说，这些灾害损失需要专业人员在3-7天内，根据3天以上的现场震灾调查完成灾情预估报告，随着灾害严重程度的增加，评估时间可能会更长。同时危机带来的死亡人数也在逐步增加，因此越早掌握灾情，快速完成预估工作，越能加快应急响应速度。

以往的灾情预估工作多是通过灾害损失预评估软件完成的。比如震害评估软件EDEP-93[①]等，利用该软件可预测建筑物的震损状况、地区经济损失以及受灾人口规模等基本信息。但这项工作涉及的数据量大，不同地区具体状况不一致，软件中的基础数据无法了解不同灾区建筑物的真实情况，使用常规震害预测算法可能会出现一定的误差[②]。因此，通过系统评估和实地调查相结合的方式能够有效提高灾害预估的精准度，在地震发生后可以迅速准确地评估灾害损失情况[③]，根据各地区受灾群体概况提供需要的应急物资，为抗震救援工作的迅速展开提供决策信息支撑。

当然，灾害预测与评估工作一般是由政府负责的，但是由于实地调查需要在短时间内快速完成，时间紧任务重，仅仅靠政府人员是远远不够的，可以借助专业咨询机构、专家学者等民间力量的帮助。此外，政府部门可能有自己的评估判断标准，容易当局者迷。如果社会力量能够参与其中，不仅可以帮助政府分担一部分工作，减轻政府工作压力，还能考虑到更多不同利益相关者的需求，利用专业背景站在更加公正客观的第三方立场上，有针对性

① 李树桢，贾相玉，朱玉莲.震害评估软件EDEP-93及其在普洱地震中的应用[J].自然灾害学报，1995(01)：39-46.

② 丁香，王晓青，窦爱霞，袁小祥，丁玲.基于格网的全国尺度地震灾害损失预测系统设计与实现[J].中国地震，2019，35(02)：238-247.

③ 宋平，聂高众，邓砚，安基文，高娜，范熙伟，李华玥.基于现场调查的地震灾害损失预评估——以云南省德宏傣族景颇族自治州为例[J].地震地质，2016，38(04)：1148-1159.

地提出解决问题的方法。无论是从公平还是效率的角度，这都极大地提高了应急处置的效率。

2. 应急物资保障

（1）应急物资保障体系的重要性。应急救灾物资是指应对和处置重大突发公共事件所储备的物资和装备，是用于应急抢险救援、紧急抢救转移安置灾民和保障灾民基本生活的各类物资。应急物资保障体系是为确保应急救灾物资快速调配、有效管理与使用等工作建立的，是突发事件应急响应的重要物资支撑。具体包括盘点应急物资的来源（采购或者受赠）、去处、物资库存管理、安全检查、物流运输等诸多环节。加强应急救灾物资保障体系建设，事关受灾群众基本生活保障、事关社会和谐稳定，是应急管理治理体系和治理能力现代化建设的重要组成部分[①]。

（2）应急物资保障的两种模式。突发事件应急物资的流转与调配模式可以分为集中和分布两种模式。集中模式是指由主管部门（中华人民共和国应急管理部）统一进行物资调配的模式，它的优势在于集中统一，力量强大。但这种模式往往是一种传统科层管理体制，由上到下发布命令和指示，可能造成物资流转在不同环节的衔接处出现盲区，无法快速满足灾区群众的物资需求，应急处置效率低下，并且容易出现管理人员能力不足、官员贪污腐败的现象。分布模式是一种分散化的模式，指在突发事件应急物资保障的过程中，可以由企业、社会组织等多个主体共同参与，是一种扁平化的流转模式。但是由于一些市场主体利益不一致，在联动参与救援时协调成本较高，存在一定的问题。

无论是单一的集中模式还是分布模式，都各有其弊端，因此我们提出一种新型应急物资保障模式，程度介于集中和分布模式之间，即由国家应急主管部门统一构建应急物资保障体系，企业、社会团体、慈善机构、公民个人等在政府的主导下共同参与到应急物资的保障过程中，提高应急物资调配效率。采用集中管理、统一协调、平时服务、灾时应急、采储结合、节约高效的原则，秉承科学规划、统筹建设、改革创新的发展思路，坚持政府和社会共同发力的建设模式，着力构建多主体横向支撑、不同主体内部分级纵向衔

---

① 资料来源：http://www.gov.cn/xinwen/2015-09/10/content_2928409.htm

接的应急救灾物资保障体系，加快形成储备、调运、指挥高效畅通的指挥平台，切实增强抵御应对和处置自然灾害、社会突发事件的能力，不断提高抢险救援和灾害救助水平，有效保障受灾群众基本生活，为维护社会和谐稳定和经济发展提供强有力的保障[①]。

3. 应急物资保障中的信息机制

在互联网和大数据技术飞速发展的时代，应急物资保障必须以强大的信息手段为支撑，但是，目前的应急物资在管理与调拨的过程中，存在一定的信息障碍和信息不对称性。首先，在整个管理与配送过程中，应急物资信息的透明度、真实性、完整性和可追溯性并未得到保障，部分地方政府、社会团体等对于救灾物资的管理与使用没有明确公示。应急物资分配不明确、慈善捐赠不透明、虚假信息泛滥等都造成了应急管理的低效和严重的社会问题。其次，存在应急物流信息不对称的问题。应急物流是指应急物资在存储、采购、运输过程中形成的一种突发性、紧迫性的物流。在突发事件应急响应的过程中，应急物流效率是非常重要的。但是现有应急物流存在信息不对称的情况。部分受灾地区明确表示物资紧缺，却得不到应急物资的供应。同时在物资流转过程中供需双方沟通不畅，部分受灾地区物资需求与供应没有形成有效对接，从而影响救灾效率。

因此，利用应急信息管理平台建立一个应急物资信息化管理系统，有利于实现物资高效管理和精准配送，让物资快速到达有需求的单位和个人手中，促进物资分配的公平性和有效性，实现快速救灾响应。

4. 运作流程

我国目前使用的应急物资信息化管理系统，核心是用 RFID 及条码技术取代应急物资手工管理，并且各子系统相互联系，共同完成货物入库、在库、出库、分发回收等管理环节[②]，极大提升了应急物资储备效率和信息的传递速度。但这实质上还是一种科层信息传递体制，集中权力于应急主管部门，社会力量的参与度有限，无法激励政府外其他应急管理主体积极参与应急响应。因此，我们要在应急物资信息化管理系统上进行修改和完善，加入社会力量的参与，让社会组织能够利用该系统有效参与。具体内容见下图。

---

① 资料来源：http://www.gov.cn/xinwen/2015-09/10/content_2928409.htm
② 应急物资信息化管理系统官网，http://www.fritt.com.cn/product?id=32

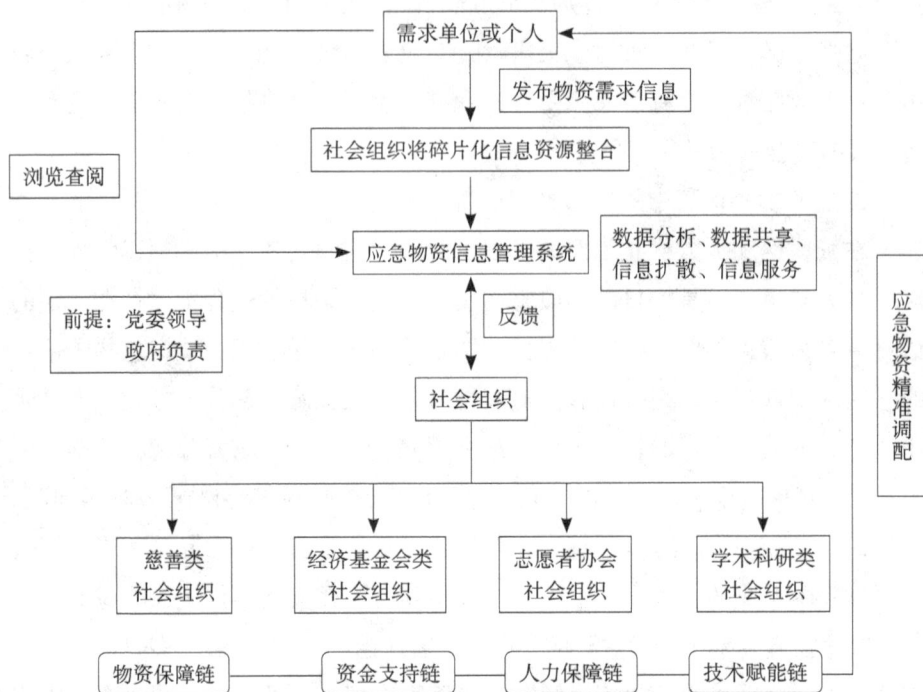

图4-3　应急物资信息化管理系统

具体的运作流程是，在党委统一领导和政府主导负责的前提下，有应急物资需求的相关单位或者个人在应急物资信息化管理系统上发布需要的物资信息，社会组织在系统上上传配送信息，经国家应急资源管理相关部门审核同意后发出指令，由配送方将货物运输至物资需求单位或个人，形成供需精准对接。

（三）灾后重建阶段

灾后重建阶段是指突发事件得到有效控制之后，为了恢复正常社会生活状态和秩序进行的各种善后工作，包括灾后关怀与抚慰、危机灾情损失分析、应急管理效果评估、灾后重建政策制定等工作。恢复重建是危机管理4R理论中的最后一个阶段，对于公共危机之后经济恢复发展、社会秩序的稳定、群众情感的调节有着非常重要的意义。同时该阶段对危机进行全方位的总结，为今后突发事件的治理提供了借鉴和参考。

1.心理疏导，关怀抚慰

我国幅员辽阔，人口众多，自古以来自然灾害就频繁发生。中华民族在与众多灾害斗争的过程中，形成了坚强不屈的民族精神。随着现代经济由工业时代过渡到知识经济时代，中国社会越来越重视人的管理，尤其是人的情绪与情感的管理，关注人们的心理健康问题。在灾后重建阶段，各治理主体对群众的心理危机干预更是极为重视。

心理危机干预是指，在发生重大突发性公共事件后，运用心理危机干预的技术，对相关人员进行心理援助，以减轻公共危机对人们心理的影响[①]。一般来说，人们遭遇突发变故时，容易陷入痛苦不安、恐慌惊惧、甚至是麻木绝望的心理状态，对人的认知能力、情感和行为都产生冲击，对整个社会结构和秩序也会造成影响。在这种情况下，对群众的心理疏导可以帮助他们摆脱心理危机，早日走出灾难阴影。特别是一些幸存者、遇难者家属以及有心理障碍的救援人员，是我们主要的心理危机干预对象。但是，对于受灾群体心理危机的救援活动是比较复杂的。人的心理问题处于其看不见、摸不着的内心世界中，对于一些急性应激障碍和创伤后应激障碍群体，我们很难了解到他们内心的真实想法，处理不善反而会造成进一步伤害。因此需要一定的专业人士来进行心理疏导。同时，解决群众的心理健康问题不像其他的物资救助那样立竿见影，需要消耗一定时间，这种情况下，社会组织具有独特优势。社会组织秉承以人为本的价值理念，能够及时回应特殊群体的多元化需求，可以扎根一线，对患者进行长期心理疏导，及时、精准、有效地提供服务。

新冠疫情期间，我国推出的《新冠肺炎疫情防控常态化下治愈患者心理疏导工作方案》，其中有四处涉及到社会力量的参与：第一，在工作结构部署上，各地区要整合不同专业队伍的资源，充分发挥精神科医生、心理咨询师、社会工作者等不同群体的力量，为患者提供心理辅导服务；第二，在服务内容上，社会组织要发挥专业优势，组建由网格员、志愿者、心理咨询师等组成的基层服务团队，定期对区域患者家庭走访慰问；第三，在服务模式上，推广由湖北省创建的立足社区，志愿者、社会组织、公益慈善资源协同参与的联动服务模式；第四，在服务人才方面，利用社区精神卫生医疗机构、高校心理咨询中心、社会心理服务机构、社会工作服务机构等组建心理疏导

---

① 杨颖.中国应急管理核心要素研究[M].北京金台西路2号：人民日报出版社，2015.

服务团队，对患者实施针对性心理干预。从这些措施中我们可以看出，在疫情期间，社会力量广泛地参与到患者心理干预的工作中。

2. 灾情损失评估

在上一小节，我们讲述了应急响应初期，社会组织可以广泛参与到灾情预估工作中，为决策提供数据和信息。同样，在公共危机进入恢复阶段后，基于广泛的社会调查分析，社会组织可以辅助政府对危机所造成的社会整体损失做出相应的评估，既包括突发事件造成的死伤亡人数，又包括基础设施、设备、公私财物的损毁情况。

3. 救援效果评估

前文已经讲述，国内外关于灾害的损失评估已经有比较成熟的流程和方法，但是对于灾害救援效果目前讨论的比较少，缺乏一套科学完整的评价体系。决策者可能只是依靠灾情评估结果和各主体的参与状况进行一个判断，该评估往往受决策者水平、能力的限制，存在主观随意性，甚而可能由此造成灾害救助的权力寻租等腐败现象[①]。因此社会组织可以发挥自身优势，作为一个独立的第三方机构参与到救援效果的评估中，得出较为客观公正的结论。

4. 参与公共政策制定

福祸相依，多难兴邦。从某种意义上来看，公共危机是经济社会发展到一定阶段，所蕴含的潜在社会制度问题的外在表现，危机中既包含危险也蕴藏着机遇，如果能找到潜在的成功机遇则达到危机管理的精髓所在。因此，每次突发事件结束后，对其开展调查评估，总结经验教训进而优化公共政策制度，能够变危机为转机，推动社会发展进步。社会组织参与公共政策的制定促进了我国决策的科学化民主化，推动了国家治理体系现代化进程。

四、制度保障

在前文中我们具体讲述了"1平台+3阶段+4链"的应急管理模式的内容和运作流程，但是仅仅依靠系统的模式是远远不够的。如果没有强有力的制度保障加以规范和约束，模式只是纸上谈兵。因此本节提出了以下

---

① 王玉海，谢恬恬，孙燕娜，索成.基于需求视角的灾害救助及其救助效果评估研究[J].北京师范大学学报(自然科学版)，2015，51(05)：533-539.

几个方面。

（一）法制化建设

法制化层面的顶层设计是应急管理体系不断完善的根本保障。既要规范化合法化社会组织参与应急管理的地位作用，又要在主体联动协同应急体系、大数据信息安全等方面加强法制化建设。

首先应当尽快修订和完善《中华人民共和国突发事件应对法》等现行法律法规，或者探索出社会力量参与应急管理的法律法规，从国家层面优化应急管理的结构框架，将社会组织参与应急管理的地位合法化，实现政府与社会应急力量的多元化建设、一体化发展的新格局。此外，应当明确社会组织参与应急管理的权利义务、管理制度和服务指南，全面规范社会力量科普减灾、应急救援、灾后重建等行为。在此基础上，建立科学、高效、规范的社会力量参与应急管理的新体制。

其次，要深入推动各社会治理主体协同应急立法。多主体联动参与应急管理时面临的职责划分、义务担当、利益分配不明确等问题，往往和制度化、规范化不足有关。一些部门相互推诿责任、隐瞒信息等问题需要法律来加以规范，并进一步细化协同。

最后，应急信息管理平台上的数据采集存储、分析处理、传输监测等环节都与信息安全息息相关。利用大数据方式进行公共治理不可避免地会对公民个人隐私以及国家整体信息安全造成隐患。必须加强对数据信息的法律法规建设，保护公众隐私，严防大规模数据泄漏，保障信息安全。同时，对于参与平台数据建设的社会力量实施严格的公共数据准入制度和数据动态监控制度，设定一定登记备案要求，严格保障应急信息管理平台上数据的真实性与动态调整。此外，要建立健全数据非法滥用的责任制度，追究利用平台信息数据违法侵权的行为责任。

（二）技术支撑

当前我国的大数据技术仅处于起步阶段，很多技术还不成熟，对于应急管理体系的支撑作用有限，许多核心技术和软件仍被国外大厂商所垄断。因此，我们必须进一步提升信息技术研发的重要地位，增强大数据建设自身"造血"功能。一方面，需要政府财政加大技术研发的补贴支持力度，引导和鼓励在大数据理论、方法及关键应用技术等方面展开探索；另一方面，要建立一个优越的技术研发市场环境，激发各企业自主开展网络技术集成应用研发的活力，推动物联网、云计算、区块链等大数据技术在自然灾害、安全事故、公共卫生事件、环境保护领域的进一步应用。总之，要不断深化技术手段，保障海量数据统计挖掘、存储整合、分析处理、可视化等方面技术的安全可靠性，为应急信息的传输与共享提供强大的技术支撑。

（三）加强监督和约束

要进一步加强对社会组织的有效监督和管理。一方面，要加强社会组织的信息化管理，通过社会组织信息网、应急信息管理平台等准确及时公布关键信息，提高信息透明度，确保对公众负责。另一方面，要利用自媒体监督、社会公众监督、社会组织互评等方式，构建科学合理的社会组织参与应急管理的评估与监督机制，确保社会组织在相关制度下参与应急管理工作的透明度。

第四节 本章小结

经过长期的探索和实践，我国社会组织参与重大突发公共事件应急管理逐渐形成了政社协同模式、社会组织联动参与模式、社区社会组织模式和社企合作模式等传统模式。

政社协同模式强调由政府主导，社会组织充分发挥其灵活性，在政府、市场无法触及的领域快速展开救助，有效弥补突发公共事件应急管理中政府与市场的不足。该模式的缺陷主要表现为，某些地方政府协调能力欠缺、社会组织参与应急管理的缺乏合法性地位、政社双重信任缺失及合作的非持续性等问题。

社会组织联动模式基于社会组织共同的愿景和目标，强调社会组织在应急管理中相互配合、相互支撑、共同行动。该模式的优势在于社会组织间信任度高，专业化的分工合作可以充分实现资源互补，发挥去等级化的弹性组织优势。但相对于政府组织的严密性，在参与重大突发公共事件应急管理时社会力量存在松散性、自发性、约束弱、问责难等各种不足，导致其在联动参与过程中不能很好地实现协同效应。

社区社会组织是为社区居民直接提供服务的各类基层社会组织，突发事件应急管理力量向社区组织下移，使其在发挥为居民提供公共服务、维护社区稳定与秩序作用的同时，成为突发公共事件应急管理的坚强堡垒。在 2020 年新冠疫情防控中，社区社会组织探索出了一条"网格 + 社会治理"的抗疫新模式，通过隐患发现、事件处置、评估与反馈、责任追究等运行机制，在应对病毒交叉感染、提供个性化服务、有效防范疫情引发的社会问题等方面发挥了重要作用，但也面临着社区动员与居民参与度低、可支配公共资源有限等问题。

社企合作模式是指企业和社会组织通过参与企业社会责任项目而形成的一种跨部门联盟。多元主体协同治理形态下跨部门联盟是公共治理的一种新形式，这种模式在参与重大突发事件应急管理中通过签订协议、契约等方式结合成一种风险共担的社企联盟。在实践中，由于突发公共事件的突发性，社企合作模式下社会组织作为应急物资和资金的执行方，需要快速将善款和物资投放到应急管理第一线，这样导致其对于资金后续的跟踪调查、监管及使用效率缺乏必要的评估。

伴随我国社会步入转型期，面临的风险因素和不确定性越来越多，公共危机的复杂程度日渐加深，突发事件治理难度也愈发增大。但是传统的应急管理模式存在严重的碎片化，具体表现为治理重心碎片化、信息碎片化、资源碎片化，以及制度碎片化。因此，要进一步发挥社会组织在公共事件应急管理中的作用，就必须充分运用当前先进的数字化智能化技术，构建新的突发公共事件应急管理模式。

本部分提出了"1 平台 +3 阶段 +4 链"的社会组织参与突发事件应急管理的模式。所谓 1 平台即建立应急信息管理平台，用于加强应急管理各参与主体的协同治理与沟通、促进各部门联动、整合应急资源、集中采集和发布信息。所谓"3 阶段"、"4 链"是指各参与主体在应急管理的灾前预警阶段、灾中处置阶段和灾后重建阶段三个阶段合理分工，构建突发公共事件应急管理的物资保障链、资金支持链、人力保障链及技术赋能链。

第五章 社会组织参与突发公共事件应急管理绩效评估

第一节 评估的目标与意义

一、评估目标

不同评估主体的评估目标有所差别，因此，社会组织参与突发公共事件应急管理绩效评估重点也会随着主体变化而发生改变。比如，登记机关可能希望通过评估达到监管约束的目的，业务主管单位可能更关心社会组织是否有资格参与突发公共事件的应急管理，捐赠者可能更重视应急管理过程中物资的流向和社会组织的财务状况，公众可能更注重社会组织的服务质量和产出，而社会组织可能希望通过自我评估查漏补缺、改善内部治理水平。总体来说，对社会组织参与突发公共事件应急管理进行绩效评估的目标主要包括了解活动执行情况和预期结果的达成情况、项目改进和发展以及约束和激励社会组织。

（一）了解活动执行情况和预期结果的达成情况

突发公共事件发生后，社会组织成为志愿者、捐赠人和政府的委托人，自然受到来自社会公众和政府的关注与监督。但是，各类社会组织及时响应应急管理需求、自发参与应急管理过程具有志愿性，这意味着政府和社会公众对组织缺乏足够的了解。此外，由于突发公共事件具有突发性和不确定性，社会组织参与应急管理具有临时性，该过程中存在的不确定性因素较多，这就要求社会组织具备较高的执行能力，同时兼具较强的灵活性，因而增加了外部监管的难度。因此，通过绩效评估工具帮助政府、社会公众以及社会组织自身了解组织在公共服务项目中的活动执行情况以及预期结果达成情况十分必要。

（二）项目改进和发展

公共服务项目的改进和发展是对社会组织参与突发公共事件应急管理的绩效进行评估的核心目标。社会组织公益项目健康有序的开展离不开社会各界的支持，但社会资源是有限的，如果组织想要在日益激烈的市场竞争中生存下去，就必须努力提高项目管理水平，增强社会公信力，不断创造更高的社会效益，从而吸引源源不断的社会捐赠资源。积极反馈绩效评估结果，可以帮助社会组织及时发现活动开展过程中的问题与不足，总结经验教训，以此改进社会组织内部治理水平和外部服务效果与效率，促进社会组织公共服务项目的可持续发展。

（三）激励和约束社会组织

一方面，政府等有关部门监管机制薄弱，对社会组织在突发公共事件应急管理过程中的行为约束力弱，需要进一步加强；另一方面，各类社会组织为了争取有限的社会资源需要增加竞争优势，如果公共服务项目绩效评估结果较好，就可以提升社会组织竞争力。因此，监管部门可以合理运用绩效评估结果实现社会组织的优胜劣汰，进而达到激励和约束组织的目的。

二、评估意义

随着我国各类社会组织在突发公共事件应急管理中发挥着越来越重要的作用，其应急管理能力的评估也逐渐成为社会各界关注的热点。绩效评估不仅是政府及社会公众了解、监管社会组织在突发公共事件应急管理中运作的有效工具，还是社会组织明确自身定位、规范自身发展的需要（杨芳勇和张晓霞，2019）[1]。因此，构建社会组织参与突发公共事件应急管理的绩效评估体系具有重要意义。

（一）提高社会组织公信力

社会组织的公信力是吸引社会捐赠和政府支持的重要因素。如果社会组织失去了公信力，那么它很难获得社会各界的支持，从而阻碍其在突发公共事件应急管理中应急救援活动的实施。一方面，我国各类社会组织在呈现出

---

[1]　杨芳勇，张晓霞.平台型社会组织模糊综合评估体系的构建与验证[J].社会工作，2019(03)：87-98+112.

蓬勃的发展态势的同时，也存在着财务状况混乱、管理层中饱私囊等问题，严重损害了社会组织声誉及形象；另一方面，由于社会组织存在独立性缺失、监督机制薄弱等问题，公众对社会组织的物资去向、管理效率以及产生的社会公益效能等心存疑虑，导致社会组织公信力不足（叶萍，2010）[①]。因此，有必要对社会组织的应急管理活动开展绩效评估，及时向公众、政府反馈评估结果，以有效缓解社会组织与公众、政府间的信息不对称问题。此外，披露更多的社会组织在突发公共事件应急管理中取得的工作成就，能够帮助公众建立并增强对社会组织的信任和信心，从而调动公众的捐赠积极性。

（二）改进社会组织内部治理

我国各类社会组织在突发公共事件的应急管理实践中暴露出了内部治理不规范、服务能力不强等问题，而以评促建、以评促改、以评促创等方法已经成为引导和激励社会组织加强自我完善、维持良性发展的有力措施（徐双敏和崔丹丹，2016）[②]。有效的绩效评估体系可以帮助社会组织提高发展意识。通过对评估结果的合理运用以及与评估专家的沟通，社会组织可以认识到在突发公共事件应急管理中自身的结构性缺陷，从而加强自身建设与管理，有的放矢地完善内部治理结构，提升专业能力和服务能力。

（三）提升社会组织服务质量和效率

为承接政府转移的职能和满足社会需要，社会组织力求提供高质量和高效率的服务，而这两点因素也是绩效管理的核心（郁建兴等，2019）[③]。科学的绩效评估有利于管理者总结经验和教训，促进组织改进和提升整体绩效。一方面，通过分析服务质量、顾客满意度等评估指标，社会组织可以获取有价值的信息来提升社会组织服务质量；另一方面，通过评判产出、结果、效益等指标，可以帮助社会组织有效减少运作成本和资源浪费，提升服务效率。

（四）完善社会组织监管体系

政府主要对社会组织设立及其日常活动进行监督，且往往是对其整体情况进行把握，而对社会组织公共服务项目的监督缺乏针对性和专业性，特别

---

① 叶萍.社会组织绩效评估指标体系研究[J].广西社会科学，2010(08)：104-107.

② 徐双敏，崔丹丹.民办非企业类社会组织评估现状及其完善研究——以浙江N市"阳光驿站"评估为例[J].晋阳学刊，2016(02)：105-113.

③ 郁建兴等.社会组织管理[M].北京：科学出版社，2019：214-215.

是在监管社会组织参与突发公共事件应急管理方面的效力有待加强。因此，针对社会组织参与突发公共事件应急管理构建科学有效的绩效评估体系是十分必要的，它可以弥补监管体系的不足，帮助政府部门正确评估社会组织公共服务项目的价值，为社会组织设置恰当的行为规范。

（五）促进社会组织承担公共责任

社会组织参与突发公共事件应急管理具有公益性、非营利性的特点，其公共服务项目健康有序地开展有赖于志愿者的服务、社会的捐赠和政府的财政拨款（裴宏森，2009）[①]。作为志愿者、捐赠人和政府的委托人，社会组织需要承担相应的公共责任，该责任以绩效为基础，以服务质量和社会公众需求的满足为首要评估标准，既强调有序的工作流程和合理的时间安排，又注重预期目标的完成情况及社会公众满意度[②]。因此，绩效评估是判定社会组织公共责任落实情况的重要手段，有助于促进社会组织积极主动承担公共责任。

第二节　评估原则

一、公平公开原则

绩效评估的公平性体现在两个方面：第一，绩效评估体系中的评估标准应该是一视同仁的，不存在任何偏差，保证评估的客观公正；第二，设计绩效评估体系时应该采用定性和定量相结合的评估方法，既能避免评估内容以偏概全，又能减少评估过程中的主观因素和个人感情色彩的影响。公开性是指评估标准、评估程序和评估结果应该向社会公众等信息需求者公开，以增强评估过程中的信息透明度，进而增加评估结果的说服力。

---

① 裴宏森.非营利组织导入360度绩效考核模式探析[J].现代财经–天津财经大学学报，2009，29(01)：54–59.

② 上海社会科学院政府绩效评估中心.非营利组织绩效评估[M].上海：上海社会科学院出版社，2015：25–26.

二、科学合理原则

对突发公共事件应急管理中的社会组织进行绩效评估，应该从评估目标出发，且该目标要以公共服务项目的可持续发展为核心。此外，突发公共事件应急管理的实际情况各异，需要结合不同社会组织和突发公共事件的类型与应急管理的特点，动态调整评估指标体系，设定更恰当、更具特色、更切实的评估指标。与此同时，需要保证评估标准的合理性、评估方法的准确性、评估程序的有效性等，提高绩效评估的信度和效度。

三、评估多元化原则

社会组织参与突发公共事件应急管理的绩效评估是一项复杂的工作，涉及多方面的考量，评估不能局限于某个方面，而应该系统性、综合性地构建绩效评估体系。比如，评估内容既要考虑社会组织公共服务项目的经济效益，还要考虑其社会效益。值得注意的是，由于社会组织具有公益性和非营利性的特点，在参与突发公共事件应急管理中更注重对目标群体的影响和社会影响，所以在构建绩效评估体系时需更注重社会效益而非经济效益。此外，社会组织对社会效益的追求大于经济效益的特点，也导致不能简单通过量化的指标来进行绩效评估，应采用定性评估与定量评估相结合的方法来开展工作。还有，社会组织参与突发公共事件应急管理的过程涉及受助对象、政府、公众等多方利益相关群体，因此评估过程中需要兼顾各方需求，认真考虑他们的评价。

四、积极反馈原则

如果绩效评估最终只是给出一个分数，则难以实现社会组织公共服务项目的可持续发展。因此，积极反馈原则强调坚决避免绩效评估流于形式，需及时将评估过程、评估内容与评估结果等相关信息反馈给被评估社会组织、监管部门等信息使用者。通过合理运用这些相关信息，可以为社会组织提供相似公共服务的管理与实施方面的经验教训，补充完善社会组织参与突发公共事件应急管理的监管体系，促进社会组织公共服务项目的长久发展。

第三节　评估指标体系

一、评估指标设计原则

评估指标体系是社会组织参与突发公共事件应急管理绩效评估体系的核心构成要素，它直接关系到评估活动的可操作性、评估过程的科学性以及评估结果的有效性（陈德权等，2016）[①]，进而对改进和提高社会组织参与突发公共事件应急管理的服务质量和服务效率产生重要影响。因此，评估主体需要把握好评估指标体系设计的原则，主要包括：

第一，目的性原则。评估指标要依据社会组织参与突发公共事件应急管理的评估目标来设定，不同的评估目标侧重的评估内容不同，因而在评估指标的选取和权重确定上有所差异。第二，可操作性原则。可操作性是指评估指标含义清晰明确、数据可获取，便于测量和比较。第三，系统性原则。系统性强调评估指标全面完整，但同时需要避免过多繁琐，使其能够综合系统地反映和衡量绩效管理的静态结构和动态调整。第四，相对独立性原则。各项评估指标应尽可能相互独立，不存在相互包含、交叉重复以及因果关系，从而保证评估的科学性和有效性。

二、评估指标设计基本思路

本书基于 3E 评估理论构建了社会组织参与突发公共事件应急管理绩效评估指标体系。3E 评估理论是评估社会组织公共服务项目的重要标准与依据，更加重视评估对象的经济性和价值。但值得注意的是，过分关注组织的经济、效率与效果往往会忽略组织自身的能力建设，导致社会组织出现滥用资源或腐败的现象，缺乏持续发展能力。社会组织公共服务项目的绩效评估不再仅仅关注服务对象的需求和受益情况，也不仅仅是资源投入和产出的简单数据统计，而是需要兼顾服务过程的监测以及社会组织自身能力建设（郁菁，2016）[②]。

---

① 　陈德权等.社会组织管理概论[M].北京：清华大学出版社，2016：199-200.
② 　郁菁.政府购买社会组织社会服务项目绩效评估模式研究[J].华东理工大学学报(社会科学版)，2016，31(05)：126-132.

因此，在构建评估指标体系时，综合考虑社会组织的经济价值、能力建设、服务质量等方面的评估，才能更加全面地评估社会组织公共服务项目的绩效，促进相关项目的健康与可持续发展。

基于3E评估理论，结合社会组织参与突发公共事件应急管理过程的实际情况和特征，本书在研究社会组织参与突发公共事件应急管理绩效评估时分别设置组织能力、经济、效率和效果4个维度：

（一）组织能力维度

组织能力是指非营利组织在多个领域完成使命所需的资源、技能和功能的总和（Millesen等，2010）[1]。该维度主要评估社会组织基于现有资源、技能和功能是否有资格、有能力参与突发公共事件的应急管理。如果组织自身能力不足，可能难以胜任突发公共事件应急管理中的相关工作，造成服务效率低下、服务质量不高、服务效果不好等情况，从而阻碍社会组织实现社区影响（Mathieu和Despard）[2]。因此，社会组织自身能力建设是保障社会组织有效参与突发公共事件应急管理、成功开展应急救援活动的重要基础。组织能力评估旨在促进非营利组织自我生存与发展能力的提高、促进非营利组织达成组织使命（邓国胜，2004）[3]，主要包括对社会组织运作的合法性、规章制度的有效性、人力资源配备情况、应急保障措施以及开展社会组织公共服务项目的适当性等方面的评估。

（二）经济维度

经济是指以相对较低的成本维持相对较高质量的公共产品和服务，它强调成本控制，而不关注服务的品质问题（陈思颐，2011）[4]。该维度主要评估在突发公共事件应急管理中，社会组织为了实现组织目标、提供公共服务的必要投入及其合理性。具体而言，经济评估是指对社会组织为了及时响应应急管理需求而耗费的资金、人力、时间、设备等资源进行分析和评估，从而判断其经济性。虽然社会组织具有非营利性的特征，但面对竞争激烈、资

---

[1] Judith L. Millesen, Joanne G. Carman, Angela L. Bies. Why engage? [J]. Nonprofit Management and Leadership，2010，21(1).

[2] Mathieu R. Despard. Can Nonprofit Capacity Be Measured? [J]. Nonprofit and Voluntary Sector Quarterly，2017，46(3).

[3] 邓国胜.非营利组织"APC"评估理论[J].中国行政管理，2004(10)：33-37.

[4] 陈思颐.突发公共卫生事件应对的政府绩效评估研究[D].浙江大学，2011.

源稀缺的生存环境，有效地进行财务管理、适当地追求经济效益是社会组织谋求长期发展的必需要求。此外，社会组织在突发公共事件应急管理中资源投入的合理性不仅决定着组织的服务效率，还对公共服务的效果产生重大影响。

（三）效率维度

效率是指有效利用社会资源来满足公众的期望和需求，它关注投入和产出的比例关系。该维度主要评估社会组织在应急管理中拥有的资源是否得到有效利用，除了可以对资源利用情况进行直接评估，还可以从应急救援活动的实施和公共服务的提供情况来间接反映资源利用的有效性。由于资源是有限的，资源投入也是一定的，因此考虑投入产出关系是必要的。如何在有限的资源下实现最大的效益、提供高效率的公共服务是政府及社会组织长期追求的目标（范栩含，2015）[①]。值得注意的是，在评估公共服务项目时，应该综合考虑经济和效率，不能顾此失彼。如果仅仅关注公共服务项目的经济性，那么就不能体现出社会组织的目标和效果；但是如果只重视公共服务项目的效率，那么社会组织在参与突发公共事件的应急管理中可能会导致巨大的资源浪费。公共服务项目的效率不仅会影响到社会组织的服务效果和组织目标的实现，其效率高低还能够反馈社会组织能力建设强弱的信号，帮助组织发现问题并总结经验教训，改进组织参与突发公共事件应急管理的相关工作。

（四）效果维度

效果是指公共服务目标的实现水平，它仅关心目标或结果。该维度主要评估社会组织参与突发公共事件应急管理的公共服务目标是否以及在多大程度上得到实现，并考虑了公共服务项目的社会影响和可持续性。经济和效率侧重对公共服务项目的经济效益的追求，而效果更注重对社会效益的追求。由于社会组织具有公益性，其公共服务的质量和实际效果成为绩效评估中备受关注的重点。如果社会组织在突发公共事件的应急管理中提供大量的公共服务且受众较广，但是受助对象的需求并不能得到及时准确的回应，那么就违背了公共服务项目的本质，公共服务目标难以实现。由于公共服务的涉及面广、服务对象千差万别，不同个体的需求也是有区别的。为了衡量公共服

---

① 范栩含.政府购买公共服务绩效评估体系构建研究[D].上海师范大学，2015.

务项目的效果，可以从不同服务对象的需求和立场出发，分别对公共服务做出客观评价。因此，该维度下特别考虑了顾客满意度以客观评估组织服务效果，它受到公共服务项目的经济性和服务效率的影响，同时也是反馈社会组织能力建设程度的重要评估维度。

社会组织参与突发公共事件绩效评估的基本思路以及各个维度之间的关系见图5-1。

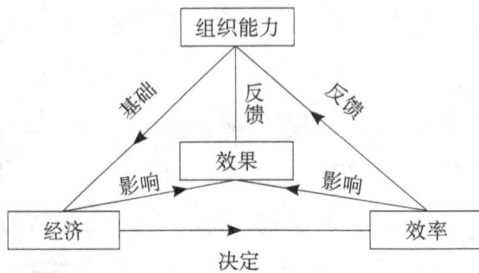

图 5-1 社会组织参与突发公共事件绩效评估基本思路

三、评估指标体系构成

不同类型的社会组织参与应急管理的出发点以及开展应急管理工作的侧重点不同，因此相应的评估重点也应有所差别，且主要反映在具体的评估指标上。目前我国将社会组织评估按照组织类型的不同主要划分为社会团体评估、基金会评估和社会服务机构评估，但由于我国社会服务机构起步较晚，发展不够完善，其在突发公共事件应急管理中发挥的作用也相对较小，因此本章重点构建社会团体和基金会两类社会组织参与突发公共事件应急管理的绩效评估指标体系，且重点突出两类社会组织在参与突发公共事件应急管理过程中的不同侧重点。

（一）社会团体评估的指标体系构成

社会团体评估包括对行业性、学术性、专业性以及联合性社团等社会团体的评估。由于不同社会团体的性质不同，它们在参与突发公共事件应急管理时开展的业务活动有明显差别，因此在对社会团体进行评估时，应特别强调组织的服务内容及服务提供情况。在组织能力、经济、效果、效率4个维度的基础上，本章构建了包含12个一级指标、26个二级指标的社会团体参与突发公共事件应急管理评估指标体系，具体内容详见表5-1。

表 5-1　社会团体参与突发公共事件应急管理绩效评估指标体系

维度	一级指标	二级指标	
组织能力（A_1）	合规性（B_{11}）	社会组织的法人或非法人资格、章程规范、最低活动资金等基本运行条件是否满足（C_{111}）	
	有效性（B_{12}）	相关规章制度能否保证其有效参与突发公共事件应急管理（C_{121}）	
	人才队伍建设（B_{13}）	人员资质（C_{131}）	
		职业操守（C_{132}）	
		业务能力（C_{133}）	
	通信保障（B_{14}）	通讯网络建设水平（C_{141}）	
	适当性（B_{15}）	是否对突发公共事件应急管理进行应急需求评估（C_{151}）	
		是否针对组织参与突发公共事件应急管理制定战略计划（C_{152}）	
经济（A_2）	资金（B_{21}）	资金投入额（C_{211}）	
		资金使用效率（C_{212}）	
	人力（B_{22}）	人力投入数量（C_{221}）	
		人力资源投入是否与活动执行能力相匹配（C_{222}）	
效率（A_3）	服务内容（B_{31}）	社会动员（C_{311}）	是否开展募捐活动、组建志愿者队伍等以呼吁社会援助（D_{3111}）
			是否向社会公众宣传教育突发公共事件的预防和应对措施（D_{3112}）
		学习发展（C_{312}）	是否对应急队伍进行专业知识教育和技能培训（D_{3121}）
		信息披露（C_{313}）	信息公布平台建设（D_{3131}）
			应急信息是否公开透明（D_{3132}）
			是否进行了必要的舆论监管（D_{3133}）
		协调沟通（C_{314}）	社会组织自身的指挥协调工作是否有效（D_{3141}）
			是否与其他社会组织、政府、会员单位等进行良好沟通交流（D_{3142}）
			是否与其他社会组织及地方政府进行跨界协作（D_{3143}）
	服务提供情况（B_{32}）	服务是否准确送达受助群体（C_{321}）	
		服务是否及时送达受助群体（C_{322}）	
		服务是否在计划内且与组织项目目标一致（C_{323}）	
效果（A_4）	目标完成情况（B_{41}）	是否以及在多大程度上完成预期目标（C_{411}）	
	主体满意度（B_{42}）	会员单位（C_{421}）	
		政府（C_{422}）	
		社会公众（C_{423}）	
	可持续性（B_{43}）	是否对本次应急救援工作进行总结与经验交流（C_{431}）	
		是否针对本次应急救援工作中的不足采取相应的改进措施（C_{432}）	
		是否实施有效的奖惩机制（C_{433}）	

（二）基金会评估的指标体系构成

相对于社会团体评估，基金会评估更加侧重对其公益事业活动的状况、能力、绩效、影响以及价值等进行评估。由于基金会主要依赖外界捐赠来获取资源，因此社会公众特别关注基金会的资金使用情况。因此在对基金会进行评估时，应特别强调组织募捐和接受捐赠的合法合规性以及财务的规范性和公开性。在组织能力、经济、效果、效率4个维度的基础上，本章构建了包含12个一级指标、29个二级指标的基金会参与突发公共事件应急管理评估指标体系，如表5-2所示。

表5-2　基金会参与突发公共事件应急管理绩效评估指标体系

维度	一级指标	二级指标	
组织能力（A_1）	合规性（B_{11}）	社会组织的法人或非法人资格、章程规范、最低活动资金等基本运行条件是否满足（C_{111}）	
	有效性（B_{12}）	相关规章制度能否保证其有效参与突发公共事件应急管理（C_{121}）	
	人才队伍建设（B_{13}）	人员资质（C_{131}）	
		职业操守（C_{132}）	
		业务能力（C_{133}）	
	通信保障（B_{14}）	通讯网络建设水平（C_{141}）	
经济（A_2）	资金（B_{21}）	资金投入额（C_{211}）	
		资金使用效率（C_{212}）	
	人力（B_{22}）	人力投入数量（C_{221}）	
		人力资源投入是否与活动执行能力相匹配（C_{222}）	
效率（A_3）	服务内容（B_{31}）	社会动员（C_{311}）	是否开展募捐活动、组建志愿者队伍等以呼吁社会援助（D_{3111}）
			是否向社会公众宣传教育突发公共事件的预防和应对措施（D_{3112}）
		学习发展（C_{312}）	是否对应急队伍进行专业知识教育和技能培训（D_{3121}）
		信息披露（C_{313}）	信息公布平台建设（D_{3131}）
			除资源相关信息的其他应急信息的透明度如何（D_{3132}）
			是否进行了必要的舆论监管（D_{3133}）
		协调沟通（C_{314}）	社会组织自身的指挥协调工作是否有效（D_{3141}）
			是否与其他社会组织、捐赠人、政府等进行良好沟通交流（D_{3142}）
			是否与其他社会组织及地方政府进行跨界协作（D_{3143}）
	服务提供情况（B_{32}）	服务是否准确送达受助群体（C_{321}）	
		服务是否及时送达受助群体（C_{322}）	
		服务是否在计划内且与组织项目目标一致（C_{323}）	
	资源利用情况（B_{33}）	是否将募捐物资全部投入应急管理相关工作中（C_{331}）	
		是否公开相关物资信息（C_{332}）	
		是否采取有效的管理和监督措施（C_{333}）	

（续表）

维度	一级指标	二级指标
效果（A_4）	目标完成情况（B_{41}）	是否以及在多大程度上完成预期目标（C_{411}）
	主体满意度（B_{42}）	主要捐资人（C_{421}）
		主要受益人（C_{422}）
		审计部门（C_{423}）
		其他政府部门（C_{424}）
		社会公众（C_{425}）
	可持续性（B_{43}）	是否对本次应急救援工作进行总结与经验交流（C_{431}）
		是否针对本次应急救援工作中的不足采取相应的改进措施（C_{432}）
		是否实施有效的奖惩机制（C_{433}）

（三）评估指标的具体含义

1.组织能力维度下的评估指标

（1）合规性。该指标考察参与突发公共事件应急管理的社会组织是否具有合法合规的基本运行条件，这是淘汰违规低效的社会组织的基础门槛。主要包括以下内容：基础条件包括组织是否具备法人或非法人资格；组织名称和组织办公场所是否合乎法规；组织的活动资金是否达到最低要求；是否按照相关规定进行事项变更、备案及税务登记等。

（2）有效性。该指标考察社会组织已经建立的或临时出台的相关规章制度能否保证其有效参与突发公共事件的应急管理。这些规章制度包括组织章程、工作条例、管理办法和规定、指导意见等，它们为组织行动提供合法依据和可遵循的准则，能够保证公共服务项目的实施做到有法可依、责权明确、运转有效、制衡有力。在考察该指标时，具体可以从相关规章制度的完备性、合理性和可执行性等方面去考虑，一套完整成熟的制度体系是公共服务项目成功实施的保障。

（3）人才队伍建设。人才队伍是组织发展的灵魂，高素质的人才队伍是社会组织效能发挥的重要保障（陈思和凌新，2017）[1]，其人员资质、职业操守、业务能力等侧面反映并影响着社会组织在突发公共事件的应急管理中发挥的作用。因此，社会组织自身能力建设不能没有人才队伍建设。社会组织人才队伍的人员资质体现在队伍中工作人员的数量、年龄比例、体能、

① 陈思，凌新.社会治理精细化背景下社会组织效能提升研究[J].理论月刊，2017(01)：147-150.

心理状态和教育程度等方面；职业操守是指工作人员的行为决策始终与社会组织宗旨和使命保持一致，不会为了满足个人利益而做出有损组织公信力的行为；业务能力则体现在工作人员是否掌握相关知识和专业技能、受培训情况以及积累的实战经验等方面。

（4）通信保障。该指标考察社会组织在信息维护方面的日常管理情况以及应对突发事件不确定性的能力。具体来说，通信保障是指在灾难发生后，社会组织的通讯网络能够保证组织及时迅速地了解灾情信息，收集传输信息为指挥决策提供依据，并且能够在组织内外部有效传达指挥协调等消息，确保应急救援信息畅通无阻地流通。

（5）适当性。该指标是针对社会团体设计的评估指标，主要考察社会团体在应急管理过程中开展的活动是否合理恰当。为了保证其适当性，社会团体应该根据组织使命与愿景制定战略计划，并重点关注突发公共事件应急管理中的应急需求。战略计划是公共服务项目的行动方案和执行方针。在参与突发公共事件应急管理前，为了保证组织行动和公共服务项目目标一致并提高组织行动效率，社会团体应该提前做出完备、恰当与可执行的计划安排，包括应急工作流程、资源配备、培训计划等。值得注意的是，只有了解受助对象的需求，社会团体才能对症下药、保证高质量高效率的公共服务，因此应急需求的事前评估是社会团体参与突发公共事件应急管理前必不可少的准备工作。

2. 经济维度下的评估指标

（1）资金。该指标考察社会组织在参与突发公共事件应急管理过程中的资金投入与使用情况，以评估资金使用的合规性、有效性和经济性。资金是应急管理中各个环节正常运行的必备条件之一，用于购买物资、调动车辆及人员、通讯沟通等各个方面（姚书志，2013）[1]。社会组织的应急资金主要来源于政府支持、社会捐赠等，因此应该严格把控资金的投入合理性与使用恰当性，力求每一分钱的效益都能最大化。

（2）人力。该指标除了考察社会组织人力资源的投入情况，更关心该投入是否与所需的活动执行能力相匹配。人是应对突发公共事件的主体，应急管理各个环节的落实必须通过人来完成。因此，突发公共事件发生后，急

---

[1] 姚书志.地方高校突发事件应急管理能力研究[D].西安科技大学，2013.

需大量人手来开展应急管理工作。社会组织的人力资源除了来源于组织内部的人才队伍，还包括社会组织招募的志愿者队伍。为了能够将应急队伍安排到最被需要的地方去，社会组织应该合理规划有限的人力资源，避免出现人浮于事的人力资源浪费现象。

3. 效率维度下的评估指标

（1）服务内容。该指标考察在突发公共事件应急管理的过程中社会组织活动执行的具体内容。该指标既可以帮助评估主体和外部信息需求者了解社会组织的活动执行情况，还可以侧面反映出社会资源的利用情况，它包括社会动员、学习发展、信息披露和协调沟通等方面的评估。

社会动员指标考察社会组织在应急管理中的社会号召力以及影响力，它们可以充分展现出社会组织的公信力，这是社会组织维系生存与发展的基础。社会组织的号召力具体体现在募捐筹资、志愿者招募等活动上，通过在线上或线下开通募捐平台、组建志愿者队伍，呼吁更多的社会力量以各种形式参与到突发公共事件的应急救援中；社会组织的影响力则具体体现在应急管理中的宣传教育上，通过各种形式向社会公众广泛普及突发公共事件相关的灾害常识知识，帮助群众培养预防观念、增强安全防范意识、提升灾害自救和互救的能力。

学习发展指标考察社会组织在应急管理过程中是否针对突发公共事件的特殊性对应急救援队伍进行专业知识教育和技能培训，进一步对开展教育培训的次数、规模、覆盖范围及效果等方面进行评估。应急救援队伍的素质和能力决定了社会组织的应急处置效果，是社会组织应急硬实力的体现。通过专家讲座、训练演习等活动提升应急救援队伍的专业知识和技能水平，可以帮助社会组织更高效地参与应急管理的各个环节。

信息披露指标考察社会组织在应急管理中的信息公布平台建设、信息公布的及时性和透明度以及舆论监管等内容。在突发公共事件应急管理中，应急信息属于公共信息，受到社会公众的密切关注。因此，社会组织应该协助地方政府及时、准确地向社会公众发布应急信息，提高应急信息透明度，帮助他们掌握突发公共事件的真实情况。同时，考虑到突发公共事件发生后的各种舆论会激化社会矛盾、引起社会恐慌，社会组织还应该协助政府开展舆论监管并进行适当的舆论引导，控制谣言传播能力，安抚社会公众的负面情绪、稳定民心。此外，有效的信息披露依赖于规范化信息公布平台，规范化既能保证社会组织快速发布应急信息，又能帮助社会公众确定应急信息的真实性。

协调沟通指标关注社会组织内外部的协调沟通情况。组织内部协调主要考察组织部门之间、职工群众之间的指挥、合作以及沟通是否有效；而外部协调则考察社会组织与其他主体间是否进行了良好的沟通交流和分工协作。具体地，对于社会团体，其他主体包括其他社会组织、会员单位及政府部门等；对于基金会，其他主体则包括主要捐资人和受益人、审计、其他政府部门、其他社会组织及社会公众等。协调能力是社会组织参与应急管理必备的能力之一，它可以通过调整人际关系、疏通环节、形成共识等途径有效避免各主体、各部门、各项目之间的矛盾和重叠，从而在组织内外部建立默契的配合关系。此外，良好的沟通与合作是社会组织与政府及其他利益相关者携手开展高效高质的应急管理活动的有效保障，不仅可以使应急救援工作紧张有序开展，还可以协调相关资源、极大地减少损失浪费。

（2）服务提供情况。该指标是从整体上对社会组织公共服务的准确性、及时性以及与战略计划的一致性进行评估。服务内容与计划一致是社会组织提供公共服务的基本保证，其准确性和及时性是响应突发公共事件应急管理需求的有力保障。具体来说，准确性是指社会组织的公共服务是否准确送达预期的服务对象，只有将社会资源真正送达预期的服务对象，才能够解决相关社会问题（郁建兴等，2019）[①]，社会组织的公共责任才能够得到落实；及时性是指社会组织的公共服务是否及时提供给服务对象，可以通过考虑社会组织对突发公共事件的应急反应速度和响应时间对该指标进行评价。

（3）资源利用情况。该指标是针对基金会专门设计的评估指标，主要考察基金会应急资源的使用效率，可以从资源的流向、监管以及信息公开等方面进行考虑。首先应该考虑的问题是，基金会是否将募捐所得的全部物资投入应急管理相关工作中，如果出现组织管理者挪用物资、中饱私囊的问题，那么就会违背社会组织公共项目的初衷，不仅会影响应急管理的工作进程，还不利于社会组织的发展。其次，有效的管理与监管措施是基金会把握资源利用情况、提高资源使用效率的重要手段，该部分也是考察资源使用效率的重要内容之一。此外，为了使政府及社会公众能够监督募捐物资的使用情况，

---

① 郁建兴等.社会组织管理[M].北京：科学出版社，2019：197.

基金会应该对外公开应急物资相关的详细信息，包括物资来源、类型、总数、用途、受助对象等内容。

4. 效果维度下的评估指标

（1）目标完成情况。该指标考察社会组织在应急救援中提供的服务是否以及多大程度上满足了预期目标，即预期目标达成情况。公共服务项目的目标是社会组织开展任何应急救援工作的出发点，社会组织提供的一切服务都是为了达成公共服务项目的预期目标。如果最终社会组织没能或仅部分实现了项目目标，那么相关部门和工作人员就应该回顾项目的执行过程，思考并寻找项目目标出现偏差或者预期目标未能完全实现的原因。也就是说，该指标可以引起社会组织及有关部门对影响预期目标实现因素的重视，从而在日后的应急管理中做好提前预防和解决方案，保证项目目标顺利完成。

（2）主体满意度。该指标考察应急管理中的相关主体感受到的社会组织服务质量达到其期望值的程度。具体来说，该指标考察受助对象、政府和社会公众等利益相关主体对社会组织规范化运作程度、公共服务整体执行情况以及服务质量的评价与意见。一方面，受助对象和政府作为社会组织公共服务的直接受众群体，他们对项目执行的好坏以及产出效果的判断是最具有说服力的；另一方面，作为第三方的社会公众具有独立特征，能够保证评价的客观公正，令人信服。为了进行主体满意度的绩效评估，这需要评估主体与利益相关者广泛接触，积极与他们咨询交流，广泛收集民情民意信息。对于社会团体来说，这些主体包括其会员单位、政府部门、志愿者、媒体等；对于基金会来说，这些主体则包括主要捐资人和受益人、审计及其他政府部门、志愿者、媒体等。

（3）可持续性。该指标主要考察了在突发公共事件应急管理结束后，社会组织是否对本次应急救援工作进行回顾总结并采取相应的改进措施以促进社会组织公共服务项目的可持续发展。有效的经验总结和改进措施可以大大提升社会组织的应急管理能力。在回顾应急救援工作时，社会组织应该重点关注公共服务项目开展过程中的重大失误和不足，查明失误原因并总结经验教训，防止类似的情况在未来再次发生。同时，针对本次应急救援工作中的不足与缺陷，社会组织还应该对现有的规章制度、内部结构治理等进行改善。此外，有效的奖惩机制能够极大地调动工作人员的积极性和创造性，从而提升社会组织应急管理绩效。因此，社会组织应该奖励、表彰那些在突发公共事件应急管理过程中表现突出的工作人员，而对那些犯有过失的相关部门和个人则应进行责任追究和惩处。

第四节　评估方法与模型

一、基于层次分析法的评估指标权重设计

评估指标权重反映了各项评估指标对上一层次评估指标的贡献程度，会对评估结果产生重要影响，因此有效分配每项评估指标的权重是保证绩效评估客观公正的重要前提。在绩效评估体系中，并不是所有评估指标都同等重要，应该根据评估目标及评估对象的特点，采取科学的评估方法来评判每项绩效评估指标的贡献，赋予其合理的权重。我国社会组织参与突发公共事件应急管理的影响因素多、涉及领域广，其评估指标具有高维度、多层次、非线性等特点，各指标权重设计也较大受到主观因素的影响（黄岳钧和颜爱民，2016）[1]。因此，本节采用层次分析法来设计评估指标体系中各维度和各项指标的权重。

（一）层次分析法的原理

1973 年，美国运筹学家匹兹堡大学 Saaty 教授首次提出层次分析法，这种多层次权重分析决策方法体现了分解、判断、综合等决策思维的基本方式（刘鸿和刘合安，2011）[2]，能够有效对定性问题作定量分析（郭太生和寇丽平，2010）[3]，且具有计算思路清晰、计算方法简单、可操作性强、结果易于解释等优点。

（二）层次分析法的基本步骤

1. 建立层次结构模型

按照层次分析法的基本步骤，首先通过深入分析实际问题和各评估指标

---

① 黄岳钧，颜爱民.基于改进的投影寻踪法的社会组织绩效评估模型[J].软科学，2016，30(08)：75-78.

② 刘鸿，刘合安.我国地方政府公共事件应急管理绩效评估体系构建研究[J].现代商业，2011(21)：72-73.

③ 郭太生，寇丽平.重点单位突发事件应急能力评价指标体系研究[J].中国人民公安大学学报(社会科学版)，2010，26(03)：80-88.

之间的相互关系，建立包含目标层、准则层和方案层的层次结构模型，见图5-2。目标层为层次结构模型的最高层，通常只包含单一的元素，即目标；方案层为最底层，通常是更为详细具体的评价指标和判断元素，这些指标、元素的设计均以目标为导向且具有可操作性；准则层为中间层，它包含为了实现评价目标所涉及的中间环节，可以自上而下地分成若干个层次。在层次结构模型中，同一层次的元素既影响上一层次的元素，又对下一层次的元素起支配作用。本章在第四节已经构建了社会组织参与突发公共事件应急管理的评估指标体系，它本质上就是一个层次结构模型。社会组织参与突发公共事件应急管理的绩效评估即为目标层，组织能力、经济、效率和效果等评估维度即为准则层，合规性等一级指标即为次准则层，社会组织的法人或非法人资格、章程规范、最低活动资金等基本运行条件是否满足等二级指标为即为方案层。

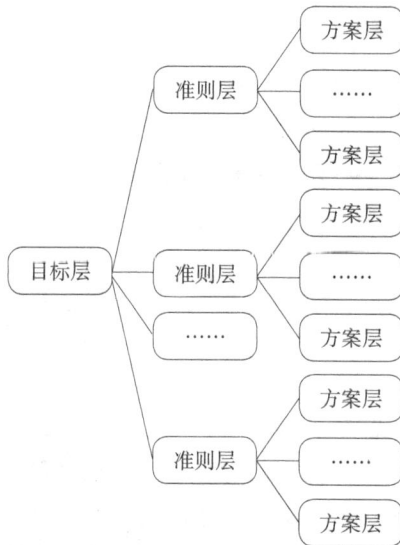

图5-2　层次结构模型

2. 构造两两判断比较矩阵

层次分析法的第二个关键步骤是构造两两比较判断矩阵，该步骤直接影响指标权重的计算。判断矩阵是指对同一层次的各项元素相对于上一层次的重要性进行两两比较，并引入合适的标度将其定量化，即主观判断同一层次的各项指标对上一层次的贡献程度并将其转化为矩阵数据形式。从层次结构模型的最高层开始，对于从属于上一层次的同一层次各项指标，逐层构造两两比较矩阵，直至最低层。各项指标的相对重要性通常在对调研数据、统计资料、相关报告以及专家意见等信息进行综合权衡后得出，且一般采用萨迪提出的 1-9 标度法表示判断数值，其标度含义见表 5-3。

表 5-3　1-9 标度的衡量方法

标度	含义
1	两个指标同等重要
3	一个指标比另一个指标稍微重要
5	一个指标比另一个指标明显重要
7	一个指标比另一个指标非常重要
9	一个指标比另一个指标极端重要
2, 4, 6, 8	上述判断的中间状态
上述标度的倒数	一个指标比另一个指标不重要程度的描述

综上所述，采用专家调查法对社会组织参与突发公共事件应急管理绩效评估指标体系中的每一层次的各项指标相对重要性给出判断，并写成矩阵形式。比如，组织能力（A1）为准则层，则一级指标 B_{11}、B_{12}、B_{13}、B_{14} 和 B_{15} 之间的判断矩阵见表 5-4，其中 b_{12} 表示一级指标 B_{11} 和 B_{12} 相对于组织能力（A1）的重要程度。

表 5-4　对于 A1 构造判断矩阵

A_1	B_{11}	B_{12}	B_{13}	B_{14}	B_{15}
B_{11}	b_{11}	b_{12}	b_{13}	b_{14}	b_{15}
B_{12}	b_{21}	b_{22}	b_{23}	b_{24}	b_{25}
B_{13}	b_{31}	b_{32}	b_{33}	b_{34}	b_{35}
B_{14}	b_{41}	b_{42}	b_{43}	b_{44}	b_{45}
B_{15}	b_{51}	b_{52}	b_{53}	b_{54}	b_{55}

3. 评估指标权重的计算

层次分析法的第三个步骤就是计算每一层次各项指标的相对权重，在数学上相当于计算每个判断矩阵的最大特征值及其对应的特征向量。本节采用和积法进行计算，其步骤为：

（1）对 n 阶判断矩阵中每一行元素进行归一化。公式为

$$m_{ij}=m_{ij}/\sum_{i=1}^{n} m_{ij} , \ i, \ j=1, \ 2, \ \cdots, \ n$$

其中，m_{ij} 表示第 i 个元素相对于第 j 个元素的重要性。

（2）将归一化处理后的判断矩阵按行相加。公式为

$$w_i= \sum_{j=1}^{n} m_{ij} , \ i, \ j=1, \ 2, \ \cdots, \ n$$

（3）对向量 $W=（w_1, \ w_2, \ \cdots, \ w_n）^T$ 进行归一化。公式为

$$w_i=w_i/\sum_{j=1}^{n} w_i , \ i, \ j=1, \ 2, \ \cdots, \ n$$

则归一化处理后的向量 $W=(w_1, w_2, \cdots, w_n)^T$ 为特征向量，即相对权重向量。

（4）计算 n 阶判断矩阵的最大特征值 λ_{max}。公式为

$$\lambda_{max}= \sum_{i=1}^{n} \frac{(MW)_i}{nw_i}, \quad i=1, 2, \cdots, n$$

其中，M 为 n 阶判断矩阵，$(MW)_i$ 为判断矩阵第 i 个向量。

4. 一致性检验

层次分析法的第四步是进行一致性检验，该步骤主要是检验由判断矩阵求出的指标权重的合理性。社会组织参与突发公共事件应急管理的绩效评估指标体系具有高度复杂性，而且由于专家认知上的片面性，他们对各项指标相对重要性的判断可能存在矛盾，进而导致指标权重不合理。

首先，计算一致性指标 CI，公式为

$$CI= \frac{\lambda_{max}-n}{n-1}$$

然后，计算异质性比率 CR，公式为

$$CR= \frac{CI}{RI}$$

其中，RI 表示平均随机一致性指标，它可以通过查表求得，见表 5-5。

表 5-5　平均随机一致性指标

矩阵指标	1	2	3	4	5	6	7	8	9
RI	0	0	0.52	0.89	1.12	1.26	1.36	1.41	1.46

一般来说，判断矩阵通过一致性检验的条件为 $CR<0.1$，若条件不满足则需要调整判断矩阵。

5. 计算各项指标对目标层的权重

在得出了每一层次的各项指标相对于上一层次的权重向量后，可以基于此计算出方案层中各指标对目标层的权重，公式为

$$W_i=M_j \times N_{ij}, \quad i=1, 2, \cdots, n, \quad j=1, 2, \cdots, m$$

其中，W_i 表示方案层中第 i 个指标对目标层的权重，M_j 表示准则层中第 j 个指标对目标层的权重，N_{ij} 表示方案层中第 i 个指标对准则层中第 j 个指标的相对权重。

综上所述，采用层次分析法可以求得社会组织参与突发公共事件应急管理绩效评估指标体系中各维度和各指标的权重以及最底层指标相对于最高层指标的权重。在进行绩效评估时，只需要获取关于该评估指标体系中二级指

标的评分，再对每项指标的评分进行加权平均后乘以相应的权重就可以计算出各一级指标、各维度以及总目标的得分，获得综合评估结果。

二、层次分析法的应用

基于前文构建的评估指标体系和层次分析法的原理，设计并发放社会组织参与突发公共事件应急管理绩效评估指标权重设计调查表，通过问卷调查的方式从 9 名该领域的专家（包括科研院校学者 3 名、民政部社会组织管理局负责人 2 名、社会团体秘书长 2 名、基金会秘书长 2 名）收集关于每项评估指标重要程度的相关数据，再运用层次分析法确定每项评估指标的权重，所有判断矩阵均通过一致性检验，具体结果见表 5-6 和表 5-7。

三、评估标准

为完善社会组织参与突发公共事件应急管理的绩效评估体系，除了设计合理的评估指标体系，还应确定绩效评估参照的评估标准。本章采用标准化评估法，对每一个待评估指标进行定量化处理并给出具体的评分标准，以保证针对不同评估对象的评估结果具有客观公正和有效性。在不同的评估背景下，评分标准应进行适当的调整。当评估不同社会组织参与某次重大突发公共事件应急管理的绩效时，对于可以绝对量化的评估指标，评估标准以实际测量值的表示形式来规定并进行无量纲化处理，以解决不同计量单位导致无法直接比较的问题；对于无法准确绝对量化的评估指标，评估标准则可以采用描述性语言确定。在评估某社会组织参与重大突发公共事件应急管理的综合绩效时，由于不同社会组织的组织宗旨和组织年龄等方面的不同，其在紧急救灾工作的侧重程度以及投入差别较大，比如近几年成立的社会组织在时间、资金、人力上的累计投入一般无法与较早成立的社会组织相比。因此无论是待评估的定性指标还是定量指标，均采用描述性语言确定，以保证不同社会组织之间评估指标的可比性。当评估某社会组织参与重大突发公共事件应急管理的综合绩效时，待评估指标的评分标准见表 5-8。本文将评分划分为 4.5 分及以上，4~4.5 分，3.5~4 分，3~3.5 分，3 分以下共 5 个区间，各区间内的分数分别对应优秀、良好、一般、合格、不合格的评估结果水平。

表 5-6　社会团体参与突发公共事件应急管理绩效评估指标权重表

维度	一级指标	二级指标	
组织能力（39.36%）	合规性（24.87%）	社会组织的法人或非法人资格、章程规范、最低活动资金等基本运行条件是否满足	
	有效性（15.92%）	相关规章制度能否保证其有效参与突发公共事件应急管理	
	人才队伍建设（4.92%）	人员资质（7.38%）	
		职业操守（64.34%）	
		业务能力（28.28%）	
	通信保障（48.88%）	通讯网络建设水平	
	适当性（5.41%）	是否对突发公共事件应急管理进行应急需求评估（66.67%）	
		是否针对组织参与突发公共事件应急管理制定战略计划（33.33%）	
经济（4.83%）	资金（66.67%）	资金投入额（33.33%）	
		资金使用效率（66.67%）	
	人力（33.33%）	人力投入数量（25%）	
		人力资源投入是否与活动执行能力相匹配（75%）	
效率（16.45%）	服务内容（66.67%）	社会动员（45.41%）	是否开展募捐活动、组建志愿者队伍等以呼吁社会援助（20%）
			是否向社会公众宣传教育突发公共事件的预防和应对措施（80%）
		学习发展（4.70%）	是否对应急队伍进行专业知识教育和技能培训
		信息披露（13.41%）	信息公布平台建设（7.38%）
			应急信息是否公开透明（28.28%）
			是否进行了必要的舆论监管（64.34%）
		协调沟通（36.48%）	社会组织自身的指挥协调工作是否有效（8.33%）
			是否与其他社会组织、政府、会员单位等进行良好沟通交流（72.35%）
			是否与其他社会组织及地方政府进行跨界协作（19.32%）
	服务提供情况(33.33%)	服务是否准确送达受助群体（28.28%）	
		服务是否及时送达受助群体（64.34%）	
		服务是否在计划内且与组织项目目标一致（7.38%）	
效果（39.36%）	目标完成情况（64.34%）	是否以及在多大程度上完成预期目标	
	主体满意度（28.28%）	会员单位（64.34%）	
		政府（28.28%）	
		社会公众（7.38%）	
	可持续性（7.38%）	是否对本次应急救援工作进行总结与经验交流（25%）	
		是否针对本次应急救援工作中的不足采取相应的改进措施（50%）	
		是否实施有效的奖惩机制（25%）	

表 5-7　基金会参与突发公共事件应急管理绩效评估指标权重表

维度	一级指标	二级指标	
组织能力 （39.36%）	合规性 （25.03%）	社会组织的法人或非法人资格、章程规范、最低活动资金等基本运行条件是否满足	
	有效性 （16.35%）	相关规章制度能否保证其有效参与突发公共事件应急管理	
	人才队伍建设 （4.97%）	人员资质（7.38%）	
		职业操守（64.34%）	
		业务能力（28.28%）	
	通信保障 （53.65%）	通讯网络建设水平	
经济 （4.83%）	资金（66.67%）	资金投入额（33.33%）	
		资金使用效率（66.67%）	
	人力（33.33%）	人力投入数量（25%）	
		人力资源投入是否与活动执行能力相匹配（75%）	
效率 （16.45%）	服务内容 （16.76%）	社会动员 （45.41%）	是否开展募捐、组建志愿者队伍等以呼吁社会援助（20%）
			是否向社会公众宣传教育突发公共事件的预防和应对措施（80%）
		学习发展 （4.70%）	是否对应急队伍进行专业知识教育和技能培训
		信息披露 （13.41%）	信息公布平台建设（7.38%）
			除资源相关信息的其他应急信息的透明度如何（28.28%）
			是否进行了必要的舆论监管（64.34%）
		协调沟通 （36.48%）	社会组织自身的指挥协调工作是否有效（8.33%）
			是否与其他社会组织、捐赠人、政府等进行良好沟通交流（72.35%）
			是否与其他社会组织及地方政府进行跨界协作（19.32%）
	服务提供情况 （9.45%）	服务是否准确送达受助群体（28.28%）	
		服务是否及时送达受助群体（64.34%）	
		服务是否在计划内且与组织项目目标一致（7.38%）	
	资源利用情况 （73.80%）	是否将募捐物资全部投入应急管理相关工作中（19.32%）	
		是否公开相关物资信息（8.33%）	
		是否采取有效的管理和监管措施（72.35%）	
效果 （39.36%）	目标完成情况 （64.34%）	是否以及在多大程度上完成预期目标	
	主体满意度 （28.28%）	主要捐资人（44.99%）	
		主要受益人（14.33%）	
		审计部门（20.29%）	
		其他政府部门（14.33%）	
		社会公众（6.06%）	
	可持续性 （7.38%）	是否对本次应急救援工作进行总结与经验交流（25%）	
		是否针对本次应急救援工作中的不足采取相应的改进措施（50%）	
		是否实施有效的奖惩机制（25%）	

表 5-8　待评估指标的评分标准

维度	待评估指标	评分标准
组织能力	社会组织的法人或非法人资格、章程规范、最低活动资金等基本运行条件是否满足	全部满足：5 分 基本满足：4 分 不确定：3 分 基本不满足：2 分 缺失：1 分
	相关规章制度能否保证其有效参与突发公共事件应急管理	完整且具有实时性：5 分 完整但不具有实时性：4 分 基本完备但细则不足：3 分 有但不适用：2 分 缺失：1 分
	人员资质	根据组织工作人员的年龄结构和教育程度等方面，认为： 数量和年龄结构合理且教育程度总体较高：5 分 数量和年龄结构合理但教育程度总体不高：4 分 数量合理、教育程度总体较高但年龄结构不合理：3 分 年龄结构合理、教育程度总体较高但数量不合理：2 分 只有年龄结构（数量）合理或教育程度较高：1 分
	职业操守	根据组织工作人员的实际违规处罚情况，认为： 无违规处罚情况：5 分 几乎无违规处罚情况：4 分 违规处罚次数少：3 分 违规处罚次数多：2 分 违规处罚次数很多：1 分
	业务能力	根据工作人员的专业知识和技能、接受培训情况以及积累的实战经验等方面，认为： 掌握专业知识和技能，参与多次培训并有较多实战经验：5 分 实战经验丰富但专业知识和技能一般或参与较少培训：4 分 实战经验丰富但专业知识和技能较差或没参与过培训：3 分 掌握专业知识和技能且参与多次培训但没有或拥有较少实战经验：2 分 专业知识和技能较差，参与较少培训且实战经验较少：1 分
	通讯网络建设水平	根据社会组织通讯网络的建设情况，认为： 有较为完善的通讯网络：5 分 有通讯网络但建设不够完善：3 分 无通讯网络：1 分
	是否对突发公共事件应急管理进行应急需求评估	根据社会组织开展需求评估的实际情况，认为： 开展需求评估且结果非常准确：5 分 开展需求评估且结果基本准确：4 分 开展需求评估但效果一般：3 分 开展需求评估但结果不准确：2 分 无需求评估：1 分

（续表）

维度	待评估指标	评分标准
组织能力	是否针对组织参与突发公共事件应急管理制定战略计划	根据社会组织制定紧急救灾战略计划的实际情况，认为 制定战略计划且计划完备且可执行：5分 制定战略计划且计划可执行，但不完整：4分 制定战略计划且计划完整，但可执行性差：3分 制定战略计划但计划不完整且可执行性差：2分 未制定战略计划：1分
经济	资金投入额	根据社会组织的物资财力、筹募能力以及灾区需求，当救灾资金收支比： 在98%以上：5分 在95%-98%：4分 在90%-95%：3分 在85%-90%：2分 在85%以下：1分
	资金使用效率	根据社会组织物资的用途和灾区需求，认为资金使用： 非常有效：5分 基本有效：4分 效率一般：3分 基本无效：2分 非常无效：1分
	人力投入数量	根据社会组织的人才队伍建设、志愿者队伍建设以及灾区需求，认为人力资源投入： 非常合理：5分 基本合理：4分 合理性一般：3分 基本不合理：2分 非常不合理：1分
	人力资源投入是否与活动执行能力相匹配	根据人力资源投入情况和灾区需求，认为人力资源配备结构： 与活动执行能力非常匹配：5分 与活动执行能力基本匹配：4分 匹配程度一般：3分 与活动执行能力基本不匹配：2分 与活动执行能力非常不匹配：1分
效率	是否开展募捐活动、组建志愿者队伍等以呼吁社会援助	根据社会组织开展募捐筹资、志愿者招募等活动的实际情况及其效果，认为： 多次开展募捐筹资、志愿者招募且形式多样、社会号召力较强：5分 多次开展募捐筹资、志愿者招募且社会号召力较强但形式单一：4分 开展募捐筹资、志愿者招募较少且形式单一但社会号召力较强：3分 多次开展募捐筹资、志愿者招募且形式多样但社会号召力一般：2分 较少开展募捐筹资、志愿者招募，形式单一且社会号召力一般：1分

（续表）

维度	待评估指标	评分标准
效率	是否向社会公众宣传教育突发公共事件的预防和应对措施	根据社会组织开展宣传教育的实际情况及其效果，认为： 多次开展宣传教育且形式多样、内容覆盖广、社会影响力大：5分 多次开展宣传教育且内容覆盖广、社会影响力大，但形式单一：4分 较少开展宣传教育且形式单一但内容覆盖广、社会影响力大：3分 多次开展宣传教育且形式多样，但内容覆盖窄，社会影响力一般：2分 较少开展宣传教育，形式单一，内容覆盖窄且社会影响一般：1分
	是否对应急队伍进行专业知识教育和技能培训	根据社会组织开展教育培训的次数、规模及覆盖范围认为： 多次开展专业知识教育和技能培训、形式多样、内容覆盖广且效果非常好：5分 多次开展专业知识教育和技能培训、内容覆盖广且效果较好，但形式单一：4分 较少开展专业知识教育和技能培训，形式单一但内容覆盖广且效果较好：3分 多次开展专业知识教育和技能培训、形式多样，但内容覆盖窄且效果一般：2分 较少开展专业知识教育和技能培训，形式单一，内容覆盖窄且效果一般：1分
	信息公布平台建设	根据社会组织的救灾相关信息传递的及时性和准确性，认为： 信息公布平台建设水平完全满足要求：5分 信息公布平台建设水平基本满足要求：4分 信息公布平台建设水平一般：3分 信息公布平台建设水平低：2分 信息公布平台建设水平完全无法满足要求：1分
	信息披露的及时性和准确性	根据社会组织披露相关应急信息的速度以及信息质量，认为： 信息披露及时且准确：5分 信息披露不及时或不准确：3分 信息披露不及时且不准确：1分
	应急信息是否公开透明	根据社会组织救灾相关信息的公布情况，认为： 制定相关信息的公布制度、规范等且信息透明度很高：5分 无信息公布制度或规范但信息透明度很高：4分 制定应急管理工作相关信息的公布制度但透明度一般：3分 无信息公布制度或规范且信息透明度一般：2分 信息模糊：1分
	是否进行了必要的舆论监管	根据社会组织开展舆论监管的实际情况，认为： 开展必要的舆论监管且效果非常好：5分 开展必要的舆论监管且效果好：4分 开展必要的舆论监管但效果一般：3分 开展必要的舆论监管但效果较差：2分 未进行必要的舆论监管：1分

（续表）

维度	待评估指标	评分标准
效率	社会组织自身的指挥协调工作是否有效	根据社会组织内部各部门及人员之间相互配合程度及协调效率，认为： 社会组织自身的指挥协调工作非常有效：5分 社会组织自身的指挥协调工作基本有效：4分 社会组织自身的指挥协调工作效率一般：3分 社会组织自身的指挥协调工作效率低：2分 社会组织自身的指挥协调工作效率非常低：1分
	是否与其他相关主体进行良好沟通交流	根据社会组织与其他相关主体沟通交流及合作的情况，认为： 社会组织对外沟通交流效果非常好：5分 社会组织对外沟通交流效果较好：4分 社会组织对外沟通交流效果一般：3分 社会组织对外沟通交流效果差：2分 没有对外沟通交流或效果非常差：1分
	是否与其他社会组织及地方政府进行跨界协作	根据社会组织与其他社会组织及地方政府进行跨界协作的实际情况，认为： 社会组织开展跨界协作且成绩显著：5分 社会组织开展跨界协作成且成绩较好：4分 社会组织开展跨界协作但能力一般：3分 社会组织跨界协作但能力较弱：2分 没有开展跨界协作或该能力非常弱：1分
	服务是否准确送达受助群体	根据社会组织提供公共服务的实际情况，认为： 按需求送达受助群体：5分 一部分部分按需求送达，另一部分未按需求送达：3分 未按需求送达受助群体：1分
	服务是否及时响应应急需求	根据社会组织提供公共服务的实际情况，认为： 及时为受助群体提供服务且满足需求：5分 及时为受助群体提供服务但无法满足需求，需要进一步提供服务：3分 未及时为受助群体提供服务：1分
	提供的服务是否在计划内且与组织项目目标一致	根据社会组织提供公共服务的实际情况，认为： 在计划内且与组织项目目标一致：5分 服务不在计划内但是与组织项目目标一致：3分 服务不在计划内且与组织项目目标不一致：1分
	是否将募捐物资全部投入应急管理相关工作中	根据社会组织募捐物资的使用情况，认为： 全部投入应急管理相关工作中且分配合理：5分 全部投入应急管理相关工作中但分配不合理：3分 资金挪用：1分
	是否公开相关物资信息	根据社会组织捐募物资接受、使用等财务信息的公开情况，认为： 制定财务信息公布制度、规范等且信息透明度很高：5分 无信息公布制度或规范但信息透明度很高：4分 制定财务信息公布制度、规范等但透明度一般：3分 无信息公布制度或规范且信息透明度一般：2分 信息模糊：1分

（续表）

维度	待评估指标	评分标准
效率	是否采取有效的管理和监管措施	根据社会组织资源管理和监督情况，认为： 采取有效管理和监督措施：5分 内部管理工作井然有序但缺乏监督措施或监督力度低：4分 采取有效监督措施但内部管理混乱：3分 采取内部管理和监督措施但效果差：2分 缺乏监督和内部管理措施：1分
效果	是否以及在多大程度上完成预期目标	根据社会组织参与突发公共事件应急救援的预期目标完成情况，认为： 按计划完成或超额完成预期目标：5分 基本完成预期目标：4分 完成大部分预期目标：3分 完成预期目标不足一半：2分 没有或仅部分完成预期目标：1分
	主体满意度	根据不同社会组织参与应急管理过程中的利益相关主体对其规范化运作程度、公共服务整体执行情况以及服务质量的评价与意见，判断他们： 非常满意：5分 基本满意：4分 不确定：3分 基本不满意：2分 非常不满意：1分
	是否对本次应急救援工作进行总结与经验交流	根据社会组织在开展紧急救援过程中是否进行阶段性总结以及救灾工作结束后是否开展全面性工作回顾、总结汇报和经验交流等，认为： 有阶段性和全面性工作总结并进行经验交流：5分 有全面性工作总结和经验交流，无阶段性总结：4分 有阶段性工作总结和经验交流，无全面性总结：3分 有阶段性和全面性工作总结，无经验交流：2分 无任何工作总结与经验交流：1分
	是否针对本次应急救援工作中的不足采取相应的改进措施	根据社会组织是否针对应急救援工作中的不足与缺陷采取改善现有的规章制度、内部结构治理等相应改进措施，认为： 无需采取改进措施或采取改进措施后效果良好：5分 采取改进措施但效果一般：4分 采取改进措施但效果不确定：3分 采取改进措施但效果较差：2分 需要但未采取任何改进措施：1分
	是否实施有效的奖惩机制	根据社会组织实施奖惩机制的实际情况，认为： 根据实际需要且公平公正地实施奖惩机制：5分 需要奖惩措施但仅公平公正地实施惩罚措施或奖励措施：4分 根据实际需要但未能公平公正地实施奖惩机制：3分 需要奖惩措施但未能公平公正且仅实施惩罚措施或奖励措施：2分 没有实施奖惩机制：1分

第五节　本章小结

作为监管和激励社会组织发展的有效工具，评估社会组织参与突发公共事件应急管理的绩效十分必要。该绩效评估的目标主要包括了解活动执行情况和预期结果的达成情况、项目改进和发展以及约束和激励社会组织，其评估过程和评估结果在改进社会组织内部治理、提升社会组织服务质量和效率、提高社会组织公信力、促进社会组织承担公共责任以及完善社会组织监管体系等方面均发挥着重要作用。

本部分基于 3E 评估理论，严格遵循公平公开、积极反馈、多元化、科学合理的评估原则，以及可操作性、系统性、相对独立性的评估指标设计原则，从组织能力、经济、效率和效果 4 个维度分别构建了社会团体和基金会参与突发公共事件应急管理绩效评估指标体系，并运用层次分析法确定了评估指标体系的权重（包括基金会参与突发公共事件应急管理绩效评估指标权重、社会团体参与突发公共事件应急管理绩效评估指标权重），并给出了待评估指标的评估标准，为后续社会组织参与突发公共事件应急管理绩效评估奠定基础。

第六章 国外社会组织参与突发公共事件应急管理案例研究

第一节 红十字国际委员会

一、红十字国际委员会简介

（一）成立与发展

红十字国际委员会（以下简称红十字会）由瑞士人亨利·杜南于 1863 年 2 月倡议成立，是国际红十字会与红新月运动的起源。当时称为"伤兵救护国际委员会"。创建初期，亨利·杜南目睹了索尔费里诺战争带给经济社会的巨大灾难，由此萌生了为伤残士兵、救护人员和战地医院提供救援的主张并大力发展国际公约。《日内瓦公约》和《国际人道法》也在委员会的建立和发展背景下诞生。自那时以来，红十字国际委员会在各方支持下，不断敦促各国政府修改完善国际人道主义法以适应不断变化的环境，尤其是应对战争手段和方法的现代发展。

在第一次世界大战期间，各国红十字会组织空前数量的急救队志愿者及其他救援支持为前线提供保护，甚至包括保护战俘人员。到了二战，红十字会希望能开展活动来保护和援助战俘，但是并没有提供很多帮助给关押在集中营里的平民。1945 年以后，欧洲致力于和平发展，但冲突和暴力在世界其他地区仍然存在，为应对不断变化的战争提出的挑战，红十字会协助起草了一些新的法律规则以顺应二十世纪三四十年代的发展，对这一时期国际冲突中产生的人道问题具有独特的洞察力。今天这项公约可在武装冲突时期保护受伤生病和被击沉船的武装部队成员、战俘和平民。目前，红十字国际委员会通过自愿捐款获得经费，资金主要来自于《日内瓦公约》缔约国（政府）、各国红十字会与红新月会、超国家组织（如欧盟委员会）以及机构与私人捐款。政府是主要捐赠方，在过去五年间，政府捐赠占预算比重平均为82%。

（二）任务与使命

作为一个公正、中立且独立的非政府组织，红十字国际委员会以保护遭受武装冲突和其他暴力局势的受害者的基本人权为宗旨，努力完成人道主义法和普遍人道主义原则的完善工作。人道、公正、中立、独立、志愿服务、团结和普遍性，这七项基本原则成为红十字会和红新月会工作的一个基本的可操作的体制框架，它们是其在武装冲突、自然灾害和其他紧急情况下帮助需要帮助的人时所采取的方法的核心。遵守这几项基本原则可以确保不结盟运动工作的人道主义性质，使得不结盟运动在全世界各地开展的广泛活动保持一致。

（三）工作领域

1. 确保平等的受教育机会

教育能够帮助儿童和青年人做出合理的生活选择，建立他们自己的复原力和发展应对机制，然而在世界各地，数百万受武装冲突和其他暴力形式影响的人无法接受教育。战争会破坏教育设施，导致学校频频被迫关闭，在旷日持久的冲突对抗中，由于经济困难和教育系统资源不足，整整几代人可能接受不到教育。这会进一步增加社会和经济脆弱性，也增加了许多人，特别是女孩被排斥和虐待的风险。红十字国际委员会基于不同地区的背景通过现有的保护和援助方案，以及通过与教育行为者、红十字会和红新月运动其他组成部分的伙伴关系，帮助受武装冲突和其他暴力影响的社区保持或重新获得安全受教育的机会。

2. 气候变化灾害和武装冲突

气候变化冲击和武装冲突的双重影响损害了人们的应对能力。气候变化加剧了人们的脆弱性和不平等性，尤其是在遭受武装冲突时，国家社区和人民的准备不充分，无法保护自己，而且武装暴力通常会对促进适应气候变化所必须的结构和制度造成损害。气候变化和武装冲突往往还会互相影响，由于可用土地和不可预知的水资源的减少使得地区贫困加深而爆发武装暴力性冲突，反过来，在武装斗争中，自然环境或民用基础设施往往受到损害或破坏，助长了气候变化问题的发展。因此，红十字国际委员会的运动会本着人道主义反应对这一日益严重的挑战发起行动，并让当地行动者参与减少灾害风险。

3. 对冠状病毒的全球反应

在饱受战争蹂躏的国家，COVID-19 对生命构成巨大的威胁。本就因为暴力使得卫生系统受到重大打击，新型冠状病毒暴发又对卫生保健造成进一步的威胁。而且这些地区的人们由于受到比新冠病毒更直接的生命威胁，诸如枪击、炮击和爆炸等，所以可能并不会优先考虑与疫情有关的行动，红十字国际委员会就会采取措施支持可能易受新型冠状病毒流行影响的薄弱卫生系统。

（四）工作对象

1. 平民

在第二次世界大战及此后的很多冲突中，平民都是主要的受害者。平民总是在战争中饱受痛苦，二战的暴行，如大屠杀、不加区分的攻击、驱逐出境、劫持人质、抢掠和拘禁等，都给平民造成最为惨重的伤亡。为保护这类弱势群体，1949 年国际社会通过了《日内瓦第四公约》，在这之前，《日内瓦公约》保护伤者、病者、船难者和被俘战斗员。这部"平民公约"承认战争不断变化的特性，并确定了对不属于武装部队或武装团体之人的法律保护。平民财产也获得了保护。此后，1977 年的《日内瓦公约之附加议定书》更进一步强化了这方面的保护。国际人道法规定在任何情况下都必须人道地对待控制下的敌方平民，必须保护他们免遭任何形式的暴力和有辱人格的待遇，包括谋杀和酷刑。此外，在诉讼方面，他们有权获得能提供一切必要司法保障的公正审判。对平民的保护也包括那些为平民提供援助的人，尤其是医疗部门和提供食品、衣物和医疗用品等必需品的人道或救援机构。交战各方有义务允许此类组织的通行。《日内瓦第四公约》及其《第一附加议定书》特别规定交战方应为红十字国际委员会的工作提供便利。

2. 儿童

儿童可能会与家人离散。没有了家人的照顾和保护，他们的基本权利更有可能受到侵犯，并面临被虐待、剥削和（或）被武装部队或武装团体征募的风险。

而且他们经常被直接或间接地卷入敌对行动中。男孩和女孩都会被武装部队或武装团体征募为战斗员，有时还会发挥支援作用，比如运送储备物资或收集情报，但这同样会让他们陷入极度危险当中。由于创伤和污名，那些曾与武装部队或武装团体有牵连的儿童在返回家乡时可能会面临各种困难，需要竭尽全力来重新融入他们的家庭和社区。武装冲突和其他暴力局势也对教育带来了毁灭性打击。学校可能会被蓄意攻击或遭到意外破坏，被用作军事目的，被国内流离失所者占用为避难所，或被用作非法征兵场所。遭到羁押的儿童通常无法上学。教育的中断会严重影响孩子的未来和国家的重建与恢复，尤其是在旷日持久的危机局势下。

红十字国际委员会的首要目标是竭力避免家庭成员离散。如果孩子确实因武装冲突及其他暴力局势或在迁移途中离散，委员会将尽可能帮助他们重新与家人取得联系，让孩子们与家人重聚。还会与武装部队和武装团体开展对话，并与高风险社区合作，以防止儿童被武装部队或武装团体征募。该组织在此类问题比较严重的国家（比如刚果民主共和国）还针对复员儿童开展工作，帮助他们重新融入社会。

在各个羁押场所，红十字国际委员会开展工作确保政府部门能考虑儿童特殊需求，从而采取措施来保护儿童。委员会还关注如何在父母在押期间保护和帮助他们的孩子。他们所有与儿童相关工作的出发点就是行动要符合儿童的最佳利益。

除了传统的专业领域外，委员会还致力于解决武装冲突和其他暴力局势对儿童受教育机会的影响，尤其是他们在押期间、流离失所时或生活在极度危险地区时的教育。红十字国际委员会与各国红十字会或红新月会密切合作，已经成功开展了若干项目来加强学校设施的安全和安保，并在武装冲突和其他暴力局势经常扰乱教学的地方培养学生和教职员工的安全行为。

3. 被拘留人员

每天都有人被拘留从而身处危险之中。他们或可能与家人失去联系，或身处非人道的生活条件，包括食物和供水不足，卫生服务缺乏。红十字国际委员会的目的是无论在押人员遭到逮捕和拘留的原因是什么，都要确保他们获得人道的待遇和人道的生活条件。委员会还努力寻求减轻其家属的痛苦，特别是帮助重建被拘留者与家属之间的联系。除此之外，委员会对被拘留人员的支持还包括防止酷刑和其他形式的虐待；防止失踪并寻找失踪者下落；改善拘留条件（如食物、水和卫生服务方面）；重建和保持家庭联系；确保尊重法律保障。有时，红十字国际委员会还援助获释的被拘留人员，帮助他们重返社会。

4. 国内流离失所者

无论是由于自然灾害、武装冲突还是其他暴力局势，数百万人在国境内流离失所已成为一个迫切的全球问题。国内流离失所使民众的生活支离破碎，威胁社区并影响整个国家，导致严重的人道、社会及经济问题。

由于面临周围武装冲突或暴力局势，国内流离失所者常常会与社会支持网络失去联系，亲人在逃离途中遇害或失踪使得家庭四分五裂，缺乏收入、没有财产，致使国内流离失所者无法通过常规方式满足最基本需求或获得基本服务。其中一些人在迫不得已的情况下，可能会采取一些孤注一掷的行为，如充当童工、卖淫、变卖资产或搬回危险地区以求生存。而且他们往往很难找到住房，随着流离失所时间越来越长，未来前景日益渺茫，民众不知道自己是否能返乡或是找到另一种解决困境的长期方法，这导致他们的生活更加艰难。因与收容社区争夺稀缺资源和紧缺服务而造成的紧张关系可能会助长动荡局势，并引发新一轮的冲突。

不同时期的流离失所者面对不同的局面，而且每个人的经历也不相同。因此在确定适当应对措施、寻求长期解决方案时，考虑到流离失所者的多样性及其所处环境的不断变化是至关重要的。红十字国际委员会通过多种方式应对国内流离失所，包括：帮助面临流离失所风险的社区加强当地预警系统，做好逃离的准备工作；帮助家庭成员保持联系，帮助因流离失所而离散的亲人团聚；为新到达或返乡途中的流离失所者发放食物、水、基本生活用品，提供避难所、种子和农具等救济物资；通过小型经济项目、农业和牲畜项目提供生计支持，帮助国内流离失所者实现自力更生，重建生活；资助医疗中心，保持供水网络的运行，在收容社区维持其他基本公共服务；开展地雷安全意识宣传，确保国内流离失所者返乡途中的安全；组织宣传活动（或利用社交媒体等其他传播手段），以便国内流离失所者了解其权利以及当地服务；与政府当局和非国家武装团体就其在防止流离失所、保护国内流离失所者，并确保他们获得所需援助方面所承担的义务进行对话；提高武装部队和非国家武装团体对暴力行为的人道后果的认识，帮助他们遵守国际人道法和其他法律；就保护并帮助国内流离失所者的法律与政策在技术方面向各国政府提供建议；与当局合作，制定相关程序，以便国内流离失所者取得身份证件或其他官方文件；根据其他参与方的使命和专业知识，与其进行相应接触，针对影响流离失所社区的具体情况或问题寻找解决方案。在此次新冠疫情中，由于有限的跨文化交流、语言障碍、卫生服务的资金不足，与难民合作的相关组织在应对流行病方面缺乏经验，难民和国内流离失所者人口特别容易受到病毒传播[①]（Truman 等人，2009）。

5. 失踪人员

在武装冲突中，失踪人员既有平民，也有战斗员。战场上的士兵或被俘士兵的命运可能不为人知。因冲突而离散的家人可能要面对亲人下落不明的苦痛。这些家庭常常承受着亲人命运未卜的苦痛，无法对其进行哀悼。国际人道法和人权法要求冲突各方采取措施以确保人员不会在武装冲突中失踪。如果有人失踪，各方有义务采取一切可能措施来确定他们的命运并确保告知他们的家人。在冲突期间，要采取措施预防人员失踪。例如，所有战斗员都携带适当的身份证件，以确保能够记录下他们的遭遇。登记所有死者，并保存有关埋葬情况或遗体下落的信息。同样应保存拘留或被捕人员的记录。

二、红十字国际委员会在应对突发重大公共事件时的措施

近年来，各个国家、政府间组织及非政府组织越来越重视传染病和自然灾害，认为其会威胁到公民、国家乃至全球的安全。联合国秘书长在报告《一个更安全的世界：我们的共同责任》中提到，"最富裕国家的安全也可能受制于最贫穷国家控制疾病暴发的能力"。也就是说，由于一些贫穷地区的人民饱受基础设施受损、卫生环境恶劣、饥荒成灾、人满为患或者其他传染性疾病所造成的影响，疾病的大流行对于他们来说是雪上加霜，这些问题的累积影响引发了巨大的多米诺骨牌效应。在许多国家，红十字国际委员会具有一项特殊的价值：它能进入其他组织可能无法进入的冲突地区。这使得他们可以在难以进入的战乱地区为应对疫情提供援助。他们与各个国家的红十字会及红新月会密切合作，支持他们开展的行动。

红十字国际委员会采取多学科方式应对冲突地区的卫生关切，委员会的重点工作是继续支持受武装冲突和暴力影响地区的公共卫生服务，并不断加大支持力度。自新冠肺炎疫情暴发以来，他们已经制定了应急计划，确保在全球

---

① Truman B I, Tinker T, Vaughan E, et al. Pandemic Influenza Preparedness and Response Among Immigrants and Refugees[J]. American Journal of Public Health，2009，99(S2)：78-86.

支持的重要医院能够持续运作。计划中包括要为高度依赖红十字国际委员会支持的医院增加必要医疗物资储备，并设立或巩固应急计划以及感染防控措施。

（一）红十字国际委员会在全球范围内的应对行动 [①]

为应对新冠肺炎疫情，红十字国际委员会在全球范围内，特别是冲突地区，采取紧急行动，以抗击疫情带来的重大生命威胁，其所采取的应急管理项目如表 6-1 所示。

表 6-1　红十字国际委员会参与的突发事件应急管理项目

地区	行动
加沙	为隔离场所捐助寝具 捐赠红外体温计、帮助筛查疑似病例
黎巴嫩	在新冠肺炎患者定点医院拉菲克·哈里里大学医院管理一间急诊病房 同当地政府协调确保当地民众享有医疗服务
叙利亚胡勒营地	一线医院仍在运作 采取预防措施使患者免于感染新冠肺炎
阿富汗和缅甸	在监狱开展疫情准备、防控流程 支持当地医疗系统 拟定快速应对计划
伊拉克	为拘留场所捐赠卫生用品和防护用品 为洗手点提供所需物资及氯喷雾剂
索马里	普及新冠疫情预防措施 为摩加迪沙医院提供隔离帐篷 在当地诊所安装监督疑似病例 为拘留场所提供卫生用品 为医务人员、医疗机构提供传染控制措施
刚果民主共和国	帮助医院设立检疫隔离措施 为医务人员开展疑似病例隔离培训 在医疗机构、拘留场所实施防控措施
布基纳法索	宣传预防措施和相关信息 为受暴力影响的社区和拘留所提供洁净水和肥皂
萨尔瓦多	为被拘留人员派发肥皂
墨西哥	提供水和个人卫生用品包 普及病毒相关信息
马里、南苏丹、尼日利亚、中非共和国	制定应急计划 帮助医院加强防控措施 确保医院必需的药物、材料的供应
加沙	为隔离场所捐助寝具 捐赠红外体温计，帮助筛查疑似病例

[①]　新冠肺炎疫情：采取紧急行动 抗击冲突地区重大的生命威胁，红十字国际委员会，https://www.icrc.org/zh/document/covid-19-urgent-action-needed-counter-major-threat-life-conflict-zones

（二）红十字国际委员会采取行动的四个主轴

红十字国际委员会主席彼得·毛雷尔说："受冲突严重影响的社区本已饱受磨难，资源匮乏。国际社会必须加大支持力度，以免这些民众的处境雪上加霜。病毒扩散不分国界；这是一项全球问题，只能通过全球行动来解决。"

遵循人道主义原则，国际红十字与红新月运动已经开展相关工作，包括支持各国红会增加面向弱势民众的医疗服务、社区参与以及疫情防控活动。具体活动有：加强医疗机构的物资供给；扩大卫生与疾病预防项目覆盖范围，并覆盖拘留场所；同时通过确保社区始终能够获得基本服务，减轻疫情暴发造成的社会经济影响。此外，运动还会向各国政府提供支持，施行世卫组织指导方针，及早发现病例，进行隔离治疗，并追踪密切接触者。

两个组织均提醒人们，遏制疫情在全球快速扩散，需要全社会协调行动，包括国家层面的资金投入与支持。新冠肺炎疫情影响全球，但最弱势民众的风险尤为突出。政府、个人、社区、机构和捐赠方必须在各个层面团结一心，减轻这场健康危机造成的毁灭性影响[1]。

2014年2月暴发于西非的埃博拉病毒疫情给人们的一个深刻教训是，当所有的注意力、资金和资源都集中于防治一种病毒疾病时，就会面临其他领域的投资减少的风险，比如疟疾的治疗和基本的卫生保健服务。然而持续向受战争或暴力影响的地区的人民提供基础的卫生服务是至关重要的，红十字会及其红新月运动的成员在应对COVID-19肆虐等紧急情况时有丰富经验，组织拥有专业知识做支撑且随时准备提供帮助。在这场与病毒做斗争的战役中，红十字国际委员会主要围绕以下四个方面进行援助[2]：

1. 加强对医疗卫生薄弱的地区的基础设施支持

自新冠疫情暴发以来，红十字国际委员会制定了一项应急计划，以确保对于全球的接诊医院的持续支持。这也要求委员会要增加基本医疗用品的库

---

① 国际红十字呼吁捐款8亿瑞郎 帮助全球最弱势民众抗击新冠肺炎疫情，红十字国际委员会，https://www.icrc.org/zh/document/international-red-cross-and-red-crescent-movement-appeals-800-million-swiss-francs-assist

② 红十字国际委员会开展行动应对新冠肺炎疫情：我们同舟共济，祸福与共，红十字国际委员会，https://www.icrc.org/zh/document/icrc-operational-response-covid-19

存，并确保保健中心和医院能够发现、预防和控制病毒的传播。然后，委员会还致力于帮助医院扩大服务范围，如确保稳定的安全用水和适当的废物管理。

病毒的强大已经使得先进的卫生保健系统不堪重负，而在一些落后地区更是束手无策。例如在索马里，生活在城市地区的人只有不到一半能够获得基础的保健服务，在农村地区，这个比例不到15%。而且防治传染中最重要的一条原则是保持一定的社交距离，但在这类国家地区很难实现，人民由于不断遭受气候变化和暴力的冲击而背井离乡，往往会到收容所聚集地寻求庇护，这也使得像洗手、戴口罩等防护措施更加重要。红十字国际委员会积极与索马里红新月会合作，为卫生保健系统配备设施并促进聚集地预防措施的布施以遏制冠状病毒的传播。在黎巴嫩，红十字国际委员会在就诊医院拉菲克·哈里里大学医院专门设有一间急诊室，并且积极和黎巴嫩红十字会以及政府协调以确保人们能够获得医疗服务。

2. 在遭受武装冲突和暴力冲击地区的保护

战争极大助长了疾病流行的传播。人员聚集混杂；部队快速、大规模调动；士兵的动员和遣散；拥挤不堪的军营、拘留营、战时宣传会议或全速运转的工厂，这些都为疫情蔓延创造了有利环境。而且，还出现了许多错误决策，例如为了部队向前推进而放弃隔离措施和旅行禁令。战争也阻碍了交战国的医疗应对工作，因为许多医生和护士都在前线救治伤者病者。技术熟练护士的缺失可能导致这些地区死亡率较高。红十字国际委员会的工作的一个特质就是他们能够进入监狱等受管控的场所，并且能深入其他机构无法应对的政府控制之外的地区。这就使得他们能够更直接协助应对难以到达的遭受战争破坏的地区的疫情。尤其是像监狱这种通风条件和卫生条件较差且难以获得保健和卫生设施的地区，会给予更多的关切和资源。而且红十字国际委员会还重点关注那些散布在世界各地由于旅行限制和检疫管控而被隔离的人，他们致力于让这些人与自己的家庭保持联系。这种连接家庭的服务对于缓解人们的内心恐惧至关重要。在叙利亚的艾尔霍尔难民营，红十字国际委员会的野战医院也在工作，该团队已经开始采取一切必要性的预防措施保护病人免受病毒的传播。同时，在非洲（如马里、南苏丹、尼日利亚、中非共和国和刚果民主共和国），他们也在努力确保所合作的医院的预防和控制措施的强化以及应急计划的制定和基本药物材料的供应。

3. 与合作伙伴一起接触弱势群体

红十字会在 90 多个有着复杂社会环境的国家开展行动，委员会与世界各地总计 192 个红十字会和红新月会国家协会联合起来构成世界上最大的人道主义网络。作为一场运动，他们有能力且有强大的途径确保弱势群体获得必要的信息和帮助以应对和抵御这场危机。红十字国际委员会把提供业务帮助给该运动列为优先事项。

4. 提供相关咨询给预防管理疫情

红十字国际委员会致力于帮助红十字会、红新月会、地区政府和非国家武装团体掌握关于如何预防和管理新冠疫情传播的重要知识。这种咨询服务集中在红十字国际委员会设有的专门办事处。委员会会尽量确保每个人都得到平等对待，每个社区的紧张局势都得到公正的处理。

（三）红十字国际委员会的行动

1. 支持基础健康设施的建设

红十字国际委员会定期向动荡地区的医疗机构提供物质、资金和能力建设援助和技术支持，并制定标准的医疗规程和感染控制措施。其活动还包括改善基础设施以扩大医院收容能力，确保稳定的水供应和适当的废物管理，并改善整体服务水平。在暴力升级或疾病暴发的情况下，其承诺愿意扩大支持的规模和范围。在许多受冲突影响的地区，红十字国际委员会支持的医院和诊所是当地为数不多的可以正常运作的保健中心。

随着新冠疫情的暴发，受冲突和其他暴力影响的国家本已经不堪重负的卫生保健系统可能会进一步遭受冲击，红十字国际委员会正在增加对这些医院、诊所和其他医疗系统的有关技术、财政和物质援助。这种支持旨在帮助他们管理病例，同时继续提供其他急需的卫生服务，确保人们的精神卫生和心理社会需求得到照顾。在社区一级，红十字国际委员会通过共享新冠疫情的预防信息以遏制该疾病的传播。且继续与各国卫生部、国家协会、世卫组织和其他组织密切合作，以确保其应对措施与国家政策一致，并侧重于最有附加值的领域。在必要情况下，红十字国际委员会也会积极调整针对卫生工作人员和社区的培训和其他活动以减少接触传染，比如远程学习等。他们会根据局势的发展调整业务计划，但计划的关键始终是优先支持基础卫生设施防止疾病的传播和确保社区获得干净的水，以及培养民众的良好卫生习惯，并且与其他行动伙伴合作保障弱势群体的基本权利。

2. 防止疾病在拘留场所传播

拘留场所往往过于拥挤，通风不良，卫生条件差。无法保证服役人员获得保健服务和足够的营养。这些因素助长了传染病的传播，使预防、治疗和控制传染病变得极为困难。拘留场所内的传播率可能远高于拘留场所外的传播率；尤其是老年和患有慢性疾病的被拘留者尤其危险。拘留场所、工作人员和来访者的不断流动增加了将病毒带入拘留场所或带入社会的额外风险。红十字国际委员会在保护被拘留者和监狱工作人员免受病毒感染方面发挥独特作用。在世界上许多地方，红十字国际委员会有权进入当地拘留场所，探访被拘留者，检查他们的健康状况。而且还可以与当地政府对话，并与他们合作解决具体的人道主义需求，包括获得保健。在某些情况下，可以实施干预措施改善被拘留者的待遇和生活条件。

作为应对新冠疫情的一部分，红十字国际委员会与政府合作，加强对服刑人员、探视者、警卫和其他人的规范约束，例如对新抵达者进行医疗检查并建立标准的隔离预防措施。向监狱内提供更多的药品并培训医疗工作者满足被拘留者的保健需要。还建立了针对疑似病例和确诊病例的专门的卫生保健站，减少病毒的传播。为了改善监狱内的生活服务，红十字国际委员会建立了通风系统和安全饮水系统以防止被拘留者传染病的潜在爆发。

3. 确保社区的清洁用水和良好卫生习惯

在很多发生武装冲突的地方，城市基础建设往往被战争摧残。红十字国际委员会与政府、国家社会和其他服务提供者一起支持供水和卫生设施的建设和修复，确保难民和移民获得干净的水和稳定的卫生条件。它还帮助医院或其他医疗机构建立或修复设施以扩大收容能力和改善服务。为了应对新冠疫情，红十字国际委员会将工作重点放在受暴力影响的人口密集的城市和农村地区，帮助保持清洁的水的稳定供应和废物处理。

4. 与伙伴合作共同应对全球危机

由于国际红十字会和红新月会的全球网络覆盖面广，因此他们在应对新冠疫情大流行方面有独特作用。红十字国际委员会与国际联合会合作，支持奋斗在地方一线的国家政府，并且发挥了补位作用，设法协调在受武装冲突和其他暴力局势中工作的各个行动部门之间的工作，确保各国社会能在后勤和安全管理方面获得援助以及国家间的支持。

5. 促进后续城市恢复的可持续发展

红十字国际委员会为增强民众抵抗新冠疫情冲击的能力，特别重视所服务社区的人民的经济保障和与亲属的联系。除了要应对新冠疫情对生命的威胁，受冲突和其他暴力影响的社区还要应对维持生计的压力。因此，在与政府、国家和其他地方组织协调下，红十字国际委员会积极调整其活动，以帮助这些人获得日常必需品，确保他们恢复自给自足，设法减少他们被感染的风险。持续监控关注鳏寡孤独者。积极调整援助活动的流程以降低参与人的暴露，如在分发救济物资或为牲畜接种疫苗之前，红十字国际委员会向人们介绍预防新冠肺炎感染的措施，并实施隔离和消毒的规程，提高发放物资的速度以避免人群聚集。通过视频电话和在线渠道远程监控活动进行的情况，实时满足受影响的社区的经济需求。

（四）结论与建议

在应对一场重大突发公共事件时，各种组织机构的作用不尽相同，红十字国际委员会作为一个发展较成熟的非营利组织，在制度安排上有完整的体系，在紧急救援和恢复方面上由其引导采用有体系的综合方法是必要的。有效的协调对于成功应对灾难也至关重要，关键利益相关者如国际社会、国家、地区和组织之间的协作能节省资源，不同机构之间的合作也有助于信息的传递，对于计划、预警以及恢复重建都是必要的。红十字国际委员会在行动中很注重联合其他部门以促进社区的本土化应对策略，这有利于他们自主恢复重建，而且这种伙伴关系能够让完成工作的组织形成一个系统以多边协调做出决策，使得应对方式更具有共识性。此次行动中，红十字国际委员会提供的标准化的做法对于发展中国家的脆弱地区的弱势人群的帮助是立竿见影的，在后续的救援恢复项目中应多积累人力资源和培育社会资本，将组织与民众联系起来以提高政府的效率。并且要注意沟通和信任的作用，组织的合作能力和适应动态环境变化的能力是两项基本的管理技能，在集体行动中，允许参与者一定程度上的自主决定，对于提高系统的灵活性和张弛度有很大影响。

第二节　无国界医生组织

一、无国界医生（MSF）简介

（一）成立与发展

无国界医生（Doctors Without Borders）是致力于为受战争、疾病和天灾影响，以及其他困难人群提供紧急医疗援助的国际医疗人道救援组织。它不受种族、宗教、性别、政治等因素的左右，因此具有较高独立自主性。组织于 1971 年 12 月 20 日在巴黎成立，最初是为了应对尼日利亚内战的悲剧和暴行，想要建立一个独立的组织，可以快速有效公正地提供急救药品。如今，它已经成为一项全球运动，旨在应对各种人为和自然灾害。成立初期的成员多为法国医生和记者，有一个共同的信念即深信全世界的人类都有获得医疗的权力。目前，无国界医生是全球最大的独立医疗救援组织之一，它在全球超过 60 个国家开展了救援项目，这些项目由来自医疗、后勤和管理等领域的专业人士协助展开。1972 年尼加拉瓜首府马那瓜发生地震，由于地震摧毁了大部分的城市造成数万人丧生，无国界医生开展了首次救援任务。1974 年，菲菲飓风导致洪都拉斯洪水泛滥，数千人死亡，无国界医生组织了第一次长期医疗救援任务。1975 年，难民危机期间，他们建立了第一个大规模的医疗项目。而这些第一次任务中，慢慢暴露了组织的缺点：缺乏预前准备，成员得不到支持且供应链混乱。多年来，无国界医生开展多次医疗人道主义救援，获得了多项殊荣，特别地，该组织于 1999 年获得诺贝尔和平奖。

（二）组织章程及宗旨

无国界医生的行动建基于医疗道德，以及中立和不偏不倚的原则，把援助最有需要的困难群众作为核心任务。即使是在冲突地区开展救援项目，该组织也不会接受当地政府或其他组织机构的资助，组织及其全体成员始终遵循国际医疗守则，坚持人道援助的权利。

1. 医疗道德

医疗工作是无国界医生们的首要任务，他们坚守医疗道德、履行医疗责任，竭力提供高素质的医疗护理。他们一视同仁，维护所有病者的尊严，并尊重其决定、隐私、文化以及宗教信仰，绝不伤害任何个人或群体。

2. 独立

他们决定在任何国家或就任何危难提供援助，都是基于针对人们需要而进行的独立评估。努力确保有条件、有能力评估医疗需要并接触人群，以及可以独立监管其所提供的援助。组织的活动资金只有小部分来自政府和政府间的组织，以保证救援行动的独立性。

3. 不偏不倚和中立

无国界医生基于人们的需要提供援助，不会受到受助群众的种族、宗教、性别或政治地位等因素的影响。他们优先治疗最严重、最迫切的病人，既不受利益左右，也不屈服于政治权威。

4. 见证

当发生个人或群体的极度暴力事件时，无国界医生可能会公开发表态度及呼吁。此外，当伤病者在医疗护理方面受阻、医疗设施遭受威胁、重大灾难被忽视遗忘以及缺乏援助或过度援助时，无国界医生也可能会呼吁社会各界的关注。

5. 问责

无国界医生承诺定期检讨工作成效，并就他们的行动向病人和捐款者问责。

（三）工作范围

无国界医生主要关注受冲突、天灾、疾病影响的群众，以及为医疗体系之外的困难群众提供医疗支持。包括基本医疗护理、外科治疗、抗击疫症、修复或帮助医院及诊所的运作、开展疫苗注射运动、设立营养中心和提供精神健康护理，并且训练本地医疗人员参与快速响应。必要时，他们也会建水井提供安全饮用水，以及分发帐篷和其他救援物资。

人道援助的核心目的是救助生命、缓和困苦以及协助生命受到威胁的人重建尊严。他们的行动通常会派驻医疗队伍在健康中心、诊所或者医院工作以应付受害者的医疗需要。他们还会提供安身物资，而且由于其管理相对独立，所以组织有直接控制权，不受政府的影响。他们在全球开展的行动或项目主要分为以下几个方面：

1. 武装冲突

遭受武装冲突的地区的人们有可能会被骚扰、暴力袭击、强暴或者谋杀，他们或许被迫离开家园。此时，人们亟需全面的医疗和人道支援，但是医疗服务却很匮乏。于是，无国界组织的医疗队会为受困于冲突或逃亡迁徙的人提供援助和医疗服务。当当地的医院或健康中心不胜负荷时，医疗队会提供医疗护理和支援。他们的工作通常包括派出队伍设立手术室、提供基本医疗的诊所、公共卫生支援、营养项目、疫症控制和精神健康服务。

2. 天灾

在天灾的影响之下，很多人可能受伤，失去家庭、朋友、家园及一切，他们迫切需要实时的医疗救援。通常受害者的需求必须快速地得到确认，但要前往灾区却相当复杂。无国界医生时刻备有预先包装妥当的装备，让队伍能够迅速救助生命。救援队伍会进行手术，提供心理社会支援和营养支援，并分发援助物资，包括毛毡、帐篷、煮器和清洗工具等。他们的队伍也在有需要时进行预防工作，确保有安全的饮用水供应，并设立卫生系统，以及进行疫苗注射运动减低疫症暴发的风险。救援工作也会考虑本地能力和策略的重要，会与政府和不同组织有大量的合作。由于意识到应付这类灾难，国际救援在时间、质素和与本地的关联上皆有所局限，因此在无国界医生项目工作的大部分员工都从本地聘请。

3. 流行病和疫症

疫症可以在一个局势稳定的环境暴发，但更多是在急性紧急情况下发生。当大批人的身体因某些情况变得虚弱，并一同居住在卫生情况恶劣和非常挤迫的环境，疫症便很容易暴发。一旦暴发霍乱、麻疹和脑膜炎，均可以迅速传播，在恶劣的居住环境下，传播的风险更高。疟疾在超过 100 个国家流行；全球有数以百万计的艾滋病和结核病感染者；数十万人感染了较少人认识但同样严重的疾病如黑热病、昏睡病和美洲锥虫病。虽然病毒性出血热疾病如伊波拉或马尔堡的个案较为罕有，但它们与以上所有疾病一样都有致命的威胁。

当本地健康中心和医院的应付能力超出负荷时，无国界医生给予支援，与本地政府的合作促使无国界医生在紧急灾难时能够更快速响应。他们会在现有的医疗中心工作，或在有需要时建立新的架构医治被疾病影响的人，并针对最脆弱的人群进行预防工作。对于一些强传染性的疾病，研制疫苗并普及注射是最佳的保障手段。无国界医生会在提供治疗的同时，对易受影响的人口开展疫苗接种活动。他们的队伍也积极提高人们对疾病风险和防止传播的方法的认知。他们会训练本地员工，进行小区健康教育。通过"病者有其药"项目和"被忽略疾病药物研发组织"，无国界医生可以针对一些在贫困人群中更易暴发的疾病而将资源有所倾斜。

4. 遭受社会暴力和被排拒在医疗照顾之外的人群

诸如流浪儿童、难民、移民、流民、囚犯、无业人士、艾滋病或结核病感染者、吸毒人士、性工作者以及少数族裔人士，这些人当中的很多人因为他们的身份而无法得到医疗照顾。他们惧怕被歧视，不愿意寻求协助，而且也会因为种种原因而被医疗护理系统排斥在外。无国界医生的队伍为不能获得医疗服务的人提供医疗、心理和社会支援。他们的工作包括揭露病人获取医疗照顾所面临的困难，引起大众关注，也包括推动本地政府和民间组织改善病者得到所需服务的机会以及提高社会对他们的接纳。

5. 结束项目

无国界医生致力于援助身处极端危难中、最脆弱的人群。因此，当他们决定结束某个救援项目时，都是为了能把有限的援助投放在最有需要的地方而做出的选择。另一个关键是不能让地区或国家的医疗系统变得长久地依赖无国界医生。很多时候，当冲突暴力得到解决、流民得到妥善安置且医疗系统恢复时，本地政府或相关组织单位有能力和动力去重建并发展医疗系统来应付人民的迫切需要时，他们便会离开。在医疗紧急事故比如麻疹或天灾灾民的紧急情况得以缓解，支持工作由救援行动转为长期发展时，他们也会考虑移交工作，但如果冲突重现，或再次出现危难的情况，他们也会准备重返。

二、埃博拉病毒疫情中的无国界医生

（一）西非埃博拉病毒疫情简介

2014年西非埃博拉病毒疫情的大规模暴发引起了国际广泛关注。截止2014年底，世卫组织发布报告称，在受影响最为严重的三个地区包括几内亚、利比里亚、塞拉利昂以及马里、美国和尼日利亚等国家累计出现埃博拉确诊、疑似和可能感染病例达17290例，其中6128人死亡。此次疫情分为四个阶段。第一阶段是2013年12月至2014年3月，几内亚的一个片选地区出现了第一例感染埃博拉病毒（EVD）病例，然而由于该地区卫生基础设施不足，导致病例未被发现，因此传播未被及时中断。到了2014年3月至7月的第二阶段，病毒已经向邻国利比里亚和塞拉利昂蔓延。此时，无国界医生组织已经派驻多个专家小组去支援该地区，并发出倡议需要国际援助。在这一阶段，数百名医护人员被感染致死。在 2014 年 8 月至 12 月这一阶段，三个受影响最严重的国家的病例数呈指数级增长，且在城市范围内蔓延，这种不断升级的危机情况使得无国界医生组织建立的埃博拉治疗中心不堪重负。到了第四阶段——2014 年 12 月至 2016 年 1 月，新病例开始减少，这得益于社区、国家和国际间的共同努力。

国际人道主义救援应对此次突发疫情的一项关键原则是首先承认各国政府在协调和加强地方应对能力方面的主要作用。塞拉利昂的国家卫生系统非常脆弱，缺乏足够的资源。世界卫生组织（世卫组织，瑞士日内瓦）建议，每 439 人至少要有一名医护人员。然而，在塞拉利昂平均 5319 人只有一名医务人员。此外，地方政府在基本卫生服务上的建设资金非常少，世界卫生组织建议平均每人至少投入 86 美元的医疗资金，但塞拉利昂政府仅花费了 14 美元 [1][2]。因此，增加医疗保健设施和包括医护人员在内的医疗资源是当务之急。由于 EVD 是通过身体接触传播的，因此隔离感染人群是防止进一步传染的最紧急策略。专家们试图将感染者与社会彻底隔离，以防止 EVD 暴露的任何可能性。在 EVD 暴发的早期，一些卫生组织参与了受灾国家公共医疗机构的救援物资的筹集，后来还建立了 EVD 治疗中心（ETC）。在这种情况下，即使是过去没有参与卫生项目的地方社会组织也参与了卫生基础设施的建设，以应对医疗资源短缺的问题 [3]。

（二）应对埃博拉病毒疫情的关键

在塞拉利昂这类发展中国家，常见慢性病如腹泻、疟疾和黄热病等通过简单的治疗方法很容易预防和治愈，但是由于国家基本卫生服务的边际供应不足造成了巨大的死亡率。在提供初级卫生保健时，国际社会组织通过提供医学专家和适当的卫生基础设施，着重为患者提供直接治疗以降低死亡率。

---

① WHO. Ebola Situation Report 17 June 2015, WHO. Available online：http：//apps.who.int/ebola/current-situation/ebo-la-situation-report-17-june-2015 (accessed on 15 September 2015).

② WHO. Ebola Situation Report 16 September 2015, WHO. Available online：http：//apps.who.int/ebola/current-situation/ebola-situation-report-16-september-2015 (accessed on 15 September 2015).

③ DuBois, M.; Wake, C.; Sturridge, S.; Bennett, C. The Ebola Response in West Africa：Exposing the Politics and Culture of International Aid; HPG Humanitarian Policy Group：London, UK, 2015.

诸如无国界医生之类的国际社会组织侧重于建立或扩展医疗保健基础设施，以及在公共卫生危机期间向患者提供医疗用品。这类防治措施不仅在减轻疾病状况，而且在防止疾病进一步蔓延方面都起着至关重要的作用。卫生行动的另一个重点是通过搭建一个可持续的社会经济环境来增强社区的适应力，健康是其中的一部分[①]。通过让社区成员参与卫生行动并赋予其权力，国际社会组织的活动旨在鼓励这些社区成员为自己和其他社区成员采取保护性行为。最终，社区成员将会和社会组织一起应对危机。增强社区能力的活动包括对当地居民的健康教育和对当地卫生人员和领导人的培训和咨询，以支持本地化的应对措施。社区赋权活动还支持常规护理活动，例如卫生以及提供干净的水和食物[②]。

1. 保健基础设施

根据世卫组织反应指南，响应流行病时的优先活动是建立隔离单位以避免被感染者与其他人接触[③][④]。快速扩大医疗设施量增加收容能力对于防止传染病的进一步传播至关重要，特别是在基础卫生设施缺乏的发展中国家。成功控制疫情的潜在关键在于快速应对。一旦发现确诊的埃博拉病例时，他们就会尽快派出一支小型跨部门的快速应对团队（包括护士、流行病学家、后勤人员、健康教育推广员和医生），到出现新病例的地点工作，为可能需要更大型的应对行动做好准备。EVD 通过体液传播，需要具备绝缘污水系统的治疗中心，以及根据患者感染的程度从可疑阶段到恢复阶段提供完全独立的房间[⑤]。由于缺水，塞拉利昂等国家的大多数荒地护理中心都没有适当的污水系统，没有适合隔离分开的诊室或空间。由于提供适当的埃博拉治疗中心，不仅可以治疗更多埃博拉患者，而且还能通过隔离患者而预防病毒在家庭和

---

① Berkes F, Ross, H. Community Resilience: Toward an Integrated Approach[J]. Society& Natural Resources,2013,26(1): 5-20.

② Green, A., Matthias, A. Non-Governmental Organizations and Health in Developing Countries[M]. Springer: Berlin, Germany,1996.

③ DuBois, M., Wake, C., Sturridge, S., Bennett, C. The Ebola Response in West Africa: Exposing the Politics and Culture of International Aid. HPG (Humanitarian Policy Group): London, UK,2015.

④ Hewlett, B. Ebola. Culture and Politics: The Anthropology of an Emerging Disease. Cengage Learning: Belmont, CA, USA,2007.

⑤ Medicines Sans Frontieres (MSF). Interactive: Explore an Ebola Care Centre. Available online: http://www.msf.org/en/article/interactive-explore-ebola-care-centre (accessed on 9 March 2018).

社区蔓延[①]。无国界医生在受影响最严重的几内亚、利比里亚和塞拉利昂三个国家建立了埃博拉治疗中心，并且监测和追踪曾接触感染者的人，如在布尼亚有一家34张病床的治疗中心，以及在戈马市有一家小型埃博拉治疗中心，并在市内兴建一家较大型、有72个床位的埃博拉治疗中心。在暴发高峰期，无国界医生在三个国家雇用近4000名当地员工以及逾325名国际员工共同抗疫。共接收10376名病人至埃博拉治疗中心，其中有5226名病人被确诊是埃博拉患者。

2. 医疗用品

参加卫生服务活动的社会组织也向受影响的社区提供医疗用品。随着急救需求的增加，提供的医疗用品要跟得上危机情况的发展[②]。由于国内缺乏医疗储备，发展中国家对流行病的治疗在很大程度上取决于国际捐助。埃博拉病毒治疗中心需要配备齐全的医疗资源，例如药品，床位和面向患者和医护人员的安全防护装备，以在治疗患者的同时保护医生。社会组织将国外捐助者的医疗物资运送到受影响的社区。快速提供医疗用品有助于及时将患者送入埃博拉治疗中心。世卫组织一再强调及时提供医疗物资的重要性，迅速提供病床减少了埃博拉危机期间新感染的人数[③]。因此，社会组织积极参与向受灾社区提供医疗物资能缩短发现病例、隔离病例和治疗病例的时间，从而防止疫情的进一步扩散。完善的监测和快速应变系统对于这种不可预测的疾病是十分重要的。无国界医生团队在不同地方支援当地的健康设施，例如基伍省的戈马（Goma）、贝尼（Beni），以及伊图里省（Ituri）的布尼亚（Bunia）、曼巴萨（Mambasa）和比亚卡图（Biakato）。支援措施包括水利和卫生用品的捐助提供，招募并培训志愿者进行药物发放。

3. 公共健康教育

社会组织的健康教育活动起到了至关重要的预防作用。一些包含了风险

---

① Hick J L, Dan H, Burstein J L, et al. Health Care Facility and Community Strategies for Patient Care Surge Capacity[J]. Annals of Emergency Medicine,2004,44(3)：253-261.

② Hick J L, MD Christian, Sprung C L. Surge Capacity and Infrastructure Considerations for Mass Critical Care[J]. Intensive Care Medicine,2010,36(s1)：11-20.

③ United Nations (UN). Chance Ebola Can Be Defeated by End of 2015, World Health Organization Chief Tells Security Council, Urging Sustained Focus to Prevent Future Outbreaks. August. Available online：http：//www.un.org/press/en/2015/sc12006.doc.htm (accessed on 10 December 2015).

信息的教育计划以及预防和及早发现风险的具体准则可以帮助当地居民了解危险因素和预防措施。这些努力提高了社区对疾病的认识，并作为规范准则指导了有关预防和治疗策略的行动①。例如，在塞拉利昂，传统的葬礼实践非常重要，以表示对死者的诚意和荣幸。在仪式期间，家人和朋友经常与尸体接触几天②。但是，这种文化习俗会导致该病毒在社区中迅速传播。因此，无国界医生设有专门的健康推广员，走到不同的地方教导有关病毒的知识，劝诫人们少接触、多洗手，改变不正确的生活习惯，通过宣传来中断病毒的传播链③。

4. 应对策略的制定

早期干预的成功与否取决于受影响社区急救人员的技能和知识④。急救人员需要进行基本培训，包括为处于危险中的人群提供急救和公共卫生知识，以及适当水平的背景知识以便与当地人进行交流以促进响应行动。社会组织作为社区的第一响应者，向社区领导人和公共卫生人员提供了响应培训，帮助他们做出决策，并促进在当地范围内适应性地实施国际方法。针对性地培训使这些员工从一开始就可以发现并应对危机。有记录表明，社区领导人和公共卫生人员的埃博拉病例报告导致了受影响社区的更多救济物资和医疗支持。此外，训练有素的社区领导者可能会及时对国际应对办法进行调整，以适应当地环境。对社区领导者的这种反应培训在塞拉利昂这样的基于部落的社会中非常重要，那里的社区领导者拥有强大的权威，会对社区成员的日常决策和行为产生影响。

5. 弱势群体的直接照顾

无国界医生的人道主义援助致力于向弱势群体提供直接服务，从而增强了社区的适应力⑤，直接护理的首要目标是要确保人们在危机中维持基本的

---

① Shiwaku K, Shaw R, Kandel R C, et al. Future Perspective of School Disaster Education in Nepal[J]. Disaster Prevention & Management,2007,16(4)：576—587.

② DuBois, M.; Wake, C.; Sturridge, S.; Bennett, C. The Ebola Response in West Africa：Exposing the Politics and Culture of International Aid; HPG(Humanitarian Policy Group)：London, UK,2015.

③ Boin A, Mcconnell A. Preparing for Critical Infrastructure Breakdowns：The Limits of Crisis Management and the Need for Resilience[J]. Journal of Contingencies and Crisis Management,2010,15(1)：50—59.

④ Ansell C, Boin A, Keller A. Managing Transboundary Crises：Identifying the Building Blocks of an Effective Response System[J]. Journal of Contingencies & Crisis Management,2010,18(4)：195—207.

⑤ Chandra A. The Nongovernmental Sector in Disaster Resilience：Conference Recommendations for a Policy Agenda. 2011.

营养水平。危机情况可能会影响人民的营养状况，并使得他们对特定情况十分敏感。而且，在为防控病毒传播而限制人们的活动来减少病毒的传播时，或有大多数的工作场所和市场关闭，因此团队的营养护理服务对受影响的社区是有益的。第二，直接服务包括隔离可疑病例，以防止疾病进一步传播，尤其是在缺乏埃博拉治疗中心和医疗用品的受灾严重的农村社区中。无国界医生还为与父母隔离开的儿童提供临时护理计划。对那些住在儿童临时中心的孩子提供心理支持，以避免因与父母长期分离而造成的心理创伤。安慰病人，聆听他们的倾诉、恐惧和忧虑，解释治疗中心的内部情况，这些额外的支持服务对于康复病人建立社会联系和消除歧视至关重要。

6. 现有的当地卫生能力

发展中国家的人们大多患有慢性健康问题，例如婴儿死亡率高，儿童营养不良和孕产妇健康状况不佳，以及某些传染性疾病如疟疾和结核病。发展中国家的这些慢性健康问题是由于缺乏资源和缺少必要的药物和治疗方法而无法获得卫生保健所致。医疗保健服务能为民众提供健康教育和健康监测以及医疗服务，最终提高健康意识并预防可能的疾病。为了改善发展中国家社区的健康状况，无国界医生与塞拉利昂卫生部共同启动该国有史以来最大规模的抗疟疾药物分发活动。队伍在 4 天内向弗里敦（Freetown）及西部区（Western Area）周边的 5 个地区共 150 万居民提供抗疟疾药物治疗，旨在保护人们在疾病高峰季免受疟疾感染。大规模抗疟疾药物分发是无国界医生应对埃博拉疫情的工作的一部分。

（三）无国界医生的具体行动

实际上，无国界医生在多个领域都开展了研究活动，包括流行病学（疾病的起源和传播）、弱势群体的收治、新治疗方法的临床试验、社区的看法、医疗操作问题以及疫情对一般卫生保健的冲击等方面。这些研究领域覆盖了控制埃博拉病毒传播的各个方面。

在这一阶段开始了很多疫苗和新治疗方式的试验。无国界医生组织与世卫组织和卫生部等其他团体密切合作，做到了以下几点：首先在专门的隔离室内隔离病例并提供支持性医疗和心理健康护理，并且实时做到追踪密切接触者，再就是宣传健康教育以提高社区意识，建立一个有效的监视和警报系统。对于尸体的处理和消毒要格外仔细，还要注意维护好普通民众的医疗保健服务。

1. 隔离与护理

无国界医生将隔离和护理患者这一部分作为应对疫情的关键措施之一。首先将患者与家人和社区隔离开来以减少病毒的传播，还针对他们的病情提供医疗护理。在三个受影响最为严重的国家建立了15个埃博拉管理和转运中心。医疗中心为患者及其家人提供支持性医疗护理和心理辅导。转运中心还给符合条件的人进行病毒感染测试，以确保他们的接触者不被感染。

2. 传统习俗的改变

在西非一些国家中有一种传统是关于举办葬礼的，在这种传统中，哀悼者要触摸死者的身体，这对于病毒的控制是极其不利的，因为触摸时可能会与死者身体上的传染性体液有所接触。因此，提倡和鼓励安全的处理办法对于控制疾病传播至关重要。在疫情期间，无国界医生组织在一些地区的项目中直接提供相关的丧葬服务以提高当地的安全保护意识，在其他地区无国界医生也向有类似服务的组织提供培训和技术支持。因为少接触病人和尽早就医等方式可以显著限制病毒的传播，因此这期间很长一段时间，无国界医生组织都致力于在社区提供基础宣传教育服务以提高民众对埃博拉病毒本质的认识，派出大量志愿者在社区挨家挨户进行健康手册宣读，并利用大众媒体科普，以确保人们对疾病的性质有正确的了解，阻止病毒的传播。此外，疾病检测系统也快速的建立了起来，以确保能够快速识别病例并将其与家人和社区迅速隔离开，无国界医生在不同程度上提供了相关的服务，在一些地区如弗里敦（Freetown），无国界医生组织直接管理检测活动，而在有的地区组织会优先考虑病人的护理。

3. 监控密切接触者

追踪密切接触者是团队在控制埃博拉疫情时的另一个关键点。找到并随访接触过患者的人有助于识别有可能感染病毒的人，无国界医生在很多地区都提供直接的接触追踪。最后，获得除埃博拉病毒疫情控制之外的基础医疗保健是无国界医生努力的另一方向，因为在流行病期间，民众的基础健康状况的护理受到了很大的影响，由于医生的感染使得很多医疗中心被迫关闭，进一步削弱了脆弱的医疗保健系统。介于此，无国界医生开展了几项活动来改善这种紧张局面，最重要的一项措施是提供了分诊门诊和感染医疗科，以便当地医院能够更安全地接收患者。无国界医生还在很多地区进行了大规模地毯式的抗疟疾药物分发。

（四）埃博拉疫情中无国界医生面临的挑战和困难

尽管无国界医生在西非埃博拉疫情中做出了巨大贡献，但他们在工作中也面临一些挑战。截至 2014 年 7 月 31 日，为助力几内亚、塞拉利昂和利比里亚 3 个国家开展埃博拉疫情防控，共有 552 名国际救援人员及当地员工加入无国界医生开展医疗救治。该组织认为，疫病的性质、居民日常生活习惯以及应对措施不足等因素均可以成为疫情广泛传播的原因。

首先，病毒传染具有不可控性。主要体现在：一是人口的流动性较大；二是群众缺乏对"新"疾病的认知；三是群众会因为害怕而隐瞒个人或家庭成员的病情或者不信任医疗救治；四是缺乏充分有效的防护措施。

其次，在应对疫情的医疗护理、接触者追踪、流行病学监测、数据分享、预警和转诊制度、安全安葬方式、社区教育和动员能力等方面的保障均严重不足。

最后，无国界医生在开展埃博拉疫情防控的过程中遭遇重重困难，最突出的问题是难以获得易受影响的社区里居民的信任。《纽约时报》记者曾随同无国界医生组织前往几内亚的某个小村落开展救援活动，但在村口遭到当地 8 名青年的暴力拦截，他们手持砍刀和弹弓用以威吓。年仅 17 岁的青年首领法亚表示他们不欢迎任何访客，也不希望和外人有任何接触，因为这些访客所经之处往往都会爆发严重的疫情。因此，对于无国界医生来说，获得受感染社区人群的信任是他们开展救援工作的首要任务，同时需要调遣高质量的医疗人员、扩大接触者追踪的能力，开展预防感染和治疗疾病的培训以及传播基本的卫生知识、提高公众认知的活动。

2014 年对无国界医生组织和其他奋斗在前线的人道主义组织来说是非常艰难的一年，在此期间很难确保有足够的人力和物力支持，特别是在疫情暴发的前五个月，物资的管理和人员的调配一度很混乱，即便是在无国界医生这个比许多援助机构更能承担风险的组织内，埃博拉也一样威胁着每一个人，工作人员被感染却无法得到及时的治疗保障造成了一种紧张的工作气氛。由于担心工作人员被感染，无国界医生团队成员必须遵守严格的安全条例，如限制在高风险空间停留的时间，这一限制使得医生在制定治疗方案时十分被动。埃博拉疫情的广泛性使得无国界医生组织内部员工资源的消耗极其严重，为了让一线人员保持足够的体力和警惕性，在工作过程中，每名员工的实地任务时间比平时短得多，而如此不断地更替带来了一个没有意料到的问题，即在交班时总有很多细节被遗漏，导致工作重复浪费资源且有可能造成医疗事故。最后，居民的配合是节约时间的最好方法，但是在救援过程中，一个明显的障碍是团队人员不被信任。

（五）结论与建议

以下结论概述了从此次疫情回顾中得出的主要的经验教训。埃博拉是一种病毒性疾病，自1976年首次暴发以来，一直存在于非洲人民的生活中。而2014年的大面积传染之前，人们认为该病是可以预防的，虽然没有有效的疫苗防治，但是并没有像疟疾或登革热等引起如此恐慌。病毒起源于利比里亚、塞拉利昂和几内亚三国交界的一个城镇，由于三国之间有较强的人口流动使得病毒极易大面积传染，该地区的人们在早期没有迅速准确地判断出患者感染了埃博拉病毒，使得病毒没有从源头及时遏制。再者，这些国家的医疗保健系统和基础设施本就极其脆弱，没有能力接纳感染者使得病毒难以控制。此外，三个国家的教育相对落后，民众对于医学有很深的文化迷信，这种不科学的封建思想给医生带来了很大的障碍，比如工作人员受到袭击等。疫情暴露了控制潜在流行病的全球应对机制的严重缺陷，发展中国家在应对重大突发卫生公共事件时的弱点，在这种复杂环境下行动者做出的决定必然会有不可预见的问题，这场危机期间被迫做出的很多决定也是由利益的紧迫性主导，即重视了眼前的利益而相对忽视了长远的利益。

疫情过后反思整个应对危机的过程，得出建议：首先，政府必须努力加强基于社区的基础卫生设施，并通过对社区工作者的培训教育来开展能力建设，这有助于未来应对重大突发公共卫生事件时能更好地服务于基层，扩大医疗收纳能力。其次，必须建立一个有效的针对传染病的国际应对体系，包括政府、市场和社会组织三大主体在内的响应机制对于此类紧急情况的缓解和协调联动十分重要。再者，包括埃博拉疫情及之前所有的疫情都表明，准确快速的确诊、有效的治疗方式和疫苗的研发在治疗和预防上各司其职，尽管现在疫情已经结束，但是研究机构应该优先考虑这些领域，为下一次医疗紧急情况的发生未雨绸缪。最后，世界卫生理事机构应该促成人道主义援助的本地化进程，投资于发展各级应对紧急情况的能力和社区参与的全球集群能力。

第三节　国际计划组织

一、国际计划组织简介

（一）成立与发展

国际计划成立于 1937 年，前身是"西班牙儿童资助者计划署"，主要工作是解决西班牙内战中儿童的食品、住宿和教育问题。到了 20 世纪 40 年代，随着二战的爆发，国际计划组织拓宽了自己的工作范围到整个欧洲，为遭受战争蹂躏的国家的儿童提供援助，随后更名为"战争儿童自助者计划署"。20 世纪 50 年代，欧洲战争问题得到缓解，儿童援助需求减少，国际计划进一步将自己的工作范围扩大，致力于为任何有需求的儿童提供帮助以帮助他们的生活质量得到建设性的持续改进，并由此诞生出"国际计划"之名。到了 21 世纪，该组织已经成长为全球最大的儿童发展组织之一。其面向全球 21 个国家招收捐助者（规模超过一百万人）并且接受来自各种渠道的善款，包括各国政府、企业、基金和个人等。组织是以儿童为中心的社区发展的形式让儿童、家庭和社区成为积极主动的参与者，来实现观念改变的可持续发展。组织扮演的角色主要是协调和促进，为弱势人群创造机会使他们能对自身有影响的问题或时间采取有效的措施，从而让他们有能力影响社会机制的变革。

作为一个非宗教、非政治的非政府组织，它多年来以发展促进资助人和被资助儿童之间的交流为工作基础。通过联合儿童、所在家庭及社区，帮助他们让生活变得更好。该组织与儿童、青少年以及合作伙伴共同努力致力于建设一个公正的世界。组织工作的重心在于努力建立一个促进儿童权利和女孩平等的公正世界，赋予儿童、青年和社区权力，以做出重大变革，解决歧视女孩、排斥和脆弱性的根源。通过工作人员的接触、经验和了解儿童面临的现实，推动地方、国家和全球各级的实践和政策变革，并与儿童和社区合作，为应对危机和克服逆境做好准备。

（二）战略与目标

为了履行 2030 年全球目标的承诺，组织的 5 年全球战略旨在为儿童带来重大变革，特别强调两性平等。实现儿童权利、实现两性平等和结束儿童贫困之间有着明确的联系，他们的全球宣传工作不仅侧重于国际政策，而且努力确保各国政府能够有意义地在社区一级执行和维护促进儿童权利和两性平等的法律。

二、新冠疫情下国际计划组织的工作领域

性别平等是国际计划所有工作的核心，组织致力于向社会披露紧急情况对弱势群体中（例如残疾儿童、少数民族儿童）的妇女、女童和儿童产生的不成比例的负面影响。支援工作组和志愿者必须将性别意识纳入其关于社区参与的信息和方法中。埃博拉疫情的经验教训以及新冠疫情的报告表明，隔离和封锁措施可能会增加妇女和女孩面临种种风险。在病毒暴发期间，确保妇女获得保健、人力资源和社区援助服务至关重要。

国际计划组织在制定提高性别意识的对策时牢牢把握以下几个要点：将初级和次级数据进行定期更新，以帮助多部门将性别纳入分析来了解危机对女童、男童、女性和男性以及弱势群体的具体影响，并将这些考虑因素整合到响应计划中。在制定干预措施时，确保理解具体的性别规范（例如关于家庭责任、女童和妇女的价值），保证这些规范不会加剧性别不平等。

具体来看，首先，收集和分析按性别、年龄分列的数据，在部门评估中纳入针对性的指标，以确保危机期间对性别问题有一定的规划和宣传。其次，在设计和实施阶段，利用机构间常设委员会（IASC）性别标记来评估和提高 COVID-19 防范和应对计划的质量。接着，分析新冠肺炎可能对儿童，特别是女童和年轻妇女以及其他弱势群体造成的具体风险（特别是与性暴力、性别暴力有关的方面），以便能够识别和转诊儿童，并制定保护措施，保护那些面临风险的人；还要确保与儿童和年轻人保持联系（通过网络、社交媒体、电话、广播），收集他们的声音，必要时引导他们拨打求助热线；与青年团体和组织（包括当地女童团体、妇女组织、残疾人组织）进行有意义的接触，了解他们的具体需求以及他们关于使用安全和适当方法的应对战略的想法。

利用这些数据为需求评估、应对计划制定和实施以及社区参与提供信息。理解应急小组如何考虑其他脆弱或被排斥的群体的需求和声音。最后，密切跟踪这一大流行病对女童和妇女的影响（让女童、妇女和其他弱势群体参与监测、评价和反馈机制）并分享经验教训。

此外，为应对疫情，国际计划组织还开展了以下工作：

1. 水、环境卫生和个人卫生

国际计划组织在安装洗手设施，分发卫生用品，宣传科普适合年龄、了解性别的健康和卫生信息等方面做出了巨大努力，还协助政府给公共空间提供消毒剂。此外，他们会持续为青少年提供基本服务，例如性健康及生殖健康服务，以及妇幼健康服务。在与政府的协作方面，他们给当地卫生部门提供支持，并培训社区卫生工作者。

2. 教育

女孩等弱势群体在突发事件发生时受到的风险和影响尤为突出，当教育中止时他们地位更加难以保障。国际计划在培训教师和关键工作者预防和控制COVID-19做了大量工作，并赋予家长、监护人和广大社区权力以支持学校关闭时儿童的学习、发展和福祉，包括向家庭提供不同的教具，并让家长为他们的孩子准备自己的教具，以及支持网络教学。他们为学校重新开学做了长期规划，与水务及卫生部门紧密合作，确保学校的预防措施到位，包括获取和分发消毒用品和洗涤包，并确保学生能够使用洗手设施和清洁厕所，支持包括残疾儿童在内的弱势群体的学校供餐方案，保证学生的饮食健康。

3. 儿童保护

在国际计划组织工作的社区里，服务人员致力于提高社区居民对COVID-19的认识。尤其是提高人们对危机和儿童保护的认识，包括但不仅限于通过不同渠道（电视、互联网、广播、海报等）宣传科普，并有针对性地支持弱势家庭。其次，确保有一个明确的转介制度，为需要特别援助的儿童提供额外的心理咨询。努力保障弱势儿童的权益，例如没有家庭的儿童、有健康问题的儿童和靠乞讨生活的儿童。组织持续开展远程案件管理，在队伍无法进驻的情况下确保儿童获得社会服务支持，并向社区和青年团体提供儿童保护方面的培训。在组织的支持下，社区儿童保护委员会向有辍学或早婚风险的偏远地区家庭进行了调查和回访。国际计划组织与社区建立反馈机制，以便社区对组织提供的服务进行反馈评价，有利于组织根据反馈调整方案。

4. 现金救助和食物援助

当家庭失去收入时，协助政府发放福利救助金，以确保在封锁期间满足家庭的基本需求，并以家庭为单位提供基本物资。

5. 难民和境内流离失所者

该组织特别关注集中定居点的难民，因为相比普通人群他们更容易感染COVID-19。原因有很多，包括人满为患、缺乏营养和纯净水、保健设施差和健康状况不佳。针对弱势儿童的安全护理和心理疏导也尤为重要。在普通居民区内，该组织还确保家庭能够获得基本物质需求，如食物、水和清洁卫生用品。

第四节　本章小结

20世纪70年代，非政府组织救灾在西方国家兴起，一定程度上是针对"政府失灵"而进行的危机管理回应。非政府组织在突发公共事件管理中承担了大量工作，成为各类突发公共事件应急管理的重要主体之一。

应急管理包括灾前预防准备、灾中反应、灾后恢复总结等三阶段。国外社会组织参与突发事件应急管理案例显示，在预警阶段，非政府组织通过宣传教育等手段来科普提升民众的自我保护意识，且能通过预案的设置降低危机蔓延带来的损失，能与政府进行对话，表达最广大人民的需求和心声。由于其常年扎根于基层，群众基础良好，在危机发生时社会组织的宣传科普等为应急管理节约了大量资源。在灾害发生时，应急管理和灾害控制的全过程都有非政府组织的参与。首先，社会组织为政府决策提供及时的信息支持。在信息收集和传递方面有独特的优势，而且能为政府应对提供资源保障，通过呼吁社会捐赠、国际援助等方式为危机管理提供必要的资源库，还能积极倡导组织民众自救降低事件危害的进一步扩大，最主要的是社会组织多关注于弱势群体的利益保护，利用覆盖面广、可接触最底层人民等优势，能有效触及政府无暇顾及的区域，防止灾害不可控。在接受民间慈善捐赠方面，社会组织的公益性特征使得公众更加信任，社会认同度高，不会引起过度竞争或过度反对。在灾后恢复善后阶段，社会组织能利用专业性和技术优势对危机的各种数据进行收集和整理，且能协助政府部门完成危机管理评估。社会组织发挥自身的组织化融合的优势形成公民参与灾后重建的集体行动，既可以提高参与意愿，又能提高参与效能。

人道主义援助和救助是社会组织工作的原则，弱势群体的利益表达和实现依靠社会组织的组织宗旨和目标，在这一方面，社会组织比政府部门更能发挥作用。因此，在突发公共事件应急管理中，社会组织作为政府部门的帮手，应进一步探索参与应急管理的机制和路径，扩展参与应急管理的范围，提高突发公共事件应急管理能力。

第七章　我国社会组织参与突发公共事件应急管理案例研究

第一节　SARS事件

一、基本概况描述

2003年春，一场突如其来的SARS疫情（也被称为非典型性肺炎，简称非典）使得全球很多国家和地区都遭受到严重冲击，这一突发公共卫生事件使得全球三十多个国家陷入危机当中，我国也在被疫情冲击的国家行列，并且受到了严重的影响。我国首例SARS感染者2002年11月发现与广东佛山。短短三个月内，疫情开始在广东蔓延，并在次年2月进入到高发期。从局部区域发现首例感染者到疫情最终被控制住，SARS在我国的发展可以概括为三个阶段，历时六个多月的时间。最初阶段，是2003年1—3月份，这一时期疫情集中在首例感染者的周边范围，也就是广东省。3月底，中国内地累计报告临床诊断病例1190例，其中广东有1153例，占97%。第二阶段，也就是4月份，疫情蔓延到周边省份，同时向北京、天津等大型城市集中。4月底，全国累计报告确诊病例3460例。其中华北5省、自治区、直辖市和广东省有3368例，占97.3%。这一时期疫情开始由第一例感染者的周边地区向多省蔓延，发展到在全国多个省市都出现感染者，这已经使得局部疫情转变为大型的公共卫生事件，世卫组织对我国多个城市发出旅游警告，而疫情的扩散也使得所有存在感染者的城市的旅游、餐饮、商业、娱乐业等方面遭受沉重打击，同时造成社会公众的恐慌；在疫情城市，很多常规的治疗发热的药物如金银花、板蓝根被恐慌的市民抢购一空，社会生产生活遭受严重的负面影响。第三阶段，从5月份开始，因为一系列严格的疫情防控隔离措施的实施，使得疫情出现逐渐受控而停止蔓延的发展态势。5月上旬，全国平均每天新增病例151例；5月中旬，平均每天新增病例45例；5月下旬，平均每天新增病例14例。并表现出感染者数量逐渐缩减，疫情蔓延受控的局面。到5月末为止，全国报告的确诊感染者为5326例，其中广东和华北省、自治区、直辖市共有5153例，占全国累计报告总数的96.8%。全国累计治愈出院3121例，占报告病例总数的58.6%；死亡327例，病死率为6.1%。当时还有1877例患者在医院接受治疗。截止到2003年8月16日，中国内地累计确诊报告病例5327例，累计死亡人数349例。

SARS疫情的出现使得社会公众的生命健康安全遭受到严重威胁，也导致社会经济发展受到沉重冲击，同时因为疫情造成的恐慌，还引发了抢购风潮和社会秩序稳定性震荡的影响，世界卫生组织坦言："SARS是21世纪第一种严重而容易传染的新疾病。对这种病，我们了解不多，也极感迷惑。"SARS疫情的突然出现暴露出我国当时在突发公共卫生事件应对上的很多不足，特别是在疫情向全国出现蔓延时，造成的社会性恐慌很有可能导致社会秩序陷入失控，这次疫情对我国应对突发公共卫生事件带来的教训是深刻的，但同时也为我国政府部门敲响了警钟，很多专家学者开始关注如何有效应对疫情防控的问题，我国也进行了一些针对突发公共事件的预案设计，从这一角度上来说，这一疫情的出现对我国的影响也并非都是负面的，而通过对疫情期间社会组织参与应急响应进行案例研究，是具有重大意义的。

二、非典疫情的特点

（一）事态的突发性

2002年11月，我国首例SARS感染者2002年11月发现于广东佛山。由于最初感染者出现后并未引起政府部门足够的重视，有关的疫情防控工作跟进迟缓，导致短短三个月内，疫情开始在广东省全省蔓延，并在次年2月进入到高发期，向全国多个省份扩散。

（二）传播的广泛性

疫情的蔓延主要在于其致病微生物的传染性，SARS病毒能够通过人与人的之间的接触而传染，其受体并非单一的个体，而包括了所有社会公众，只要环境达到适合其传播的条件，在传染源、传染渠道、易感人群都具备后，必然就会导致病毒的大范围传播与蔓延。而 SARS 疫情在传播上覆盖了我国大部分地区，包含港澳台以及一些偏远省份，感染者也涵盖了男女老幼各个层次的人群。

（三）危害的严重性

疫情的暴发具有突发性、不可预见性，因而其一旦在社会公众中传播开来，造成的危害是十分严重的。致病微生物属于看不见摸不着的病毒，普通社会公众根本没有能力通过外观观察分辨出哪些是病毒感染者，哪些属于健康人群，SARS 病毒能够在人们毫不知情的情况下实现传播。加之现代城市人口的密集程度极高，疫情一旦在城市中传播开来，会呈现几何级数迅速扩大，由于感染者规模扩大速度过快，一旦城市中所拥有的卫生资源无法满足对感染者进行救治的要求，就会导致医疗系统崩溃，防控治疗陷入危机，造成更大范围的感染传播和社会恐慌。同时，疫情出现导致很多行业陷入停滞也会使得城市经济的发展遭受重创，由此带来的一系列就业和生产生活问题会造成连锁性影响，对社会造成的整体打击和危害规模是十分巨大的。

（四）影响的持久性

疫情一旦出现后，在早期如果得不到有效控制，感染者一旦扩散开来，疫情的影响会呈现持久性特征。由于最初的感染源所能够接触到的人群数量有限，因而疫情的早期发展是十分迟缓的，但是一旦感染者达到一定规模，随着感染者的流动，会导致疫情蔓延范围迅速扩大，而所有的感染人群要进行治疗通常需要一段时间，即便感染者治疗无效死亡，从其被感染到最终死亡也需要两周以上的时间，这就导致感染者在感染后直到治愈或死亡这段时间内始终作为感染源存在，如果其流动得不到有效控制，会因其携带的 SARS 病毒而不断感染跟其接触过的人群。这就使得疫情的防控即便采取了正确措施，也需要很长一段时期才能完全控制住。SARS 的爆发从最初第一例感染者出现到最终被控制住，经历了五个多月的时间，这充分说明了疫情影响所具有的持续性特征。

三、社会组织的作用

美国学者多伊奇认为"人们所承担的大多数陈旧的社会、经济和心理上的义务在侵蚀后不断地瓦解崩溃的这个过程就是社会动员，同时人们也会获得一个新的社会化模式或者是行为模式"①，在这种情形下，社会动员可以被视作一种政治发展手段，并且是一种带有导向性的社会过程。柯林等认为有三个因素会显著影响社会动员，即动员的能力、被动员者以及和集体行动的联系网②，这意味着人们的价值观和希望要与现代社会看齐③。而作为国家治理的重要方式之一，社会动员可以通过某种价值观来引导、甚至改变成员的态度和行为方式，激励成员配合某种活动以实现特定目标④⑤。贺治方则认为社会动员是整合社会力量达成共识，增进社会团结广泛参与的重要手段，也是克服各种挑战和困难的有效方法⑥。

社会动员在危机应对中能够体现出重要的价值。麦肯泰尔认为，灾难的爆发能够促使社会形成紧急一致性，政府、企业以及非营利性组织等多元主体协同参与救援，普通群众也更愿意在应急响应中发挥自己的效用⑦。阿里奥等认为，对可能发生的危机准备应急预案是为了协调并指导利益相关方做好事前应急准备工作，并在危机发生后加快响应速度。这种社会动员能力的提升是有效应对突发灾害的关键⑧。而陶本贝克、弗里斯等发现，当基层社区应对突发疫情出现困难（即防控的"最后一英里"）时，为了弥补这种缺失，相关资金更多被应用于在技术层面，以此来加快应灾信息的传递，但是"最

① Deutsch K W. Social Mobilization and Political Development[J]. American Political Science Review，1961，55(3)：493−514.

② Kirlin J J, Kirlin M K. Strengthening Effective Government−Citizen Connections through Greater Civic Engagement[J]. Public Administration Review，2002，62(S1)：80−85.

③ Huntington S P. Political Order in Changing Societies[J]. Foreign affairs (Council on Foreign Relations)，1968，63(3).

④ 王振海.社会动员：一种国家治理方式[N]学习时报，2014−05−26(A15).

⑤ 李德成，郭常顺.近十年社会动员问题研究综述[J].华东理工大学学报(社会科学版)，2011，26(06)：46−54.

⑥ 贺治方.国家治理现代化视域下社会动员转型研究[J].湖湘论坛，2018，31(05)：108−116.

⑦ MCENTIRE D A. Disaster Response and Recovery：Strategies and Tactics for Resilience[M]. New York：John Wiley& Sons Inc.，2007.

⑧ Ario A R, Makumbi I, Bulage L, et al. The logic model for Uganda's Health Sector Preparedness for Public Health Threats and Emergencies[J]. Global Health Action，2019，12(1)：1664103.

后一英里"的难题如果没有社会成员广泛参与是无法解决的[1][2]。龙太江、廖业扬等人也提出当社会出现紧急状况时，由于暂时缺乏秩序和价值使得社会失去规范，这时仅靠政府力量是不可能攻破危机的，要想让整个社会的潜能和力量释放出来，必须得靠社会动员在短时间内形成强大合力来应对[3][4]。

社会组织作为参与社会公共活动的重要主体之一，在疫情防控的不同阶段可以充分利用其资源优势发挥重要作用。

（一）疫情发生之前及疫情初期

1. 政策宣传工作

在SARS疫情期间，我国宏观领域出台了《突发公共卫生事件应急条例》。其中对疫情防控的应对提出了重要指示，其属于我国针对突发公共卫生事件制定出的针对性公共卫生政策。该文件的颁布，标志着我国在突发公共卫生事件的防控应对上已经上升到国家性事件，而文件中提出了社会组织应在疫情防控的宣传、配合方面给予支持，肯定了社会组织参与疫情防控的作用和意义。

2. 健康教育工作

健康教育涉及到多方面的内容，属于内涵较为复杂的概念，社会工作者本身也属于普通社会公众的一员，不可能掌握十分专业的医疗卫生知识，主要依靠对参与社会公共事务的积极性和主动性而参与到健康教育工作中。为了提高疫情防控的专业性，社会组织在疫情暴发甚至发生前应针对各类疫情的症状特征、感染预防、简单消毒措施、感染后的救治程序等进行健康教育，然后再通过社会活动把这些知识经健康教育而传播给社会领域更多人群，以加强社会公众疫情防控意识、协助感染者尽快发现并接受救治，防止错误的应对而导致疫情进一步扩大。

① Taubenbock H, Goseberg N, Lammel G, et al. Risk Reduction at the "Last-Mile": an Attempt to Turn Science into Action by the Example of Padang, Indonesia[J]. Natural Hazards，2013，65(1)：915-945.

② De Vries D H, Rwemisisi J T, Musinguzi L K, et al. The first Mile: Community Experience of Outbreak Control During an Ebola Outbreak in Luwero District, Uganda[J]. Bmc Public Health，2016，16(1)：161.

③ 龙太江.从"对社会动员"到"由社会动员"——危机管理中的动员问题[J].政治与法律，2005(02)：17-25.

④ 廖业扬.我国现行公共危机管理体制之优势[J].前沿，2010(21)：155-160.

3.预防组织工作

社会工作者可以参与到疫情防控的组织协调工作中来，通过基层各级街道办，居委会等社区组织，构建形成疫情防控组织网络体系。社会组织通过参与社区常规性的疫情防控工作，协助防疫隔离和宣传，组织发放防疫用品等等，从而起到积极控制疫情的作用。

4.疫情监控工作

由于社区社会组织的成员主要是分散在各个基层社区的志愿人员，参与社区中的疫情防控工作属于自愿参与的公益行为，社区组织数量越多，可以用来进行疫情防控的社会力量就越大。社区志愿者来自各个基层社区群众，具有积极防控疫情的主观意识，一旦发现身边感染者便会主动帮助其进行隔离并接受救治，从而在监控疫情、发现感染者、防止疫情扩散方面起到十分积极的作用。

（二）疫情暴发阶段

对于突发的公共卫生事件，在其暴发后，社会组织可以起到的作用主要表现在以下几方面。

1.信息联络员的作用

因为社会工作者就处在基层社区当中，其数量十分庞大，因而在疫情发生时，政府部门要一一通过基层行政单位去通知社区做好疫情防控会存在人力资源严重不足的问题，而这时社会工作者的作用就凸显出来，其通过积极响应政府号召，把疫情防控信息传播给自己身边的群众，可以起到联系政府和基层群众，做好疫情防控整体布局的积极作用。相对于政府工作人员，社会工作者的数量是十分庞大的，同时其参与信息联络并不需要投入特别的资金资源来支持疫情防控，所以很多社会工作者愿意配合政府部门做好信息沟通，通过接受基层街道办或居委会的领导，把疫情防控的信息向自己身边的群众传达，可以迅速起到向所有公众传播疫情防控信息的积极作用。这可以弥补政府基层行政力量的不足，从而在疫情防控上起到沟通政府和基层群众之间信息联络员的作用。

2.科普宣传员的作用

突发公共卫生事件出现后，因为很多群众并不了解疫情病毒感染传播方面的专业知识，加之疫情防控时政府部门会使用戒严禁令等限制手段，因而很有可能会引起以社会群众的恐慌。尤其对于一些具有迷信思想、不了解科学的群众，有可能会散播谣言，影响社会秩序的安定，助长群众中的恐慌情绪。志愿者等社会工作者因为属于积极响应政府号召参与疫情防控的人员，接触到疫情专业信息的机会较多，可以通过向周边的群众宣传普及正确的防疫知识，从而消除谣言，纠正错误的疫情认知思想，并起到宣传防疫知识、组织群众积极配合防疫的多方面作用。因为社会工作者广泛分布在基层社区当中，其跟自己身边的群众具有密切的联系，因而其起到的宣传作用会超过政府基层组织直接接触基层群众的宣传效果。如在 SARS 疫情暴发期间，上海地区的社会工作者积极参与到防疫宣传活动中，对金银花可以防范疫情、熏醋可以防范疫情等谣言给予了纠正，并对疫情致死率超高等不正确的说法给予了纠正，这使得上海地区的各大药店金银花被抢购的风潮得到了抑制，疫情造成的社会恐慌得到了很大程度的缓解。

3. 社会教育者的作用

社会工作者还可以参与到突发公共卫生事件的应对处理工作中，担任社会教育者的作用。由于突发公共卫生事件通常为传染病感染事件，而对社会公众而言，多数不了解传染病学方面的专业知识，突发卫生公共事件暴发后，一些社会公众不知道应当怎样预防、识别传染病的感染、在受到感染后要如何采取措施进行处理、如何接受救治、怎样防止再感染他人，因为这些都是日常生活中普通公众难以接触到的专业知识，因而在疫情暴发后公众不了解疫情，不知道这些专业知识，必然会在疫情预防控制上做出一些错误的行为。而社会工作者在这方面可以起到开展实施基层社区社会教育的积极作用。社会工作者可以通过接受基层行政部门，如居委会、街道办的领导，而获得疫情传染学方面的专业知识，了解防控措施和注意事项，并作为信息中转环节，把这些专业性较强、一般群众不了解的知识传播给基层广大人民群众，这可以使得疫情识别与应对处理方面的知识尽快被基层群众了解到，通过发挥社会工作者的社会教育功能，能够迅速在公众中普及正确的疫情防控应对知识，从而起到提升全民疫情防控意识，起到加强全民疫情应对预防能力的积极作用。

4. 群防组织者的作用

在应对突发公共卫生事件上，基层群众的组织工作通常需要政府部门投入大量人力才能实现，而对于人口众多的大中型城市，因为政府基层行政单位的人员数量本身是有限的，要在短期内安排有限基层行政人员组织群众进行疫情防控，必然会面临工作量过大、人手不足的问题。社会工作者的存在可以有效弥补疫情防控方面基层行政人员不足的问题。在基层行政机关的领导指挥下，社会组织通过对自己所处社区的群众进行组织规划，协助政府进行疫情隔离和防治，主动配合基层行政人员进行疫情防控的组织工作，从而弥补政府基层行政单位人力资源上的不足。因为社会工作者本身所处的环境是跟其社会关系较为亲密的群体环境，因而以社会工作者为依托，组织其身边群众积极配合公共突发卫生事件的应对与处理，可以起到比政府基层行政人员更高的号召力和指挥作用。虽然其能够号召和指挥的群众数量较为有限，但社会工作者的数量是十分庞大的，如果能充分发动起来这部分群体，使得其在疫情防控上积极配合政府工作，可以构建形成从中央到地方，从上到下的疫情防控应对网络机制，从而使得疫情防控应对处理的全面性和协调性都得到大大提高。

5. 心理咨询师的作用

在突发公共卫生事件出现后，很多社会公众因为不了解此类事件的专业知识，容易听信谣言而产生恐慌心理。从社会心理学角度分析，个体在遭遇突发性危机情况下，必然会不由自主地出现紧张、焦虑、不安、无助等情绪。如果社会范围内大量群众都处在这样负面的心理状态下，会使得谣言盛行，社会秩序不稳定，甚至会引发一些非理性的社会行为，而这样的情况仅依靠政府部门使用硬性手段进行限制是不够的。只有通过合理的心理疏导、心理咨询，让具有恐慌负面心理的社会公众消除恐慌，回归到正常的心理状态上来，才能防止危机扩大，避免出现群体性的恐慌和社会秩序失控。由于社会工作者具有一定的参与社会公共事务处理的经验，了解社会恐慌的危害和应对办法，由社会工作者对自己身边的基层群众进行解惑答疑，纠正谣言，可以发挥重要的心理咨询作用，稳定安抚基层群众的心理和情绪，使得社会中的恐慌情绪得到控制和消除，同时通过向基层群众传达正确的疫情防控知识，也可以使群众对谣言具有更好的识别和辨析能力，从而消除群众的恐慌心理，稳定基层群众的紧张情绪，稳定社会秩序，让谣言消弭于无形。

6. 困难救助者的作用

在突发公共卫生事件中，必然会出现一些疫情感染者，而这些感染者很多并不了解传染病学的专业知识，不知道怎样识别是否感染，也不了解如何防止感染扩散，如何接受救治，因而如果对其放任自流，不加控制和管理，很有可能通过其社会活动把病毒传播给更大范围的人群。通过社会工作者的积极介入，可以帮助困难者识别疫情感染现象、实施自我隔离并接受救助，这可以让一些感染疫情的公众在感染后第一时间获得救助和隔离控制，提升疫情感染者的救治及时程度，控制降低死亡率，同时也可以避免病毒感染者因为不及时隔离和接受救治而感染更多周围人群。

（三）疫情恢复及后续阶段

在疫情获得控制后，社会组织在后续阶段的工作主要包括以下方面：

1. 帮助治愈者进行心理和生活调适

在疫情暴发后，对于一些存在感染者的社区，遭受疫情感染的人员很多即便及时隔离并接受了救治，获得了传染病的治愈，但是其经过病情的折磨也会形成紧张疲惫的心理，由于遭受疫病感染也会使得感染者身体健康受损，即便治愈后，心理和生理一段时期内也会处在负面状态，非常有可能出现心理问题和生活上的问题。社会工作者的存在，为治愈者更好地恢复正常、回归日常生活提供了多方面的支持。因为社会工作者属于掌握有一定专业知识的公益服务志愿者，可以利用掌握的专业知识，帮助治愈者尽快消除心理生理上的负面状态，同时也可以对身边的治愈者给予生活上的帮助和支持，使其尽快回归正常的生活，让一些因为疫情而工作遭受影响、就业遭受影响的群众通过接受经济上的救助而回归到正常的生活轨道上来。所以，社会工作者对于传染病的治愈者具有心理和生活上的调适作用，在稳定疫情发展趋势、疫情结束后恢复社会正常秩序方面都具有一定的积极意义。

2. 推动健全社会防疫体系

SARS 疫情暴露出我国当时在突发公共卫生事件应对上的很多不足，特别是在疫情向全国出现蔓延时，造成的社会性恐慌很有可能导致社会秩序陷入失控，这次疫情对我国应对突发公共卫生事件带来的教训是深刻的，也为我国政府部门敲响了警钟，很多专家学者都大力呼吁建立全面性的社会防疫体系，我国宏观领域也十分重视全社会防疫体系的架设工作，并出台了一系列针对突发公共事件的预案，这其中就包括赋予社会工作者参与疫情防控的合法地位，在突发公共事件发生后，合理定位其作用与意义，让其为突发公共卫生事件的防控起到协助作用的系列指示。我国目前已经建立了十分完善的基层行政机构，各个地区都有街道办和社区行政组织，不过对社会人口的庞大数量来说，这些基层组织的人员数量在应对突发疫情方面也依然是不够的，而如果可以充分发挥出社会工作者的作用，让基层地区的广大群众发展为社会工作者，积极参与到基层治理工作中来，这可以使得基层行政组织充实力量，弥补基层行政人员的不足，并构建形成自上到下，从中央到基层的社会防疫体系，为公共突发卫生事件的应对处理打造全面性防控应对机制。

3. 指导建立新型的社区人际关系

社会工作者在社区的建设工作中也能起到多方面的积极作用，其可以在社区中指导邻里互相帮助、以社会的力量帮助社区中有困难的群众，发挥互帮互助的良好风气，从而构建新型的社区人际关系。费孝通认为经历过"非典"应对，人民意识到社会是整体，合作与互助在生活中至关重要[①]。在抗击"非典"的工作中涌现出大量的社会合作互助事例，而这些事例中都离不开社会工作者的支持和努力，所以，发挥好社会工作者的作用，建立新型的社区人际关系，是稳定社会发展，规范社会秩序的积极举措。

第二节　"5·12"汶川大地震

一、基本概况描述

2008 年 5 月 12 日 14 时 28 分 04 秒，四川汶川突发 8 级强震。这是自新中国成立以来破坏性最强、灾害损失最重的一起地震灾害。具体特点包括：

地震受灾范围广。民政部报告显示，地震灾区总面积达 50 万平方千米左右，涉及四川、甘肃、陕西、重庆等 10 个省区市 417 个县（市、区）、4667 个乡（镇）、48810 个村庄。其中极重灾区、重灾区面积 13 万平方千米，总面积占比 25.77%，极重灾区约 1.1 万平方千米。受地震余波冲击，重庆、

---

① 费孝通.非典的社会学反思[J].群言，2003(07)：4-6.

宁夏、陕西、河南、湖北、云南、山西、山东等16个省、市、自治区乃至部分东南亚国家皆有明显震感。

受灾人数多。截至2008年9月25日12时，四川汶川地震共确认69227人遇难，374643人受伤，17923人失踪。受灾群众总数达4625万人以上。

救援难度高。汶川县位于四川省西北部、阿坝州境东南部的岷江两岸，当地多山，受地震影响，山体崩塌、泥石流、滑坡等事故在救援期间多次发生，这些次生灾害使得地震的破坏性出现时间与空间上的蔓延和扩散。由于无法解决地震预警难题，汶川地震发生前相关部门没有发出任何预警，居民普遍缺乏应对措施，从而致使当地出现巨大损失，基础设施损毁严重，公共服务难以运行，大量产业面临停滞，地区自然生态环境也遭到了严重的破坏。

灾难发生后，中国各地众志成城，抗震救灾。截至2008年9月25日12时，抢险救灾人员已累计解救和转移1486407人[1]。先后有一百二十多万来自全国各地的志愿者汇聚灾区支援救援活动，社会各界广泛参与捐钱捐物，国内外各种物资捐赠共计594.68亿元[2]。

表7-1　四川省"5·12"大地震受灾情况表[3]

内容	数据	备注
受灾范围	10个省区市417个县(市、区)	
受灾人口	4625.6多万人	占四川省2007年底人口的52.42%
重灾区面积	13万平方米	占四川省总面积的26.80%
重灾区范围	6个市州，88个县市区，1204个乡镇	分别占四川省市州总数的28.6%，县市区总数的48.6%，乡镇总数25.9%
内容	数据	备注
重灾区人口	2792万人	占全省2007年底人口8127万人的34.35%
极重灾区面积	10个县市1.1万平方米	占四川省总面积48.5万平方米2.67%
极重灾区范围	21县（市、区）	占四川省县（市、区）总数（181个）的11.6%

---

① 胡锦涛在全国抗震救灾总结表彰大会上的讲话全文，http：//www.gov.cn/ldhd/2008-10/08/content_1115568.htm

② 资料来源：https：//baike.baidu.com/item/5%C2%B712%E6%B1%B6%E5%B7%9D%E5%9C%B0%E9%9C%87/11042644?fromtitle=%E6%B1%B6%E5%B7%9D%E5%9C%B0%E9%9C%87&fromid=2452700&fr=aladdin

③ 《四川省汶川5·12大地震灾后重建总体规划纲要》，https：//baike.baidu.com/item/5%C2%B712%E6%B1%B6%E5%B7%9D%E5%9C%B0%E9%9C%87/11042644?fromtitle=%E6%B1%B6%E5%B7%9D%E5%9C%B0%E9%9C%87&fromid=2452700&fr=aladdi

（续表）

住房倒塌（城镇）	1933 万平方米	
严重损毁无法居住的危房（城镇）	6676.6 万平方米	
受影响居住口（城镇）	97.8 万户共计 285 万人	
房屋倒塌（农村）	635.06 万间	
严重损毁房屋（农村）	722.19 万间	
农民失地	宅基地受损 12307 亩，耕地受损 167.8 万亩	

针对上述情况，灾后救援工作面临以下几点困难：

灾害处置紧迫性极强。灾情发生突然且持续时间长，正值上班上学之时，大批房舍瞬间倒塌，大量人员被埋入废墟。同时余震不断，若无法得到及时救援，可能会给灾民造成不可挽救的二次伤害。

灾害的处置复杂性极强。地震震区属于突发性地震灾害高发区，强烈地震和频发的余震使得山体岩层破裂，加上频繁的暴雨，引发余震、山体滑坡和泥石流等次生灾害的威胁较大[1]，且地震破坏了交通、通讯设施，使得救援难上加难，受伤人员难以尽快运出。次生灾害风险较大，群众安置、疫病防治、恢复重建等工作任务十分艰巨。大量的救援活动需要有效管理：陆续到达现场的救援人员需要合理分派。

灾民安置涉及面广，需要及时出台各项具体政策用于指导灾民生活安置工作；源源不断到来的各方面的救援物资需要接收、管理、分配；数亿元的救灾资金需要妥善使用；抢险救灾中不断生成的海量信息需要及时处理。此外，由于救援人员的加入，使得人口密度陡然提高，再加上天气转热、水源遭到破坏等因素，灾后卫生防疫压力增大。而这些工作又是在不同组织系统、层级间的整合有一定难度和某些突发事件应急处置机制尚不成熟的背景下进行的。

危机处置的不确定性强。一方面，险情何时排除难以预料。地震的发生往往会引发其他自然灾害的暴发，如泥石流、山体滑坡等，这使得搜救工作面临很大的不确定性。另一方面，由于伴有不同程度的余震，救援人员随时面临生命危险，救援工作的开展随时可能被叫停。

---

① 汶川特大地震四川抗震救灾志编纂委员会编.汶川特大地震四川抗震救灾志·总述大事记.成都：四川人民出版社，2017：1，6—35.

灾害的危害性、紧迫性、复杂性、不确定性决定了此次抢险救灾注定引起世人瞩目，注定要载入史册。

二、社会组织参与地震救助概况

汶川大地震后，我国各类社会组织立即动员起来参与灾害救助活动，有学者将 2008 年称为中国社会组织元年，就是因为这次灾害救助中社会组织的参与内容十分广泛，反应迅速、联动性强，使其成为中国社会组织发展历史的里程碑。一方有难八方支援的强大凝聚力在巨大灾难面前表现得淋漓尽致，社会组织在其中发挥了巨大的潜能。社会组织和无数志愿者成为大后方，在全国人民满腔奋勇投入抗震救灾斗争过程中，与社区和人民紧密配合开辟了抗震救灾的"第二战场"，成为抗震救灾的生力军。

地震发生的次日，就有来自全国各地的各种社会组织参与救援活动，与以往不同的是，它们自发形成了很多中心或者联盟以统一有序安排，如北京的自然之友、绿色和平、绿家园、NGO 发展交流网、多背一公斤、震旦纪等社会组织自发联合形成了一个行动项目——小行动＋许多人＝大不同，呼吁大家人人参与，通过力所能及的行动传递爱心。行动发起一天之内，就有来自云南、陕西、北京等不同地区的近 30 家社会组织加入。比如"NGO 四川地区救灾联合办公室"就是在抗灾时联合社会组织的一个联盟，这是当时出现的最大的国内社会组织联盟，办公室成立不到一天就吸引了 30 个全国各地的社会组织关注加入，到了 5 月 23 日，成员数量超过 100 个。

地震发生后，参与一线救灾的民间组织达 300 余家，拓宽了社会组织灾害救助的领域，实现了从紧急救援到过渡安置再到灾后重建的全流程救助实践。数以千万计的国内外志愿者纷纷奔赴灾区参加抗震救灾工作。发挥作用的民间组织和志愿者主要可以划分为具有较强官方色彩的社会组织、各类公益基金会、各类注册的和未经注册的民间社会组织以及各种志愿者组织、志愿者等 4 类。早些年，前两类民间组织一直是活跃的力量，但在这次地震救灾中，后两类组织的作用也出人意料的凸显了出来。

胡锦涛同志在全国抗震救灾总结表彰大会上指出，四川汶川特大地震是新中国成立以来破坏性最强、波及范围最广、救灾难度最大的一次地震。此次汶川抗震救灾的基本特征可以高度概括为，党和国家坚持把抢救人的生命摆在第一位，千方百计安置受灾群众生活，采取有效措施确保大灾之后无大疫；社会各界全力抢修水、电、路等等基础公共设施，及时处理和化解次生灾害，同时积极筹划物资保障及监管工作。灾区各项恢复重建工作全面推进，灾区人民勇敢走向新生活。

（一）民间组织和志愿者在救灾中发挥的作用

汶川特大地震救灾中志愿者组织和社会团体对救援工作的大力支持主要体现为以下几个方面。

第一，深入开展慈善赈灾活动。灾情发生后，全国性慈善和公益组织率先通过各大媒体平台向社会各界发出抗灾慈善捐助倡议，动员社会力量筹集救灾物资，并得到了广大社会组织的积极响应。他们踊跃地为地震灾区捐款捐物，并及时向地震灾区提供紧急援助。作为联系和协调社会公众与受助对象的枢纽，民间组织在该方面发挥了组织和引导的作用，促进社会资源利用的有效性。

第二，搜集和传播信息。信息是应对突发事件的关键要素。无论是个人还是组织，灾情相关信息在民间力量的推动下得到及时、准确的传达。比如，作家韩寒自发搜集并传递当地真实的、需要的救灾信息；北京 NGO 发展交流网开辟专门论坛用于民间组织和个人发布、交流信息；震旦纪公益信息中心特别收集整理了"民间团队赈灾特刊"电子版，且每日进行通报以传播民间组织工作动态。还有的心理救援队在开展心理干预的同时注意搜集信息，为后期长期的心理重建提供宝贵的一手材料；志愿者们还通过在网上发布和传播救灾过程中的"盲点"，解决了灾民的迫切需要。

第三，深入实际展开救援行动。有的民间组织和志愿者能够深入灾区前线，通过提供心理干预、搬运并分发物资、抢救护理伤员、排查灾害隐患等一系列工作为当地提供援助。比如，成都志愿者和部分社会团体成立"非政府救援行动"小组，主要负责协调来自全国各地的社会团体开展救援行动，同时筹募食品、药品等各类捐赠物资；全国劳动模范、河北冀州市 73 岁的医务工作者吴殿华在得知地震消息后，自发组织"抗震救灾小分队"连夜奔赴四川灾区支援；上海、南京等地的心理援助专家团队以及运输、医疗、爱心车队等志愿者等前往四川地震灾区，开展心理干预服务及心理重建的前期调查准备、运输救灾物资、转运重病患者等援助活动。

（二）救援中的民间力量

汶川地震发生后，全国的民间抗震力量纷纷涌向灾区。比如，企业家陈光标向灾区捐赠了785万现金，并迅速组建了由挖掘机、吊车等大型工程机械及上百位操作人员组成的救灾队伍自发前往灾区开展现场救援；河南许昌市交通医院、"胖东来"商贸公司和冷王公司分别组织了由医疗人员、公司职工、专业团队组成的救援队，携带生活用品和医疗用品及大型起重救援设备前往灾区支援；唐山有上百名民间志愿者组建成农民志愿救援队、"宋志永爱心服务队"、南区抗震救灾救援队等赴至四川灾区。除此之外，大量爱好户外运动的"驴友"也自发组成民间救援队，他们具有良好的身体素质、丰富的野外经验以及相应的专业技能。

（三）"5·12"民间救助服务中心的救助实践

在整个救援过程中，涉及的社会组织众多，体系庞杂，类型丰富，一时间大大小小的团体涌入灾区，一定程度上造成了无序。由于队伍的人员专业素养参差不齐，再加上信息沟通不畅，反而占用了资源成为负担。一些社会组织意识到单打独斗会造成资源浪费，于是在群体中出现了一些合作。

"有序参与、有效服务"，是NGO、志愿者团队在参与救助工作时的口号。"5·12"民间救助服务中心成立的目的就是为了给民间自发的公益组织提供一个可以有序参与合作救灾、开展协同救助活动的信息服务和经验分享地。该中心并不直接对接灾民，而是服务于那些致力于为灾民服务的机构和志愿者团队。同时还提供信息给国内外各界关注救灾活动的民间公益组织。作为一种社会力量，在参与重大的突发应急事件时，虽然组织形式上是临时、松散的，但是秉承着"党委领导、社会协同"的组织原则。坚持在政府的带领下广泛发动公众参与，不添乱、查漏补缺，发挥民间组织专业化和需求导向的特点扎根基层工作。

该中心的成立是公民意识的彰显，这种意识是此次救灾中留给中华民族最宝贵的财产，机构的员工大多数都是普通的志愿者，一开始秉着一腔热血奋不顾身地冲向灾区，但是到了前线就会发现救援者太多太乱，无序状态使得好心办坏事。于是四川省的NGO自觉形成了两个组合：一个是四川民间组织联合救灾办公室。这个机构主要工作是物资的收集和发放来参与第一现场；第二个是"5·12"民间救助服务中心，该中心联合了很多机构，比如陕西妇女联合体、北京梁漱溟乡村建设中心、世界自然基金会成都办公室、山水自然保护中心等。该中心主要是为社会组织提供信息以及培训和管理志愿者。

四川"5·12"民间救助服务中心是一次民间自发合作的集体行动，中心根据危机爆发、危机过渡和危机恢复阶段的特征，合理制定方案措施，引导社会组织有序参与（详见表7-2）。

表7-2 "5·12"民间救助服务中心应对危机的集体行动

阶段	方案措施	具体行动
危机爆发阶段	（1）联合行动宣告成立，完成组织定位 （2）确立例会制度，完善组织架构 （3）划分行动领域，确定职能分工 （4）有序开展工作，参与救援、救助、培训和信息服务	收集和发布512中心成员和合作伙伴的活动信息； 提供相关的志愿者管理技术支持，保证供需消息的协调性； 推广志愿者实践经验； 提供物资供需、库存和派送信息。
危机过渡阶段	（1）合作延续，重新进行组织定位 （2）提供灾后信息、公共宣传、调研各方面服务	野外组根据协调安排在都江堰、绵阳、彭州及德阳四个地区设点服务，市内组在救助站和医院设立志愿者中心； 野外组主要以文教、物资协调及接应派发，人员搜救、灾民安置和转移、协助重建家园等工作为主。
危机恢复阶段	（1）建立网站，延续灾后信息服务 （2）接待和服务灾区重建的各方社会力量 （3）继续灾后调查研究工作，建言建策。	联席会议：关注灾区最新信息，分享政策信息； 志愿者工作：建立信息库，成立专家团队，定点招募输送志愿者； 接待来访：负责有意参与重建的志愿者团队、新闻媒体和民间组织等的接待，为即将进入灾区开展工作的机构提供咨询服务； 调查研究：借用、整合各科研所、高校和民间组织的研究力量和先进技术，对发现的各种问题有针对性地展开调查，向政府有关部门建言献策； 服务：为参与的组织提供培训场地、联系食宿，提供信息分享、机构联络等服务； 网站和简报：发布信息、及时反馈、定期总结。

社会组织联合所能达到的较好效果就体现在搭建一个平台，能够尽量缩短时间将大批物资聚集起来，有效地向灾区输送。赈灾中社会组织参与的每个环节，包括平台的搭建、物资供需信息的发布、物资的聚集、输送和发放、反馈跟进，甚至是联合行动的协调，都能让分布在全国各地的社会组织集合起来并借助于平台的力量发挥自己的效用。"NGO四川救灾联合办公室"就

担任起了这个职责，主要负责募集物资和资金，包括食品、药物和设备等；为社会组织提供救灾物资的仓储中心，并且协助调配和转运物资；派遣相关调查队前往灾区进行基线调查，按照提交审核的申请结合实际情况转运物资或就近采购物资运送灾区，协助其他的社会组织或者志愿者团队、个人开展的援助服务。

具体来看，该联合机构建立的救灾物资转运中心单日收到捐赠物资可达60万元，每日发出物资价值约20万元，使用志愿者车队的运输成本基本为0。从当年5月13日成立到5月30日宣布解散，联合办公室共向灾区输送了大约1000万元的救灾物资，极大地展示了社会组织联合行动能力，也改变了过去民众对社会组织站位缺失的印象，取得了社会各界的认可，《人民日报》、《经济日报》等多家媒体对此相继进行了报道。

三、社会组织参与应急管理的角色分析

相对于政府救助中的任务导向，社会组织的救援行动更具有群众性、主动性和志愿性，既可以针对人群进行个性化服务，还可以引起置身危机中的群众的共鸣，通过相互鼓励和安慰来增强其信心、战胜恐惧。此外，社会组织的救援行动还可以帮助整合社会资源以形成社会合力。社会组织成员参与了地震灾区所有类型的服务。在应急管理中社会组织是应急资源的重要补给者，志愿性质的社会组织成员有强烈的使命感和公益精神，他们可以快速动员广大社会的力量，收集到广泛的应急资源，这些资源不仅仅局限在钱和物上，还包括一些稀缺的无形资源，如：抢险支援、心理疏导、信息搜集处理等专业技能，社会组织的多样性以及在不同领域上的特长，是应对多变突发事件的重要力量。同时，社会组织是弱势群体的优质服务者，由于其多自发于民间，一方面能根据受灾群众的不同状况提供点对点的服务，满足更多人需求，另一方面，亲和力更好使得援助更容易被受灾群众所接受。最后，社会组织也是政府与公民良性互动的桥梁。由于党政部门的科层化组织结构无法准确响应民众的需求，企业也缺乏制度化的平台和渠道快速与民众对接，无法形成供给社会的合力，而社会组织的结构性决定了其得天独厚的优势所在，组织内成员来自社会各行各业，这种民间性使其更容易被公民所信赖，公民与政府的沟通障碍原因之一是公民法人个体性太强，政府无法整合各方

的利益诉求，而社会组织的有效性就在于能提供一对一的沟通使得对话更有效。

在汶川大地震中社会组织参与救助的特点和角色突出表现为以下几方面：

（一）提供专业化公共服务

社会组织提供的专业化公共服务具有不可代替的地位，是"自救、互救、公救"网络的有机构成[①]。很多机构或团体都拥有相关领域的专业知识和实践经验，一般能够在某一领域提供有效的专业化公共服务。在预警机制建设的专业化服务上，能够发挥自身反应灵敏的优势及时发现灾害发生后的社会隐患问题，并能及时做出调试，提高有效应对次生或潜在灾害的能力，这是政府作用无法企及或治理成本较高的领域。另一方面，在灾后重建的基础设施建设领域，社会组织的专业性仍有发挥作用的空间[②]。比如社会组织可以充分挖掘灾区当地人文景观和地域特色，在住房和校舍建设中充分考虑当地居民需求。再一方面，社会组织在灾区群众的心理疏导和弱势群体照顾方面表现得也很突出[③]。社会组织在日常工作中对基层有更高的关注度，且其专业、直接的特点更为突出，能根据外来经验和本土化知识持续地为灾后特殊群体，如妇女、儿童、老人、残疾人等提供心理救助、危机干预、康复治疗等，而且能在社区重建上通过搭建专业化服务平台等方式为特殊群体提供个案关怀，帮助他们解决生活中的实际问题。

（二）社会动员与社会参与

由于社会组织更加贴近社会，因此能在最短时间内以社会动员的形式最大限度地集聚各种社会资源。社会组织能通过自下而上的民间动员方式彰显价值观，向社会表达诉求从而获得社会的回应、信赖与支持。应对重大突发公共事件时，社会组织的协商沟通功能对于提供资源储备是必不可少的。主要是通过所具有的慈善动员能力和志愿服务动员能力来筹集资源，为响应救援重要的人、财、物等保障。志愿者被称作为社会做贡献的前行者、引领者。

---

① 孔新峰，褚松燕，邓名奋.论减灾救灾中的社会联动参与机制[J].中国行政管理，2011(09)：18-21.

② 吴新燕.城市地震灾害风险分析与应急准备能力评价体系的研究[D].中国地震局地球物理研究所，2006.

③ 林闽钢，战建华.灾害救助中的NGO参与及其管理——以汶川地震和台湾9·21大地震为例[J].中国行政管理，2010(03)：98-103.

青年志愿者在 2011 年年底时已达 3392 万名，他们活跃在全国各地大约 18 万个类型不一、规模不等、设施各异的志愿服务站与志愿服务基地。据统计，截止 2018 年底，在全国范围内有标识的各种志愿服务组织超过 1.2 万个，平均每一个地级市约 40 个志愿组织；2020 年 3 月，在全国志愿服务信息系统登记注册的个体志愿者数量已经达到 1.69 亿人 [①]，年龄段涵盖了中、青、老等不同层次，具有普遍的代表性。社会组织的行动对志愿者起到了组织化的作用，汶川地震后，北京多家知名基金会、民间组织等联合发布了抗震救灾行动声明，并提出了各类抗震救灾行动口号，善用各种媒体开展动员，表达应急利益诉求，以多元化的途径动员号召，使得服务更加弹性化。

四、社会组织参与灾害救助存在的问题

由于我国社会组织发展不充分、参与应急管理经验不足，在参与地震援助中也暴露出一些问题。

（一）应急政策执行不力

重大突发公共事件的应急响应过程中，统一指挥是保证有效性的前提之一。若出现社会组织不愿接受"统一指挥署"（应对灾害政府临时组成的机构）的统一部署，可能会被定为政策执行不力。这种状况在重建阶段尤为突出。从汶川地震的危机应对救援阶段和灾后重建阶段政府的组织过程可以看出，随着灾后当地政府机构重建结束，正常的社会秩序重新建立起来后，留下来的社会力量由于和当地政府在灾区重建等灾后事务上的各种分歧而分道扬镳。社会组织由于不认同政府对其的组织引导，又重新回到自发状态，而这恰恰也是政府不认同社会组织的主要原因。还有的社会组织在弥补政府组织功能缺陷方面组织优势发挥不明显。例如不听从现场指挥部门的统一调配，不愿与政府相关部门对接，擅自去现场救人、发放救援物资，引起部分灾民的不满。

（二）缺乏全过程的协同路径

危机应对时社会组织往往是出于个人情感和社会责任感而参与行动的，不存在正式的危机响应机制，其与政府的合作大多为临时伙伴关系，抗灾救

---

① 资料来源：《慈善蓝皮书：中国慈善发展报告（2020）》.

灾结束后便会出现大批志愿团体集体退潮的现象。比如四川"5·12中心"的参与救灾服务平台是一个成功运作的联合行动范例，先后有二十多家社会组织参与进来，平台成为社会组织联合行动的链接纽带，它们根据自己的专业特长为应急救灾提供信息沟通服务。平台中心分成信息小组、物资小组、志愿者小组和财务小组分工协调。比如，灾情信息调查统计与分析、应急物资的供给和需求，信息的传达和反馈等等。然而联盟在运行中存在很多矛盾和冲突，如关于第一阶段救灾任务完成后"中心去留"就存在分歧：一种是就地解散派，主张服务中心在完成了地震救灾响应的任务之后，"中心"已经失去了存在价值，成员应该重新规划各自发展路线；另一种则完全相反，主张"中心"要拓展服务链条，积极参与灾后重建，继续履行信息支持平台的职责。

（三）专业能力欠缺

近几年，社会组织的数量增速较快，然而他们在专业性上良莠不齐。而且往往质量跟不上，组织内部依然缺乏专业技术和人才。比如在地震期间，有大批志愿者好心办坏事做出了适得其反的举动，与预期的救助目标背道相驰。就像有些非专业的、未经训练的志愿者们在安抚受灾群众的过程中可能会无意触碰其心理伤痛；还有不少社会组织认为一定要亲临现场直接参与救援，盲目在灾区扎堆，与灾区居民沟通困难、不了解灾民需求，影响救援效果；还有的做出了一些有违当地风俗的事情，影响救援形象。类似不专业救援现象背后其实是专业能力的缺乏。在应对突发事件时事件紧迫，专业性是非常重要的，比如缺乏专业的心理疏导和培训会加剧灾区的抑郁氛围，给救援工作带来负担。

（四）不完全合作的难以持续

社会组织与社会组织之间的合作具有不完全性，即外部制度化空间有限，且内部组织也形成了非正式的关系网络，采取行动目标自我约束，以自发志愿者为主体去参与，而且组织形式比较弹性化。这种不完全合作有一定的积极意义，比如可以规避一些风险，广泛的发起社会资源动员和协调，但是其也有一定的脆弱性，使得联合变得很难持续。比如四川NGO救灾联合办公室属于汶川地震后成立最早的联盟机构，办公室形成了自己的管理框架，协调前后方形成一个联络主轴，将物资需求和捐赠资源联系起来，而且通过救灾网络辐射影响到更多的民间组织和志愿者。而且能根据不同类型的社会组织进行分类形成了调查组、信息组等几个小组，整体行动由一位有多年工作经验的人士协调调动。开始的工作轰轰烈烈，紧张而有序，且对于传播一线救灾信息和动员社会资源起到了重要的作用，然而十天之后，随着各地政府和大批军队全面展开救援工作，灾区的紧张局面有所缓解。这时，政府对此类联合机构产生了怀疑，出台了一些限制性政策约束，且进行了很多财务审计，联合办公室的负责人之间对于工作模式也产生了很多分歧，甚至起了直接冲突，因此联合办决定退出救灾。也就是说，这种灵活的合作形式缺乏有效的约束机制，使得行动很容易受到组织之间非制度化协调关系的影响。成员机构之间有可能因为理念不一致或负责人之间的观念冲突而导致组织解体，且信息不透明、缺乏有效的治理结构使得谣言四起，不利于组织良性发展。

第三节　本章小结

从 2003 年非典疫情到 2008 年汶川地震再到 2020 年新冠肺炎疫情，多次的重大突发公共事件是对我国治理体系和治理能力的一次又一次大考。面对突发公共事件的复杂性、动态性和不确定性，我国目前已初步形成了具有中国特色的突发公共事件应急管理体系。社会组织作为有别于政府、市场的组织，以相对独立的第三部门身份，成为公共治理中不可或缺的治理主体之一。在公共治理体系中，社会组织具有一定的利益诉求代表特征，从而在协商与谈判中能够有效减少利益分配不均，尤其是对于少数和弱势群体。近年来，我国各类社会组织发展迅速，治理能力与水平不断提高，在历次的突发公共事件应急管理中，我们可以看到社会组织积极响应党和政府的号召，以自身独有的专业性和服务性精准补位，成为突发公共事件应急管理重要力量之一。

我国参与历次突发公共事件应急管理的社会组织涉及各类社会组织类型，包括社会团体、基金会、社会服务机构以及社区社会组织等。社会团体是基于成员利益相聚而成的，其行动的主要特点在于协调，辅助政府做好统筹协调社会力量参与应急管理的工作，打破政府部门与慈善组织之间的信息壁垒，解决信息获取效率低的问题。具体的实现方式包括标准规范、会议展会、培训教育、行规行约、价格协调、信息数据关系协调等。在应急管理中，这类社会组织有自己独特的优势，它是有宗旨、有组织、有资源的，在其所覆盖的行业和领域范围内有比较强的组织协调和调配能力。在预备管理、监测预警、风险评估、应急处置、管理协调、恢复重建等这些环节，行业协会能做一些工作，如信息数据的采集、统计分析、生产协调、产品资源调配、风险评估素材获取等。基金会作为一种以资金的筹集和运用为工具开展公益活动的组织，其所具有的非营利性、公益性、非政府性、财产性等特征决定了其能够在应急管理中发挥多样化的功能，满足不同群体和受众的需求，有效弥补政府失灵和市场失灵所造成的空白地带。基金会的善款主要来源于捐赠，不依靠财政补贴、行动相对独立，能依照明确的公益宗旨，实现捐赠人的各种公益意图，援助目标明确、支援速度更快，能关注到特定的弱势群体和边缘化地区，迅速解决应急管理中的特殊需要。由于近年来我国的基金会从基础慈善向更多领域扩展，在其所涉及的领域以项目化方式实现社会治理目标。因此，在应急管理中基金会可以针对应急管理的需求成立具体的项目参与援助，这样有利于进行项目风险控制和绩效评估，促进应急管理的科学化、规范化和标准化。社会服务机构这一类主体由于其包含各种从事社会服务活动的组织，包括民办学校、民办医院、民办艺术表演团体、民办法律援助中心等，涵盖范围较广，包含主体较多，因此在突发公共事件应急管理中能提供更多种类、更大范围的帮助。比如在疫情防控知识宣导、居民疫情信息咨询、人员的登记和排查、心理热线咨询等方面提供适合自己专业专长的服务。此外，社会服务机制能发挥自己的技能组织形式多样的活动，比如通过组织舞蹈课堂、合唱、视频录制等方式缓解医院内人员压力，以及各种爱心队伍通过社交媒体进行联络，帮助运送物资或者义务接送医务人员上下班，为医护人员提供住宿、饮食等基础保障等等。

总体来看，社会组织在国家治理体系和治理能力现代化建设进程中发挥着更为复合化和关键性的作用。在各类突发公共事件中，社会组织在灾前预警、应急救援和事后重建等阶段均能发挥出独特的优势与作用。因此，未来我们应进一步思考如何在突发公共事件应急管理中促成各参与主体形成长期合作的协同关系，克服现阶段应急管理中存在的困难和问题，使社会组织能够最大化发挥自己的效用，提高社会组织参与公共治理的能力和水平。

第八章 我国社会组织参与新冠疫情防控评估

第一节 基金会参与新冠疫情防控绩效评估：
以 Z 基金会为例

一、组织简介

Z 基金会是我国规模最大、最有影响力的慈善组织之一。Z 基金会以发扬人道主义精神，弘扬中华民族扶贫济困的传统美德，通过各种形式为生活困难的个人和群体提供社会救助为组织宗旨，组织任务主要包括筹募善款、组织志愿者队伍、举办社会慈善活动、资助并兴办慈善和社会公益事业以及广泛开展国际合作交流等。自成立以来，在政府有关部门的指挥领导下，组织在应急救援、帮扶贫困群众、安抚老人儿童、支持医疗、教育等方面发挥了重要作用。此外，Z 基金会通过与港澳台和海外公益慈善机构建立良好合作关系取得了国际慈善组织的普遍认同，在增进海内外联系、推动我国慈善事业稳步发展方面发挥了重要作用。

（一）组织产生与发展历程

在成立初期，为克服慈善事业经验不足和社会慈善意识淡薄带来的严峻挑战，Z 基金会通过努力摸索，为组织成功开辟出独立发展的道路，成为后来成立的慈善组织的榜样。在发展模式上，Z 基金会主要进行了以下探索：通过存本取息的方式成功筹集创始基金，迈出财务独立的第一步；根据慈善组织的实际情况，制定了既能满足业务需要又保证受赠资产使用独立性的新财务系统；为了保障机构规范化运作，逐步制定《Z 基金会章程》、《财务管理制度》等规章制度；确立以慈善项目促进慈善事业发展的思想，初步尝试设立并运作慈善项目，慈善援助项目体系初步成型。此外，Z 基金会还邀请著名专家学者进行理论研讨，并在各大媒体平台上开展系列相关报道，奠定了现代慈善事业发展的理论基础，做好了扎实的舆论准备。

随着我国慈善事业制度环境与社会环境的改善，Z基金会逐步完善了慈善援助体系和慈善项目运作体系，其社会影响力也随之日益增强。1998年，Z基金会开展了抗洪赈灾紧急救援行动，此次行动的巨大成功促进了其在全国性救灾捐赠活动中主体地位的确立。同年，Z基金会在拓展国际交流领域也取得了显著成绩，成为中国大陆上首批入会国际联合劝募协会的组织。此外，Z基金会在开发慈善项目方面也做出了很多努力，并通过烛光工程、慈爱孤儿工程等品牌项目建立了众多长期合作伙伴关系。通过开展救灾救援行动、加强国际合作交流、开拓慈善项目等一系列措施，Z基金会在慈善领域的作用日益突显。

（二）组织业务工作与主要职责

Z基金会坚持以"动员社会力量，以社会救助为重点，积极开展慈善活动，服务民生"为工作方针，其业务工作与主要职责包括以下内容：一是通过筹划各种形式的募捐活动、接受爱心企业、个人及其他组织捐赠、建立各类专项基金等方式积极筹募善款善物；二是向贫困地区和贫困人民提供各种形式的扶持，帮助其改善生活条件、提高生活质量；三是参与国内外事故灾害、自然灾害、公共卫生事件等突发公共事件的应急管理，根据政府的安排部署和灾区的应急需求开展紧急救援、恢复重建等救灾活动；四是积极开展扶老助幼的慈善公益事业，扶助儿童并提供社会养老服务；五是为残疾人和贫困患者提供医疗救助，并以各种形式向基层医疗卫生以及社会福利机构兴办的慈善医疗事业提供帮助；六是开展以学校和困难学生为重点的支教助学活动；七是积极响应国家号召，参加并推动公益慈善事业，包括在教育、文化、体育、科学、卫生、社会福利、公共设施建设以及环境保护等方面的援助活动；八是关心关爱优抚对象，并根据其需求为他们提供帮助和服务；九是组织参与慈善事业的志愿者队伍，开展各类公益活动；十是多渠道多领域多形式地开展以慈善为主题的宣传教育活动，总结慈善工作经验并推广典型，以传播慈善文化、培育慈善意识。此外，Z基金会还组织专家学者和慈善工作者潜心研究慈善文化、慈善理论以及慈善发展战略，指导并培训相关慈善工作人员的专业素养与业务能力，为探索中国特色现代慈善事业的发展道路不断努力。同时，Z基金会不断加强国际交流，引进国际慈善资源、参与国际援助、加强与国际组织、境外慈善机构、企业及个人的联系与合作。

（三）组织建设

1. 组织章程与规章制度

《Z基金会章程》由Z基金会的会员代表大会表决通过，该章程对基金会的性质、宗旨、业务范围、组织机构及负责人的产生与罢免、会员的进入与退出条件及其权利义务等做出了明确规定。由于筹募善款善物和开展慈善公益项目是Z基金会的重点工作，因此组织章程中特别就组织财产的管理与使用以及项目管理进行了明确规定，并实行严格的财务制度和审计制度。此外，该章程建立了信息公开制度，要求在社团登记管理机关指定的媒体上公布组织的基本信息、通过年度检查后的年度工作报告和经审计的财务会计报告、慈善项目实施情况、物资筹募情况等信息。为贯彻落实具体业务工作的开展及其管理监督，Z基金会陆续出台了一系列规章制度指导并保障相关工作顺利有效地实施。

2. 机构设置

Z基金会的常设机构包括办公厅、党委办公室、筹募部、项目部、联络部、财务部以及宣传部。其中，办公厅主要负责行政、人事和后勤等相关工作；党委办公室则需要协助党委开展党的组织、宣传与督查等；筹募部需要做好物资筹募相关工作；项目部负责设立、实施并管理慈善项目；联络部主要开展对外合作、外事接待以及团体会员联络等工作；财务部应做好社会捐款的财务管理及基金会的其他财务工作；宣传部则主要负责信息收集、政策理论研究以及新闻宣传等工作。此外，Z基金会设立了Z基金会新闻界志愿者慈善促进工作委员会、长期照护专业委员会和大众慈善促进委员会等分支机构，指导其开展各类主题的慈善公益项目；Z基金会还与其他事业单位联合主办了《慈善公益报》、《慈善》、《慈善周刊》、《中华慈善年鉴》等媒体编辑部，致力于传播慈善公益文化、促进慈善公益事业。

3. 突发公共事件应急救援体系建设

为建立、健全应对重大自然灾害、公共卫生、社会安全等突发公共事件的紧急救助体系，保证有效开展救灾捐赠活动以及支援灾区紧急救援和恢复重建工作，Z基金制定了《Z基金会特大自然灾害等救助应急预案》。该预案中明确了在开展重大突发公共事件应急救援时组织指挥和工作体系的基本情况、需要遵循的工作原则以及实行的应急运转机制和工作程序等。

为应对重大突发公共事件，Z基金做了三个方面的应急准备：一是资金准备，向政府部门和社会各界筹措救灾准备资金并实行专账管理；二是物资准备，建立救灾物资储备、调拨以及运输制度，大力储备救灾帐篷、衣被、毛毯、净水设备、小型发电机等紧急救援所需的救灾物资；三是人力资源准备，培育和发展志愿者队伍并建立志愿者队伍档案资料库。

当民政部和有关部门针对国内或国际重大突发公共事件启动一级应急响应并组织开展全国性救灾捐赠活动时，Z基金根据中央及有关政府部门的指令立即启动应急预案，开展紧急救灾工作。Z基金成立领导小组，参与中央、国务院抗灾救灾工作的协调，负责救灾捐赠、紧急救援和恢复重建等重大事项的决策和工作部署，安排分配救灾捐赠款物和救灾储备资金、物资，组织协调全国慈善系统的合作等。领导小组又下设资金组、物资组、宣传联络组、后勤保障组、监督组等临时工作机构，各司其职。其中，资金组负责救灾捐赠资金的接收、登记、立账、拨付、统计、接受审计和查询、发票管理等具体事务以及资金组志愿者队伍的管理；物资组负责救灾捐赠物资的接收、登记、派发、仓储、运输、报关、受助灾区物资的接收和监督、统计、接受审计等具体事务以及物资组志愿者队伍的管理；宣传联络组负责救灾捐赠活动的宣传、策划、媒体联络、公示、大型活动的宣传策划和组织等具体事务以及宣传组志愿者队伍的管理；后勤保障组负责救灾捐赠工作的后勤保障、志愿者队伍的管理、安排和培训、文书运转、档案管理、工作接洽、与政府部门和各慈善机构的沟通联络等具体事务；监督组负责对基金会安排和分配的捐赠资金、派发的捐赠物资发放和使用情况以及采购的救灾物资进行检查监督。

应急预案启动后，领导小组成员和各组组长组成指挥中心，所有事务的处理采取临时会商、电话通讯、传真、电子邮件、手机短信等方式解决，并形成负责人签字有效的文本存档。紧急援助工作包括：在中央级主流媒体公布基金会开展救灾捐赠活动的活动主题、热线电话、捐赠款物接受渠道和方式等重要事项；积极策划组织包括义演、拍卖、现场募捐等大型劝募活动；印制劝募宣传海报并张贴、策划宣传广告并报道以及向全体团体会员发出联合行动的呼吁书；建立与各媒体的联系网，每天在固定的媒体公布基金会接收捐赠活动情况、捐款人捐款到账名单以及捐款使用等重大工作信息；根据实际工作进展，适时召开新闻发布会或通告新闻稿，积极主动联络、组织新闻媒体对基金会活动进行报道等。

此外，应急预案中还明确了紧急救援阶段捐赠资金的接受与分配、捐赠物资的接收和派发、救灾物资的采购、救灾捐赠信息的统计与公示以及救灾捐赠款物使用的监督与检查等相关工作具体安排，保证迅速、高效、有序地落实相关工作。

二、绩效评估

（一）数据来源及计算

2021年4月23日，项目组对Z基金会进行了实地调研，以访谈和发放调查问卷的形式深入了解Z基金在突发公共事件应急管理方面的工作情况与经验，并在Z基金会官方网站收集更多相关资料作为补充，在充分收集一手数据的基础上，结合本项目所建立的基金会参与突发公共事件应急管理绩效评估体系，全面评估Z基金会参与疫情防控的绩效。

1.三级指标评分情况和二级指标的计算

根据三级指标的评分情况，可以通过指标权重计算出相应的二级指标的得分，例如二级指标 C311 包括 2 个三级指标 D3111 和 D3112，其权重分别为 20% 和 80%，其评分分别为 5 分和 3 分，则二级指标 C311=20%×5+80%×3=3.4 分，即处于合格水平，同理可以计算出其他相应二级指标得分及评估结果，具体见表 8-1。

2.二级指标得分情况和一级指标的计算

根据二级指标的评分及部分指标的得分情况，可以通过指标权重计算出相应的一级指标的得分情况，例如一级指标 B13 包括 3 个二级指标 C131、C132 和 C133，其权重分别为 7.38%、64.34% 和 28.28%，其评分分别为 3 分、3 分和 4 分，则一级指标 B13=7.38%×3+64.34%×3+28.28%×4=3.2828 分，即处于合格水平，同理可以计算出其他相应一级指标得分及评估结果，具体见表 8-2。

表 8-1 三级指标评分情况和二级指标的计算

二级指标	得分	三级指标	权重	评分	评估结果
C_{311}	3.4000	D_{3111}	20%	5.0000	优秀
		D_{3112}	80%	3.0000	合格
C_{312}	4.0000	D_{3121}	100%	4.0000	良好
C_{313}	4.7172	D_{3131}	7.38%	5.0000	优秀
		D_{3132}	28.28%	4.0000	良好
		D_{3133}	64.34%	5.0000	优秀
C_{314}	4.8068	D_{3141}	8.33%	5.0000	优秀
		D_{3142}	72.35%	5.0000	优秀
		D_{3143}	19.32%	4.0000	良好

表 8-2 二级指标得分情况和一级指标的计算

一级指标	得分	二级指标	权重	得分	评估结果
B_{11}	5.0000	C_{111}	100%	5.0000	优秀
B_{12}	5.0000	C_{121}	100%	5.0000	优秀
B_{13}	3.2828	C_{131}	7.38%	3.0000	合格
		C_{132}	64.34%	3.0000	合格
		C_{133}	28.28%	4.0000	良好
B_{14}	3.0000	C_{141}	100%	3.0000	合格
B_{21}	4.0000	C_{211}	33.33%	4.0000	良好
		C_{212}	66.67%	4.0000	良好
B_{22}	5.0000	C_{221}	25%	5.0000	优秀
		C_{222}	75%	5.0000	优秀
B_{31}	4.1180	C_{311}	45.41%	3.4000	合格
		C_{312}	4.70%	4.0000	良好
		C_{313}	13.41%	4.7172	优秀
		C_{314}	36.48%	4.8068	优秀
B_{32}	4.2828	C_{321}	28.28%	5.0000	优秀
		C_{322}	64.34%	4.0000	良好
		C_{323}	7.38%	4.0000	良好
B_{33}	4.8068	C_{331}	19.32%	4.0000	良好
		C_{332}	8.33%	5.0000	优秀
		C_{333}	72.35%	5.0000	优秀

（续表）

一级指标	得分	二级指标	权重	得分	评估结果
B_{41}	4.0000	C_{411}	100%	4.0000	良好
B_{42}	4.0000	C_{421}	44.99%	4.0000	良好
		C_{422}	14.33%	4.0000	良好
		C_{423}	20.29%	4.0000	良好
		C_{424}	14.33%	4.0000	良好
		C_{425}	6.06%	4.0000	良好
B_{43}	3.2500	C_{431}	25%	4.0000	良好
		C_{432}	50%	3.0000	合格
		C_{433}	25%	3.0000	合格

3.一级指标得分情况和维度层指标的计算

根据一级指标的得分情况，可以通过指标权重计算出相应的维度层的得分情况，例如维度层 A1 包括 4 个一级指标 B11、B12、B13 和 B14，其权重分别为 25.03%、16.35%、4.97% 和 53.65%，其评分分别为 5 分、5 分、3.2828 分和 3 分，则维度层指标 A1=25.03%×5+16.35%×5+4.97%×3.2828+53.65%×3=3.8417 分，即处于一般水平，同理可以计算出其他维度层指标得分及评估结果，具体见表 8-3。

表 8-3 一级指标得分情况和维度层指标的计算

维度	权重	得分	评估结果	一级指标	权重	得分	评估结果
A_1	39.36%	3.8417	一般	B_{11}	25.03%	5.0000	优秀
				B_{12}	16.35%	5.0000	优秀
				B_{13}	4.97%	3.2828	合格
				B_{14}	53.65%	3.0000	合格
A_2	4.83%	4.3333	良好	B_{21}	66.67%	4.0000	良好
				B_{22}	33.33%	5.0000	优秀
A_3	16.45%	4.6419	优秀	B_{31}	16.759%	4.1180	良好
				B_{32}	9.444%	4.2828	良好
				B_{33}	73.797%	4.8068	优秀
A_4	39.36%	3.9447	一般	B_{41}	64.34%	4.0000	良好
				B_{42}	28.28%	4.0000	良好
				B_{43}	7.38%	3.2500	合格

4. 综合得分计算

Z 基金会参与突发公共事件应急管理绩效的综合评估分别从组织能力（A1）、经济（A2）、效率（A3）和效果（A4）等 4 个方面进行考察，其权重分别为 39.36%、4.83%、16.45% 和 39.36%，且其得分分别为 3.8417 分、4.3333 分、4.6419 分和 3.9447 分，则综合得分 =39.36%×3.8417+4.83%×4.3333+16.45%×4.3333+39.36%×3.9447=4.0376 分。按照设计的评分标准，Z 基金会参与突发公共事件应急管理的能力处于良好水平。

（二）结果分析与讨论

由指标的综合得分可以看出，Z 基金会参与突发公共事件应急管理的能力处于良好水平，主要在人才队伍建设、通信保障以及可持续性等方面有待加强。下面将从组织能力、经济、效率和效果四个维度具体分析绩效评估结果。

1. 组织能力维度

Z 基金会在组织能力维度的得分为 3.8417，处于一般水平。满足基本运行条件是 Z 基金会参与突发公共事件应急管理的前提，而较为完善的应急救援体系是 Z 基金会在突发公共事件应急管理方面的工作亮点。此外，Z 基金会能够在突发公共事件发生后的第一时间发布更详细、更具针对性的通知、工作方案等，这些文件为其参与突发公共事件应急管理提供了有效指引和保障。可以看出，Z 基金会在合规性和有效性方面表现较好。尽管 Z 基金会在应急救援体系中强调了人力资源应急准备的重要性，但是在实际开展应急救援过程中，还是会面临人手不够的困境，而临时招募的志愿者往往在专业知识和技能以及职业操守等方面缺乏专业性，因此组织应重视并贯彻落实志愿者队伍的培育和发展以及志愿者队伍档案资料库的建立等人力资源准备工作。此外，Z 基金会的通讯网络建设也有待进一步完善，需要进一步加强与政府、社会公众、受益方的信息交流沟通，特别是与其他社会组织之间存在着信息不对称的情况，导致其在参与疫情防控的工作效率有待提升。

2. 经济维度

Z 基金会在经济维度的得分为 4.3333，处于良好水平。在参与突发公共事件应急管理的过程中，Z 基金会能够以较低的成本开展高质量、高效率的应急救援工作。在资金方面，Z 基金会所筹物资在按规定扣除管理费后，一般先按照捐赠人意愿进行定向拨付，然后由指挥部统一部署进行资源分配，而被扣除的管理费也主要用于支付 Z 基金会开展应急救援工作产生的工作成本；在人力方面，尽管 Z 基金会专职人员数量少，但是能够积极吸纳志愿者补充人力资源，而且将有限的人力资源安排到最需要的工作岗位上。

3. 效率维度

Z 基金会在效率维度的得分为 4.6419，处于优秀水平。这表明，无论是直接考察资源利用情况，还是从服务内容、服务提供情况等方面间接反映资源利用情况，Z 基金会均能够充分利用社会资源。在筹募物资方面，Z 基金会以赈灾义演、公益晚会、特别音乐会、拍卖会等各种各样的形式大力动员社会力量，表现优异；在监管方面，Z 基金会严格按照筹募工作方案开展物资接收、登记、拨付以及信息公开等工作并实行严格的物资监管制度；特别地，审计署还会就 Z 基金会总筹募物资的使用进行更为谨慎、严格的跟踪审计。此外，Z 基金会在慈善培训、舆论引导以及内外部组织协调沟通等方面也起到了重要作用。相对来说，Z 基金会在向社会公众宣传教育突发公共事件的预防和应对方面稍显力度不足。

4. 效果维度

Z 基金会在效果维度的得分为 3.9447，处于一般水平。Z 基金会基本能够完成突发公共事件应急管理的预期目标，且其应急管理工作获得了捐赠人、受益人、审计署及其他政府部门以及社会公众们的高度认可。在应急管理工作结束后，针对应急救援活动进行工作回顾并撰写总结报告是必不可少的工作环节。但是对于应急救援工作中的失误和不足之处关注度较低，在研究失误原因以及采取必要的改进措施方面力度不够，这不利于 Z 基金会在重大突发公共事件应急管理方面的进步与发展。此外，对于在突发公共事件应急救援过程中表现突出的工作人员或者犯有过失的相关部门和个人，Z 基金会也没有实行相应的奖惩机制，这不利于调动工作人员的积极性和创造性，进而会影响到组织应急管理绩效的提升。因此，Z 基金会应该提高在改进措施和奖惩机制建设两方面的重视程度，以促进组织在应急管理领域的发展。

第二节　社会团体参与疫情防控绩效评估：
以 W 联合会为例

一、组织简介

W 联合会是具有社团法人资格的非营利性社会组织、全国性行业组织，由从事商品生产与流通、生活服务业的企业、事业单位、社会组织及个人自愿结成。作为国内商贸流通领域最具综合性的联合会组织，W 联合会本着"服务、联合、创新、规范"的办会宗旨，坚持服务为本，发展为根，规范为纲的原则，致力于维护市场秩序、推进行业进步以及促进国家经济建设，充分其发挥桥梁纽带作用。

（一）组织业务工作与主要职责

首先，W 联合会积极维护市场秩序，保护各方合法权益。比如，会同其会员单位和代管协会搞好行业自律并信守商业道德，保护消费者合法权益；指导会员单位贯彻落实国家有关方针政策和法律法规，并代表会员与政府协商对话，反映其合理意见、要求和建议，保护会员单位合法权益。其次，W 联合会提供各种服务来帮助会员企业提质增效。比如，通过帮助企业开拓经营领域和流通渠道促进其转型升级；借鉴国外经验并引进资金技术推进国内企业现代化及制度建设；提供各类市场信息服务和科学技术导向为企业制定经营战略及目标作铺垫；指导会员企业开展对外与涉台交流合作，为其招商引资牵线搭桥；以及提供有关行业咨询、培训和市场调查研究等其他服务。最后，W 联合会积极协助政府部门开展有关工作，并为其建言献策。比如，认真完成政府委托、交办的各项任务；配合政府有关部门监督整改不符合质量标准的产品与企业；通过调查研究向政府反映行业情况和问题；参与制定、修改行业方针政策及各类标准工作并推进其贯彻实施等。此外，W 联合会还会通过推广、应用行业高新技术产品与成果，评比表彰行业内达标企业，协调会员单位及其与各部门、各地区的工作，举办各类行业年会、论坛、展览会、博览会、项目对接会等，致力于推进行业进步与发展。

（二）组织建设

在规章制度上，W 联合会制定了《W 联合会章程》指导、管理组织有关工作落实开展。该章程中明确了组织宗旨与使命、会员和组织机构的权利与义务以及管理监督办法，并强调了资产管理、使用以及信息公开的相关规定。W 联合会还建立了年度报告制度、信用承诺制度以及新闻发言人制度，并向社会公开有关信息，主动接受公众监督、回应社会关切。此外，W 联合会高度重视党建工作，有助于避免行业协会利益与人民利益的冲突，坚决服从组织宗旨与使命。

在机构设置上，W 联合会设有办公室、人事部、财务部、会员部、研究室、国际合作部、行业发展部、科技质量部、信息部、培训部、会展部、党委办公室、市场部、商业职业技能鉴定指导中心等 14 个工作机构，各工作机构各司其职，分别负责行政、人力、财务、会员等方面的日常监管以及行业标准制定与修订、行业培训与教育、信息统计与调查、国际沟通与交流、项目洽谈与合作、党风廉政建设等方面的工作开展。W 联合会还包括 30 个分支机构、4500 多家直接会员以及 8 万多家间接会员，凝聚了各界行业力量。通过与全国 22 个省区市的 50 余家地方性商业联合会建立紧密的合作关系和高效率的沟通、工作机制，充分发挥群体优势。此外，在政府委托下，W 联合会主管国内外公开发行的报刊并代管企事业单位、全国性专业协会、学会及研究会等共 86 家单位，在协助政府进行行业管理方面发挥着重要作用[①]。

二、绩效评估

（一）数据来源及计算

2021 年 4 月 23 日，项目组对 W 联合会进行了实地调研，以访谈、发放调查问卷的形式深入了解 W 联合会在突发公共事件应急管理中的工作情况与经验，并在 W 联合会官方网站收集更多相关资料作为补充。通过对所有资料的认真阅读与梳理分析，结合评分标准为每项最底层评估指标打分。

1. 三级指标评分情况和二级指标的计算

根据三级指标的评分情况，可以通过指标权重计算出相应的二级

---

① 资料来源：http://www.cgcc.org.cn/

指标的得分，例如二级指标 C311 包括 2 个三级指标 D3111 和 D3112，其权重分别为 20% 和 80%，其评分分别为 5 分和 3 分，则二级指标 C311=20%×5+80%×3=3.4 分，即处于合格水平，同理可以计算出其他相应二级指标得分及评估结果，具体见表 8-4。

表 8-4　三级指标评分情况和二级指标的计算

二级指标	得分	三级指标	权重	评分	评估结果
C_{311}	3.4000	D_{3111}	20%	5.0000	优秀
		D_{3112}	80%	3.0000	合格
C_{312}	3.0000	D_{3121}	100%	3.0000	合格
C_{313}	4.2868	D_{3131}	7.38%	3.0000	合格
		D_{3132}	28.28%	3.0000	合格
		D_{3133}	64.34%	5.0000	优秀
C_{314}	4.9167	D_{3141}	8.33%	4.0000	良好
		D_{3142}	72.35%	5.0000	优秀
		D_{3143}	19.32%	5.0000	优秀

2. 二级指标得分情况和一级指标的计算

根据二级指标的评分及部分指标的得分情况，可以通过指标权重计算出相应的一级指标的得分情况，例如一级指标 B13 包括 3 个二级指标 C131、C132 和 C133，其权重分别为 7.38%、64.34% 和 28.28%，其评分分别为 4 分、5 分和 4 分，则一级指标 B13=7.38%×4+64.34%×5+28.28%×4=4.6434 分，即处于优秀水平，同理可以计算出其他相应一级指标得分及评估标准，具体见表 8-5。

8-5　二级指标得分情况和一级指标的计算

一级指标	得分	二级指标	权重	得分	评估结果
B_{11}	5.0000	C_{111}	100%	5.0000	优秀
B_{12}	3.0000	C_{121}	100%	3.0000	合格
B_{13}	4.6434	C_{131}	7.38%	4.0000	良好
		C_{132}	64.34%	5.0000	优秀
		C_{133}	28.28%	4.0000	良好
B_{14}	4.0000	C_{141}	100%	4.0000	良好
B_{15}	4.0000	C_{151}	66.67%	4.0000	良好
		C_{152}	33.33%	4.0000	良好
B_{21}	4.0000	C_{211}	33.33%	4.0000	良好
		C_{212}	66.67%	4.0000	良好

一级指标	得分	二级指标	权重	得分	评估结果
B_{22}	4.0000	C_{221}	25%	4.0000	良好
		C_{222}	75%	4.0000	良好
B_{31}	4.0528	C_{311}	45.41%	3.4000	合格
		C_{312}	4.70%	3.0000	合格
		C_{313}	13.41%	4.2826	良好
		C_{314}	36.48%	4.9167	优秀
B_{32}	4.2828	C_{321}	28.28%	5.0000	优秀
		C_{322}	64.34%	4.0000	良好
		C_{323}	7.38%	4.0000	良好
B_{41}	4.0000	C_{411}	100%	4.0000	良好
B_{42}	4.9262	C_{421}	64.34%	5.0000	优秀
		C_{422}	28.28%	5.0000	优秀
		C_{423}	7.38%	4.0000	良好
B_{43}	3.2500	C_{431}	25%	4.0000	良好
		C_{432}	50%	3.0000	合格
		C_{433}	25%	3.0000	合格

3. 一级指标得分情况和维度层指标的计算

根据一级指标的得分情况，可以通过指标权重计算出相应的维度层的得分情况，例如维度层 A1 包括 5 个一级指标 B11、B12、B13、B14 和 B15，其权重分别为 24.87%、15.92%、4.92%、48.88% 和 5.41%，其评分分别为 5 分、3 分、4.6434 分、4 分和 4 分，则维度层指标 A1=24.87%×5+15.92%×3 +4.92%×4.6434+48.88%×4+5.41%×4=4.1212 分，即处于良好水平，同理可以计算出其他维度层指标得分及评估标准，具体见表 8-6。

8-6 一级指标得分情况和维度层指标的计算

维度	权重	得分	评估结果	一级指标	权重	得分	评估结果
A_1	39.36%	4.1212	良好	B_{11}	24.87%	5.0000	优秀
				B_{12}	15.92%	3.0000	合格
				B_{13}	4.92%	4.6434	优秀
				B_{14}	48.88%	4.0000	良好
				B_{15}	5.41%	4.0000	良好

（续表）

维度	权重	得分	评估结果	一级指标	权重	得分	评估结果
A_2	4.83%	4.0000	良好	B_{21}	66.67%	4.0000	良好
				B_{22}	33.33%	4.0000	良好
A_3	16.45%	4.1295	良好	B_{31}	66.67%	4.0528	良好
				B_{32}	33.33%	4.2828	良好
A_4	39.36%	4.2066	良好	B_{41}	64.34%	4.0000	良好
				B_{42}	28.28%	4.9262	优秀
				B_{43}	7.38%	3.2500	合格

4. 综合得分计算

W 联合会参与突发公共事件应急管理绩效的综合评估分别从组织能力（A1）、经济（A2）、效率（A3）和效果（A4）等 4 个方面进行考察，其权重分别为 39.36%、4.83%、16.45% 和 39.36%，且其得分分别为 4.1212 分、4 分、4.1295 分和 4.2066 分，则综合得分 =39.36%×4.1212+4.83%×4+16.45%×4.1295+39.36%×4.2066=4.1503 分。按照设计的评分标准，W 联合会参与突发公共事件应急管理的能力处于良好水平。

（二）结果分析与讨论

由指标的综合得分可以看出，W 联合会参与突发公共事件应急管理的能力处于良好水平。由于 W 联合会参与突发公共事件应急管理的经验较少，因此在参与突发公共事件应急管理的组织能力建设、社会动员、学习发展以及可持续性等方面还存在着有待改进的地方。下面将从组织能力、经济、效率和效果 4 个维度具体分析绩效评估结果。

1. 组织能力维度

W 联合会在组织能力维度上的综合得分是 4.1212 分，处于良好水平。由于缺乏应急救援体制建设，W 联合会参与突发公共事件应急管理的有效性、人才队伍建设以及通讯网络建设均有待加强。虽然在突发公共事件发生后，W 联合会会迅速出台相关临时性文件，但较不完备，因此在指导应急管理活动高效实施方面缺乏保障力。此外，人才队伍和通讯网络建设水平较低也会影响组织参与突发公共事件应急管理的效率和质量。作为协助政府开展突发公共事件应急管理的生力军以及政府和企业之间的桥梁，W联合会在组织日常管理中应该重视应急救援体系建设、人才队伍建设和通讯网络建设，在参与突发公共事件过程中也应该特别重视战略计划制定和应急需求评估，才能够为政府、企业和社会公众提供更高质量、更高效率的公共服务。

2. 经济维度

W联合会在经济维度的综合得分是4分，处于良好水平。W联合会在政府与企业之间起着桥梁纽带的作用，因此资金和人力的投入与使用都离不开其分支机构、代管协会及会员单位的支持。在资金上，W联合会主要依赖其分支机构、代管协会及会员单位捐款捐物，然后将物资上交中央组织部，再由政府统筹分配；在人力上，除了广泛动员组织中的党员和职工群众，W联合会还积极联合其会员单位及代管协会直接或间接地参与到突发公共事件的应急管理中，充分发挥其群体优势。整体来说，W联合会在资金方面做到了运转高效，在人力投入方面做到了全力以赴。

3. 效率维度

W联合会在效率维度的综合得分是4.1295，处于良好水平。作为行业协会的生力军，W联合会在突发公共事件应急管理中重点对接其会员单位应急需求并协助政府开展有关应急工作，在提高自身及其分支机构、会员单位和代管协会的政治站位和思想认识，出台行业经营服务指南、为政府部门建言献策，反映行业诉求、为企业排忧纾困，合理有序引导行业复工复产复市、保障基本民生物资稳定供应等方面做出了重要贡献。但是W联合会在社会动员、学习发展以及信息披露等方面有待进一步改进。虽然W联合会广泛动员了组织党员和职工群众、会员单位及代管协会参与疫情防控，但在组建志愿者队伍以及向社会公众宣传科普突发公共事件的预防和应对、增强安全防范意识等方面投入较少。特别地，W联合会在指导、培训会员单位做好自身防护工作方面的力度不足。此外，虽然W联合会在应对突发公共事件中较少对接社会公众，但是及时准确地向社会公众发布应急信息、提高信息透明度仍然是有必要的，因此W联合会应重视并完善信息公布平台建设。

4. 效果维度

W联合会在效果维度的得分是4.2066，处于良好水平。W联合会在应急救援中提供的服务基本能够满足组织的预期目标，而且这些服务得到了社会公众的充分肯定，特别是政府和会员单位的高度评价。值得注意的是，W 联合会需要进一步重视应急管理工作的可持续性发展。仅仅依靠工作总结与经验交流来提升应急管理能力是不够的，有效的改进措施和奖惩机制也十分必要。具体来说，W 联合会应该重点关注应急管理工作中的重大失误与不足并查明原因，据此对现有的规章制度、内部治理结构等进行完善，或是做好提前预防和解决方案，防止类似的情况在未来再次发生，以更好地进行应急管理。在激励机制方面，W 联合会不仅可以对组织内部职工群众实行奖惩机制，还可以对在突发公共事件应急管理中表现突出的分支机构、会员单位、代管协会等采取激励措施，通过对他们在应急管理方面付出的努力予以肯定，调动他们参与突发公共事件应急管理或类似事件的积极性。

第三节　本章小结

基于社会组织参与突发公共事件应急管理绩效评估指标体系，本章分别以 Z 基金会、W 联合会参与新冠疫情防控为例，对基金会、社会团体参与突发公共事件应急管理的绩效进行评估。

从 Z 基金会的综合得分来看，Z 基金会参与突发公共事件的应急管理能力总得分为 4.0376 分，处于良好水平。分维度来看，组织能力、经济、效率和效果维度的分值分别为 3.8417 分、4.3333 分、4.6419 分、3.9447 分。其中效率维度得分最高，反映出 Z 基金会能够充分利用社会资源，在服务内容与服务提供情况等方面都表现良好。组织能力与效果维度得分较低，这和我们在访谈中了解到的情况基本一致。Z 基金会在开展应急救援过程中，尤其是一些重大突发应急事件中，出现了人手不够的情况，临时招募的志愿者在专业知识和技能等方面又存在问题，从而影响了其组织能力维度的得分。此外，基金会的通讯网络建设也有待进一步完善，特别是基金会与其他社会组织之间存在着信息不对称的情况，影响了应急管理工作的效率和效果。

W 联合会参与突发公共事件应急管理的整体绩效得分为 4.1503 分，表明其应急管理能力处于良好水平。从具体维度来看，组织能力、经济、效率和效果各分指标的得分分别是 4.1212 分、4 分、4.1295 分、4.2066 分。由于

W联合会的会员主要是从事商品生产、商品流通、饮食、服务业的企事业单位，其宗旨是"坚持为企业整体利益服务，维护会员的合法权益，搞好行业自律，协调职能，充分发挥桥梁纽带作用"[①]，参与突发公共事件应急管理的经验较少，因此在参与突发公共事件应急管理的组织能力建设、社会动员、学习发展以及可持续性等方面还存在着有待改进的地方。在 2020 年新冠疫情防控中，W联合会在为企业排忧纾困、为政府部门建言献策、为群众保供稳价以及引导行业复工复产复市等方面发挥了重要作用，也为其后更好地参与各类突发公共事件积累了经验。

---

① 资料来源：http://www.cgcc.org.cn/

第九章　政策建议

第一节　健全法律法规

一、社会组织领域法律与制度

从法律角度解决社会组织参与应急管理的问题，首先要解决的是社会组织立法缺失问题，并且在既有立法中转变我国政府主导、义务管制思路，将立法理念从义务本位向权利本位转变、从国家本位向社会本位过渡。通过对于社会组织法律体系的建设，在制度顶层设计中实现对社会组织可持续发展的保障，以此顺应市场经济对私益保护的要求、推动实现国家与社会治理的协同共进。

（一）转变社会组织立法理念

1.树立非管控理念

我国长期以来对社会组织采取防范性、控制性和约束性的管控理念，在经济不断发展的背景下，这种思路已经影响到社会组织成长发展及作用发挥。只要社会组织的活动不损害国家、社会和人民利益，就应当减少限制、积极下放权力，为其创造宽松的法律和政策空间。第一，在社会组织准入中逐步拓展允许依法直接登记的组织类型、简化登记注册程序和条件。第二，应当取消对社会组织数量限制的规定，允许类似社会组织在相关领域展开竞争，从而优化服务提供的质量和效率。第三，减少社会组织与政府间人事关联程度，给予社会组织独立的发展空间。

2.树立权利本位理念

目前我国社会组织立法中所面临的困境，归根结底是由于立法理念的出发点给予社会组织义务本位的设定，造成权利义务缺位或不对等。甚至即使在原则条款上确定了保护社会组织和志愿者的合法权益，具体条文也并未将其贯彻落实，责任多而权利少[①]。立法应当尽快实现理念转变，对社会组织规制由义务本位转向权利本位。社会组织领域的权利本位包括了社会组织本身以及工作人员、志愿者、捐赠人等个体，要围绕宪法结社权的实现，全面加强对相关主体的权利保护和权利救济，行政法中体现适度管理而非严格限制、民商法中体现价值指引而非行为强制、社会法中体现互相关怀而非相互钳制[②]。

（二）尽快推动社会组织领域法律自成体系

在社会组织领域，目前主要发挥作用的是《社会团体登记管理条例》、《民办非企业单位登记管理暂行条例》和《基金会管理条例》三部行政法规，效力等级较低，其无法保障我国宪法第35条所规定的公民享有结社的权利，因此亟需一部规范、统一、权威的社会组织法，将多年来各地对社会组织改革中的新思路、新探索予以制度化，明确社会组织的主体要素、法律资格、活动行为、财产监管、责任承担、社会监督等方面[③]。在法律法规修订过程中，应当注意以下问题：

1. 坚持直接登记和双重管理有机统一

上世纪九十年代起，我国逐渐形成了登记管理机关和业务主管单位各司其职、协调配合的双重管理体制，该制度主要基于政府管理需要、降低政治责任风险，但同时也产生了诸多问题，限制了社会组织发展。例如社会组织要经过两部门甚至多部门的审批无疑是其登记的隐形障碍，同时也造成部门间监管责任推诿、监管内容重复。故而党的十八届三中全会提出重点培育和优先发展行业协会商会类、科技类、公益类、城乡社区服务类社会组织，成立时直接依法申请登记。这将有效降低准入门槛、简化登记程序。但双重管理制度也有其必要之处，对跨领域、跨行业以及业务宽泛、不易界定的社会组织，民政部门应当严格登记审查、组织相关利益方论证并听取多方面意见加以综合研判，循序渐进推动双重管理制度改革。

---

① 贾西津：《〈慈善法〉落地将带来哪些变化？社会组织责任大、权利小》，http：//www.chinadevelopmen-tbrief.org.cn/news-18777.html

② 杨道波，李永军.中国非政府组织立法60年回顾与反思[J].山西师大学报(社会科学版)，2011，38(01)：18-22.

③ 周红云.中国社会组织管理体制改革：基于治理与善治的视角[J].马克思主义与现实，2010(05)：113-121.

2. 进一步探索并完善登记管理制度

目前明确可以直接依法登记设立的仅包括行业协会商会类、科技类、公益慈善类、城乡社区服务类社会组织，未来可以有序扩大登记制度范围，纳入更多服务性、公益性社会组织。与此同时，民政等相关部门需要尽快制定社会组织具体的分类标准和实施办法，给予社会组织明确且积极的信号，激发创造力。例如，上海对于地市级异地商会在民政部授权下采取注册登记制，取消审批程序，并通过《上海市异地商会登记管理办法》对其内部治理和监督管理作出明确规定，完善综合监管体系，对推动上海与其他省市的经济交流起到积极作用。

3. 创设备案制度

学界普遍认为，降低社会组织准入门槛，除了直接登记制外，备案制度也是一种有效路径，区别在于备案的社会组织不具备法人资格。但是从域外经验看，社会组织的合法性并不以登记为必要条件，可以由设立人按照属地原则向政府有关部门备案，从而拥有特定的法定权利。我国多地也在探索备案制度，将一定的权利给予一些不满足当地登记条件但对于社会经济等有序和谐发展有利的社会组织。例如，上海便将群众按照不同需求和兴趣爱好自发形成的群众活动团队采取备案制，收集名称、召集人、活动内容、地点、党建联络员等信息，目前上海共有涉及文化艺术、体育健身、休闲爱好等多类群众活动团队 2.8 万个，对于丰富群众精神文化生活、构建和谐社区发挥重要作用[①]。

4. 完善社会组织法人治理结构制度

社会组织健康发展的前提是具备健全完善的法人治理结构。《民法典》按照各类法人设立目的的不同，将法人区分为营利法人、非营利法人和特别法人。其中非营利法人包括事业单位、社会团体、基金会、社会服务机构等。法律规定了基金会、社会服务机构等社会组织取得捐助法人资格的条件，包括具备法人条件，为公益目的以捐助财产设立的，经依法登记成立。要完善对于捐助法人治理结构的条款。捐助法人应当制定法人章程，作为其行为活动的根本遵循，督促自我约束；应当设监事会等监督机构。这些规定对于社

---

① 上海市民政局.上海社会组织发展二十年(1999-2018年)[M].上海：格致出版社，上海人民出版社，2019：70.

会组织法治化建设具有极其重要的意义，也使社会组织真正成为权责明确、运转协调、制衡有效的法人主体。

二、应急管理领域鼓励社会组织参与相关立法

历经十余年的立法实践，我国初步形成了以《突发事件应对法》为基本法，其他相关单行法、行政法规、部门规章等为补充的应急管理法律体系，社会防范突发事件风险的能力基本建立起来。但与突发事件新的历史特点相比，仍显得不完善不规范，尤其在社会组织参与应急管理方面，长期缺乏具体全面的规定，也成为制约我国社会治理效能发挥的重要因素。

1. 修订突发事件应对法，促进社会组织有序参与

随着经济社会发展，2007 年颁布施行的《突发事件应对法》已经无法适应新时期突发事件日益增强的综合性、不确定性，尤其近年连续遭遇的多起突发事件暴露出该法本身不完善、实施效果未达预期。具体而言存在以下问题：其一，面对大灾大难底线思维不足，没有进一步细化非常规应急管理，没有预留安全冗余、对峰值需求估计不足；其二，应急管理制度架构调整过程中，专业性增强，但统筹性和综合协调性不足；其三，受制于应急管理事业阶段性发展特点，其针对性和操作性不强，各类法规间协调衔接不畅[1]。

本次新冠疫情所表现出的全球冲击力、全域性威胁性，对各国应急管理体系提出新挑战。我国采取举国体制加战时体制，广泛以"战时状态"进行全社会动员，仅从结果看，"战疫"成果显著。但另一方面也说明了面对类似本次疫情这种发生概率极低的突发事件，现有的常规应急管理的法律制度体系难以应对，亟需推动我国应急管理体系的进一步改革，修订相关法律。2020 年 4 月，《突发事件应对法》的修改正式启动。

就社会组织参与应急管理而言，《突发事件应对法》仅作出原则性规定，如第 48 条提及突发事件发生后，政府应当调动应急救援队伍和社会力量，依法采取应急处置措施，但对于社会组织在应急管理活动中的角色定位、权利享有、责任承担等均为立法空白。需要设计更具体措施，建立社会力量有序参与应急管理的机制，发挥社会组织在突发事件的预防与检测、处置与救援、恢复

---

① 钟雯彬.《突发事件应对法》面临的新挑战与修改着力点[J].理论与改革，2020(04)：24-37.

与重建的功效。第一，完善社会动员机制。在党的集中统一领导下，继续发挥集中力量办大事的体制优势，同时创新思路理念，增强全民安全意识和应急能力，落实政府与社会组织在应急管理领域的职责分工，真正构建社会治理的合作机制。第二，完善社会组织健康发展的制度环境。明确政府应当为社会组织参与应急管理提供行政指导和资金支持，增强社会组织动员全民参与的能力。

2. 制定紧急状态法，为应急管理工作提供更完备的法律指引

2004 年宪法修正案中，"紧急状态"作为"戒严"的替换词汇被立法者引入宪法条文，此后为细化紧急状态的规定和制度设计，制定一部《紧急状态法》成为立法工作的重点。《紧急状态法》立法目的在于规范国家机关行使紧急权力、保障社会组织行使应急权力，这与《突发事件应对法》具有显著差异，其主要明确政府应急管理职责，遵循依法行政和程序法治原则。因此，《紧急状态法》对于超出政府应急管理能力的事务，赋予社会组织应急权力，以充分发挥社会应急管理力量，促进应急管理工作有序开展，最大程度降低突发事件给社会公众带来的损失。

在实践中，根据我国渐进式立法路径，《紧急状态法》并未一次性到位，只是政府职责部分被《突发事件应对法》首先确立，但是在《突发事件应对法》第 69 条仍然为发生特别重大突发事件进入"紧急状态"预置立法空间。在新冠疫情背景下，由于《突发事件应对法》所规定的应急处置措施不能消除或者有效控制、减轻其严重社会危害，全国各地被迫采取了最全面最严厉但无法无据的管制措施，因此有必要推动《紧急状态法》的立法进程，实现与宪法的紧密衔接。尤其应当注意对于社会组织等社会力量的应急权力赋予法律依据，给予其在应急管理中合法地位。首先，明确具体实施紧急状态的社会组织和公民个人遵照法律规定所采取的应对紧急状态的行为豁免法律责任。其次，明确国家机关关于因实施紧急状态导致其合法权益受到损害的公民、法人和其他组织有获得补偿的权利[①]。包括责任豁免和补偿权利等建议

---

① 《中华人民共和国紧急状态法》(专家建议稿)立法释义，http://www.iolaw.org.cn/showNews.aspx?id=22239.
第二十二条 在实施紧急状态期间，国家机关因行使紧急权力给公民、法人和其他组织的人身权利和合法财产造成不必要的损失的，遭受损失的公民、法人和其他组织应当获得相应的损失补偿。
第五十一条 实施紧急状态期间，具体实施紧急状态的国家机关、社会组织和公民个人依法采取的各项应急措施，不承担法律责任。

能够打消社会组织参与应急管理的顾虑，有效促进多元主体下的社会治理格局形成。

3.实施应急救援的行政委托法律制度，激发社会组织参与应急管理的积极性

在紧急状态法出台前，可以通过行政委托保障社会组织参与应急管理活动合法性、正当性，即应政府要求参与应急管理的社会组织在活动过程中，其行为具有行政行为的效力[①]。由此，社会组织因应急行为造成第三方损失的，由委托机构承担赔偿责任，这一规定会改变当下社会组织参与应急活动的不合理负担，改变谁参与应急救援谁吃亏的局面，激发社会组织参与应急管理活动的积极性。

第二节　完善扶持政策

一、促进社会组织发展的财税政策

我国社会组织在历次突发事件中发挥出的积极作用，得到了政府的肯定，正所谓"有为才有位"。反过来，政府也应当通过积极的财税政策，推动社会组织自身建设、充分发挥效能，寻求建立一条与社会组织共同治理的合作之道。

近年来，我国社会组织的财税政策逐步建立起来，但与别国相比，仍然存在着对社会组织资助的规范不明确、对不同类型社会组织资助内容不平等、对资助的绩效评估和社会监督不到位等问题。亟需在我国基于本国国情基础，学习他国先进经验，综合考虑颁布全面的社会组织的财税政策，通过多元化手段促进社会组织积极参与社会治理活动。主要由财政支持和税收优惠两部分内容构成，前者包括整体拨款、具体项目资助、合约、贷款和贷款保证、服务消费券或报销等形式，后者主要指对社会组织和捐赠者的税收减免[②]。同时，在保证社会组织享有广泛财税激励的同时，也要对社会组织享受财税

---

① 莫纪宏.《突发事件应对法》及其完善的相关思考[J].理论视野，2009(04)：47-49.

② 王名，董文琪.社会组织财税政策研析[J].税务研究，2010(05)：8-14.

政策的细节加以规范。

（一）财政支持

财政支持对于社会组织发展具有"挤入效应"，一方面财政支持令社会组织直接获得发展所需的资金物资，另一方面政府资助意味着对社会组织合法性的认可，能够提升公信力从而吸纳更多社会捐助。其中，来自中央政府的财政支持更被看作一种政治信号，能够有效促进社会组织发展[①]。

在政策实施中，需要从以下几方面加以改进：

1. 合理确定财政支持的重点领域。支持项目需要在发展示范项目、承接社会服务试点项目（儿童关爱、扶老助残、救助扶贫）、社会工作服务示范项目、人员培训示范项目等四类中严格筛选，并根据国家现阶段重大任务予以倾斜。

2. 强化项目申报制规范性的同时，积极探索合同制。目前我国实践中存在三种具体的财政支持方案，即合同制、直接资助制和项目申报制。其中项目申报制是普遍形式，运作机制介于其余两种模式之间，具体采取事前招投标、事后动态监管审查评估方式。合同制作为国际最规范先进的模式，需要严密的法制机制，在政府与社会组织间形成有法律严格保障的合同关系，能够维护双方权益，实现社会效益最大化。

（二）税收优惠

1. 完善社会组织税收管理制度

其一，优化社会组织免税资格管理。捐赠收入作为社会组织的重要收入来源之一，对该部分收入免征企业所得税能够极大程度促进社会组织可持续发展。目前可以通过下述方面完善社会组织免税资格的取得及监管：采取信息化办税方式以简化流程、统一标准；采取直观清晰的政策宣传方式以促使社会组织掌握政策动向、降低涉税风险；通过网络发布免税组织名单等方式推动信息公开、加强社会监督和公众监督[②]。另外，为防止免税资格这一税法特别条款被滥用，应合理限定享受优惠待遇的社会组织范围，对组织的种类、目标及活动内容作出明确规定，一般仅涉及公益慈善、医疗卫生、文化教育等方面。

---

① 陈晓春，刘娅云.中央财政支持对社会组织绩效影响研究——基于两阶段DEA模型[J].湖南大学学报(社会科学版)，2020，34(04)：57-64.

② 符少花.优化非营利组织免税资格管理比较与借鉴[J].税务研究，2020(12)：102-106.

其二，完善社会组织优惠待遇分类管理。民政部和税务机关可以组织专业的第三方评估机构对社会组织的公信度及专业技能进行评估，并辅以纳税信誉等级等指标，对社会组织实施分类管理，即对合格者可采取简易管理方式、简化免税程序，对不合格者严格监管、防止滥用税收优惠。另外可为社会组织建立专门的票证管理体系，使用统一的捐赠票据，作为捐赠人所得税扣除的唯一凭证①。而完善后的票证管理体系也对社会组织财务工作起到了监督和规范作用。

其三，完善社会组织综合管理的信息共享机制。我国目前形成政府对社会组织的综合监管体系，民政部门负责登记管理、业务主管部门负责业务监管、税务部门负责财产和财务收支的监管。但由于对财产和财务的管理是动态持续的，仅靠税务部门监管力度不够，需要在政府部门间建立信息共享交流平台，一方面保障各部门及时掌握免税组织的活动状况，另一方面也减少社会组织被重复审查的繁琐无效率问题。

2. 完善社会组织和捐赠者享有的税收优惠政策

（1）拓展社会组织享受税收优惠的范围。我国目前尚未形成关于社会组织的税收优惠体系，存在着优惠待遇不平等现象，应当对现行政策加以梳理，将共同的优惠待遇从所得税扩展到其他税种，制定统一的减免税政策。在流转税方面，考虑扩大享受优惠待遇的社会组织范围，对公益性社会组织销售商品、提供劳务免征增值税，对符合小规模纳税人的互益性社会组织按3%计征增值税，减轻社会组织税收负担。考虑对社会组织专职人员的个人所得税实行减征或免征，既能激发公民参与社会组织事业发展的热情，又能在缓解社会组织经费紧张的同时提升从业人员素质。

（2）逐步提升捐赠者享受税收优惠的力度。提高货币捐赠的抵扣限额。随着我国经济社会发展，企业和个人的社会责任感与日俱增，我国慈善事业迎来发展的历史机遇。为了落实《中共中央关于全面深化改革若干重大问题的决定》提出的慈善捐助减免税制度，可考虑适当将企业货币捐赠的抵扣限额由12%提高至15%，对于个人货币捐赠提高至50%，增强捐赠意愿。允许社会实物捐赠抵扣。目前股权捐赠按照历史成本而非公允价值计价，不动

---

① 靳东升，原泽文，凌萍.支持社会组织发展的税收政策研究[J].财政研究，2014(03)：24-28.

产和无形资产捐赠需缴纳契税，企业物资捐赠视同销售，这些关于实物捐赠的规定都在一定程度上制约了捐赠人的捐赠意愿，阻碍了社会组织吸纳整合社会资源的能力，因此应当考虑废除并对实物捐赠实行税前抵扣，与货币捐赠保持一致。

（三）规范财税政策实施细节

在保证社会组织享有广泛财税激励的同时，还需要注意以下方面：（1）限定享受优惠待遇的社会组织范围。财税政策并不是必须覆盖所有社会组织，以税收优惠制度为例，其所依据的条款均是各国税法的特别条款，是为实现社会治理的特定目标而作出的变通。以世界各国立法经验来看，为防止特别条款的滥用，法律对于享有权益社会组织的种类、目标及活动内容作出明确规定，一般仅涉及公益慈善、医疗卫生、文化教育等方面。（2）细化使用公共资金的具体约束。按照权责统一原则，社会组织在享有特殊财税激励的权利下，应当受到公众和社会监管。例如，政府通过制定相关制度法规，在给予社会组织补贴、政策优惠、建立长期业务外包合作，助力社会组织发展的同时，对社会组织的公共资金使用方式方法、对象、流程手续等进行具体的明确的约束和要求。

二、推动社会组织能力建设的治理政策

从发展历程来看，我国社会组织仍处于新生阶段，自身存在着专业化水平弱、业务技术能力不强、区域性规模扩张缓慢、资源整合基础匮乏等突出问题。社会组织能力建设的殷切期望和支持主要来自党中央、中央政府和地方各级政府。党中央的指导文件为社会组织建设指明了方向，营造了良好的政治环境，如十九大报告明确"发挥社会组织作用"，体现了党和国家对于社会组织建设的重视。另一方面，中央及地方政府的支持和改革等政策的颁布则为社会组织的建设提供了更为直接的支持和保障，如2020年民政部下发的《培育发展社区社会组织专项行动方案（2021—2023年）》，就指出要将培育骨干人才、对接活动项目、提升专业服务能力等方面作为社区社会组织的扶持方向。社会组织能力建设对参与重大突发公共事件应急管理尤为重要，而政府能够通过制度变革对社会组织能力培育起到积极作用。

"放、管、服"改革回应了我国深化行政体制改革、转变政府职能的要求，

对于社会组织建设而言，我国政府对于"放、管、服"改革的重视是社会组织发展的难得历史机遇，而政府在推动改革的进程中也应当重视社会组织的需求。

在改革进程中，政府购买服务这一项制度安排成为连结政府、市场和社会间的桥梁纽带，不仅促进政府向服务型职能的转变，也推动社会组织提供服务的质量提升。改革需要在以下三个方面持续推进：

（1）进一步深化简政放权。明确社会组织作为社会治理主体之一的地位，推动部分公共治理的权力和职能向社会流动，发挥社会组织弥补政府和市场失灵的作用。

（2）进一步推动监管创新。重视社会组织等社会力量的参与，破除政府内部单一监管的弊端，形成新的政府、市场和社会联动的综合监管体系，相互监督、相互促进。

（3）进一步完善服务提供。社会组织能够提供多样化和个性化需求，有效弥补政府服务的缺失，通过政府购买服务的方式能够为社会组织提供活动的资源支持，并在委托、承包、采购等过程中促进社会组织的自我改良。

为给公民提供公平、可及的公共服务，政府不能唱"独角戏"，需要充分重视并引导社会组织参与，实现公共产品和服务供给的数量增加和质量提升。同时政府应当在下述方面制定与时俱进的治理政策，推动社会组织能力建设。其一，规划制定。政府应当根据社会客观发展状况发布政府购买服务的规划，给予社会组织以明确的政策方向，积极引导社会组织向国家发展的重大或急需领域发展。其二，标准制定。政府应当对不同类别的服务建立标准评估体系，或者通过行业协会制定协会标准、国家标准，促使社会组织及企业提供质量效益符合要求的服务，起到规范监督的效果。

第三节　加强党建引领

发展中国特色社会组织的本质要求和显著特征，就是要坚持社会组织党组织的政治核心地位，发挥党的政治优势和组织优势，将社会组织自身发展与中国特色社会主义方向相结合，用党建引领社会组织健康有序发展。《关于加强社会组织党的建设工作的意见（试行）》中明确指出社会组织党组织的基本职责，包括保证政治方向、团结凝聚群众、推动事业发展、建设先进文化、服务人才成长、加强自身建设等^①。

作为公共领导力的现实载体，政党在破解集体行动困境中居于关键性地位。政党中心论认为，政党是整合国家社会意志和诉求的纽带，也是构建当今国家能力的不容小觑的力量来源。但既有政党中心论将自上而下的党建路线置于社会组织党建的突出位置，一定程度上忽视了自发性的作用。近年来，市场经济发展对于党的执政方式提出新的要求，注重科学执政、民主执政、依法执政，同时强调所有工作接受党的领导，并通过法定程序使党的主张转化为国家意志^②。在应急管理工作中，党的强大组织动员能力，能够促进不同主体间的沟通协作，减少资源整合中的推诿低效，更好地完成应急管理目标任务。我们认为，社会组织可以充分发挥主观能动性，借力党建工作，让党建发挥其保障社会组织完善建设自身管理制度体系、增强资源聚合性、高效高质量参与突发公共事件应急管理的关键性作用。同时，也让提高社会组织党建质量、加强党建引领成为推动基层治理现代化和增强社会组织政治社会化功能的重要抓手。因此，在促进社会组织参与应急管理活动中，一方面要实现国家权力与社会权力的双向流动，另一方面要强化中国特色政党制度的独特优势，推动国家与社会协调并进，构建起合作国家和多元社会的现代治理模式。

宣扬党建引领，提高社会组织党建水平，是社会组织健康发展、充分实现其功能作用，更好参与到突发性公共事件应急管理的需要，也是推进当今国家治理能力和治理体系现代化建设的内在要求。但当前社会组织党建工作仍面临不少困境，主要体现为：①队伍建设力度小，党组织覆盖、工作覆盖不理想；②社会组织党组织建立和建设衔接不到位；③统一的行动纲领缺位，思想基础不牢固，党的领导和社会组织独立发展时有冲突使得社会组织党建流于形式，难以实现政党和社会组织的双向对接；④管理体制不明确；社会

① 中共中央办公厅印发关于加强社会组织党的建设工作的意见(试行)，http：//dangjian.people.com.cn/n/2015/0929/c117092-27645046.htm
② 龚维斌.应急管理的中国模式——基于结构、过程与功能的视角[J].社会学研究，2020，35(04)：1-24+241.

组织党员干部陷入"本领恐慌"和"认知误区"，未能有效处理社会组织发展和社会组织党建中面临的新问题新挑战，在舆论上也存在"噪音"和"杂音"[①]；⑤社会组织党建组织活动设置缺乏科学性，组织活动成效不明显等等。

为切实发挥党建对社会组织的引领作用，需要将补短板、抓重点并重，双管齐下，通过扩大社会组织党建的组织覆盖、工作覆盖，提高社会组织对于党建的价值认同、筑牢党建融入社会组织发展的思想基础，完善制度机制，加强党员队伍建设等方式促进党组织耦合嵌入社会组织，进而提升社会组织政治社会化功能、强化党与社会组织成长发展的良性互动，在社会组织党建进程中激发社会组织活力和创造力。

一、以关键领域为突破，扩大"两个覆盖"

"两个覆盖"即党需要对社会组织的组织覆盖和工作覆盖两个方面增强党组织的引领作用，提升社会组织党建工作的硬核质量，体现"应建尽建"和"全领域覆盖"原则。党政军民学，东西南北中，党是领导一切的。《中共中央关于深化党和国家机构改革的决定》中指出要加快在新型经济组织和社会组织中建立健全党的组织机构，做到党的工作进展到哪里，党的组织就覆盖到哪里[②]。为确保社会组织与时俱进，真正代表人民群众发展先进生产力、保障民生福祉的利益诉求，同时，将社会组织自身专业优势和党组织领导作用有机结合，提高调动社会资源参与到突发公共事件应急管理的实践中去，提高我国应急管理能力和水平，我们认为，应大力推进社会组织党组织"两个覆盖"工作进程，优化社会组织党组织的组织结构，完善社会组织党组织领导制度体系，确保党的全面领导。

（一）应建尽建，加强党的组织覆盖

1. 坚持应建尽建

加强社会组织的党建工作，是党领导整合社会力量的必然要求，必须加大党组织组建力度，实现全领域覆盖。要按照"无党员抓发展、有党员抓组建、组建后抓提升"的思路，将有党员的社会组织全部纳入管理体系，做到应建尽建、建就建实、建就建好；暂不具备单独组建条件的，通过行业组建、

---

① 万银锋，闫妍.党领导社会组织：必然逻辑、现实困境与应对策略[J].中州学刊，2020(04)：32-38.
② 《中共中央关于深化党和国家机构改革的决定》，《人民日报》2018年3月5日.

分片统建、村企共建等方式建立党组织。[①]同时需要防止行政化和形式主义，不能以组建数量和覆盖范围作为评价依据，要区分党建工作的基础条件和成熟程度，再做出建立党组织与否的决定[②]。对于条件成熟的，按照规定程序组建；对于条件有待发展的，可通过选派党建工作指导员、联络员或建立共青团组织等途径开展党的工作。若是社会组织中没有党员同志，一方面，可以采用"输血"的方式，在双方自愿的前提下，有关部门和上级机构可以为社会组织派驻一定量的党员工作者，负责相关社会组织党建工作，成立和培育发展社会组织党组织；另一方面，也可以以工会、共青团、妇联等群团工作为根据地，抓好群团工作、营造政治氛围，进而发现和推荐入党积极分子和发展对象，从社会组织原有职工体系中发展党员、建立党组织。

2. 创新党组织设置方式

当前社会组织的党建主要由各级党委和相关部门采取行政推动的方式进行，要防止带有强制性的外部嵌入可能引起的社会组织内部产生排斥带来负面效果。因此，需要考虑社会组织业务性质、规模影响等方面差异，采取灵活多样的组织设置模式，包括单独组建、联合组建等[③]。党员人数较多的，分别设立党委、总支、支部，并按期进行换届；行业特征明显、管理体系健全的，依托行业协会商会建立行业党组织；社会组织相对集中的，考虑按照地理区域就近建立联合党组织。

此外，党领导社会组织是长久之计，需要长期抓、经常抓，久久为功，因此，有必要设置专门的组织机构承担起党对社会组织的领导功能[④]。笔者建议如下：组织建立中央级推进社会组织建设和社会组织工作领导小组，发挥全国性领导、组织、协调社会组织工作，负责战略规划部署、总体计划安排、法规制度创立建议等功能；落实国家社会组织管理部门对于社会组织登记、监督等专业性管理职责；设立社会组织监督委员会规范指导社会组织成立、发展和活动，定期汇报工作，以确保党的方针政策和决策部署在组织中贯彻

① 陈少杰.加强党的建设，社会组织不能缺席 新时代社会组织党建工作如何开展[J].人民论坛，2018(31)：112-113.

② 马西恒.民间组织发展与执政党建设——对上海市民间组织党建实践的思考[J].政治学研究，2003(01)：23-37.

③ 陈家喜.我国新社会组织党建：模式、困境与方向[J].中共中央党校学报，2012，16(02)：36-40.

④ 张书林.党领导社会组织：逻辑自洽、本土自觉、路向选择[J].理论学刊，2022(05)：40-48.

落实[①]。

顺利推进党建嵌入社会组织需要解决好党组织的单向输入和社会组织有效接收之间的矛盾。一方面，政党希望通过嵌入社会组织实现充分的良好双向互动，形成利益双合和共赢；但同时，社会组织在独立运行管理之下，可能会产生有异于嵌入式党建的内部发展需求，难以融合共赢，最终导致社会组织的党建工作流于形式，甚至产生有悖于党建嵌入初衷的效果——影响社会组织内部正常运转。因此社会组织党建除了考虑各种情况下的党组织设置方式，也应注重党建方式。首先，应当认识到社会组织嵌入式的党建工作不是一蹴而就的，要重视组织结构嵌入这个基础性的党建工作规划，党支部成员应与组织负责人充分沟通，共同参与社会组织党组织嵌入架构决策设计。其次，也应将认知嵌入和政治嵌入置于突出地位，即在形成党组织覆盖之后，培育形成共同的、稳定的群体认知，并通过政治资源的嵌入和党的主题教育活动的开展，最终达到转变观念、凝聚思想的价值认同建设，由党的单向嵌入转变过渡为党和社会组织的双向沟通的良性互动对接关系。

3. 坚持分类指导，并以关键社会组织类型为重点强化党的组织覆盖

毋庸置疑，全部社会组织都应当纳入党的领导下，但在实践中需要坚持重点论的观点，找到当下发展阶段中亟需强化的组织。目前应当着重加强包括行业协会在内的利益代表类和权益代表类社会组织党建，该类社会组织的会员以民营经济为主体，代表着所在社会阶层利益，但这种利益诉求可能会在一段时间与民众利益产生矛盾，此时便需要党通过建立政治利益观，将社会组织多元化的诉求与人民利益相融合。

（二）改进完善党建工作，强化党的工作覆盖

为推动社会组织党建工作开展，利用党建嵌入社会组织的方式实现融合发展，充分发挥双方优势互补，提高社会组织在突发公共事件应急管理中资源调配、及时响应的能力，不仅需要建立党组织，更重要的是对党组织的建设。以社会组织党建工作促进社会组织更具积极性、更具主动性、更有能力、更有效率地参与到应急管理中去，为应急管理献智、献策、献力，充分调动全社会活力和创造力，提高我国整体国家治理水平和治理能力。

---

① 《中共中央关于深化党和国家机构改革的决定》，《人民日报》2018年3月5日.

1. 创新党组织活动内容方式

当前，社会组织党组织的覆盖问题得到普遍重视，但社会组织党组织的建设仍未有效施行，部分社会组织党组织仍然缺乏主体性和先进性：将社会组织党建片面地看作组织数量和形式上的覆盖，而忽视了社会组织党组织建立之后的建设和指导；将党组织建设工作视为一项自上而下的任务，工作内容浮于表面、应付检查，缺乏主观能动性。

党的工作覆盖更需要注重有效性，解决"重组织，轻党建"的问题，要将党的工作与社会组织的运行发展相融合，增强社会组织内部自发的政治认同。社会组织党建活动规划设置应当兼顾党员利益、社会公益和社会组织本身特色，策划开展党员积极、组织成员乐意、群众满意的党支部活动[①]。比如积极探索开展与社会组织执业活动、日常管理、文化建设等相互促进的主题活动，开辟文化长廊、组织具有社会组织特色的文化活动，将党组织意识形态宣传建设和社会组织文化建设结合起来；贴近职工思想状况和实际需求开展人文关怀、排忧解难等活动；突出社会组织特点和优势开展诸如专业志愿服务等活动，充分发挥社会组织工作人员专长优势，开展专业化党建活动，探索与周边党组织实现资源共享等结对共建机制；建立党员示范岗等形式，发挥党组织先锋模范作用，起到以党务促业务的引领效果；与时俱进，将新媒体、互联网作为社会组织党建的利器，增强社会组织党建的实时性、趣味性和灵活性。

2. 把握应急管理工作机遇期，落实党的工作覆盖

在重大突发公共事件应急管理中，社会组织逐步承担重要角色，既为政府决策提供有效信息，也能为企业应急生产解决实际困难，但由于缺乏政府与社会组织间协调机制，不同主题之间难以形成高效协作，这时便需要发挥党组织的组织动员能力。党的工作覆盖应当抓住机遇期，以新冠肺炎疫情为例，在党中央成立指挥工作组后，如果社会组织内部存在党组织，并能及时主动与上级党委保持沟通联系、及时跟进中央政策指示、结合自身专业优势和党组织整合调动资源的能力特点参与新冠肺炎的抗疫活动，那么医疗防护物资的生产调配和社会捐款捐物的及时组织和供应都可以得以提质增效，

---

① 苏超莉.同心圆模型：社会组织党建的政治社会化解读[J].湖湘论坛，2022，35(05)：66-73.

抗击疫情的应急管理工作中资源整合工作的低效和责任推诿问题也会有所减少。

二、完善社会组织党组织工作机制，理顺领导机制

首先，在统筹协调方面，各级党委应当定期召开社会组织党建工作会议，及时掌握社会组织党建工作动态信息、部署阶段性重点任务；其次对于规模较大、影响力较强的枢纽型社会组织，可以由县级以上党委直接联系，及时获悉社会组织政策需求、听取意见建议。在人员交流方面，探索社会组织管理层与党组织间的人员交叉任职，党组织书记应当列席社会组织工作会议，党组织活动应当吸纳社会组织非党员参与，及时发展社会组织中的先进分子，促进政治认同。

此外，一个上下贯通、运转高效的管理领导机制是做好社会组织党建工作的前提。由于国家和省级没有设置一个明确的社会组织党建主管部门，部分社会组织党组织存在条块分割、多头领导、重复领导甚至无领导的问题。虽然国家明确提出社会组织党建责任主体是业务主管单位，但由于认识不清、宣传不到位等原因，不少业务主管单位没有真正认识到、承担起自身的责任和社会组织党建任务，社会组织党建组织思路混乱、实施效果不尽人意。因此，一是要理顺社会组织党组织的管理机制体制，将系统管理、归口管理、属业管理和属地管理相结合。二是要建立完善基层党委对社会组织党建工作的指导制度，设置党建工作联席会议制度、工作指导督导制度、考评制度、党员活动制度等，确保社会组织党建工作真正实现正规化、程序化和法制化。三是要加强绩效考核，构建符合社会组织特点和目标要求的、科学的、公平的考核评价体系，在考核评价体系中，充分考虑民意调查评估权重。也可以引入较为客观公正的第三方考核评估团队，听取他们对于考核结果的评估以及对于社会组织党建未来发展方向的建议。

三、提升社会组织党建认同，统一价值引领

若是没有正确的思想认同，社会组织党建就无法有效融入社会组织自身运转、帮助社会组织凝聚力量参与到公共事件应急管理中去。各级政府和党委要注意突出社会组织意识形态工作地位，将其作为社会组织党组织

建设的重要内容和年度考核要点，从政治导向上促进价值认同，强化社会组织党建意识，从政治方向上引领，从政治文化上熏陶，鼓励社会组织发挥自发性和能动性，开展自下而上的党建活动和党建创新，增强社会组织党建的内生动力。其次，在社会组织党建活动开展中应贯彻落实人本理念，密切联系群众，团结好群众，从工作理念上促进社会组织工作人员的价值认同。同时，要注意规整各方面的错误观念，强化"关键少数人"的领头作用，开展行之有效的思想宣传和主题教育活动，营造良好互动的社会组织党组织建设文化氛围，以统一的思想价值认同促成积极主动的党建行动，提高社会组织党建觉悟。

四、加强社会组织党员培育，强化党员政治素养和政治能力

社会主义市场经济下，我国社会组织的成长主要依托于市场竞争，社会组织中的党员收入和职业发展则主要取决于党员与社会组织业务相关的能力水平。而社会组织党组织话语权缺乏导致社会组织内党员普遍缺乏对于党组织的荣誉感和责任感。另外，社会组织党组织中党员数量少、流动性强，较少具备完备的政治能力和政治素养，难以发挥其先锋模范作用。

为解决以上问题，首先要关心和维护党员正当诉求和权益，充分展现人文关怀。给予社会组织党员物质和精神激励，建立科学合理的考核评优机制、创造培训晋升机会，增强党员对于社会组织党组织的荣誉感和归属感，并强化党员提升自身政治素养和能力的内在驱动性；强化党员的党性修养，利用理论和实践相结合的方式，确保党员坚定政治方向，发挥先进性和模范带头作用，传播正能量，帮助其提高政治认知能力、实现社会价值。其次，要选优配强社会组织党建队伍的骨干力量。一方面可以提倡社会组织党员负责人担任党组织书记，实现党务和业务"一肩挑"[①]，从而促进社会组织党建目标与社会组织本身发展目标更好融合，解决党建所需资源问题，社会组织也可以更好利用党对于各个方面的领导优势，与社会中与其发展相关的单位机构实现合作交流，提高政治参与能力、创造更多发展机遇；另一方面，对于社会组织负责人不是党员的，要积极发展、或者从管理层中选拔党心强、业

---

① 万银锋，闫妍.党领导社会组织：必然逻辑、现实困境与应对策略[J].中州学刊，2020(04)：32–38.

务精、具备服务意识的优秀党员担任党支部书记。若实在没有合适人选，可以采用请求上级组织选派或者公开招考的形式选任。党组织优秀党员和社会组织业务骨干应加强合作交流，加强双向培养、双向交流、一体化成长。再次，要注重队伍建设。加强对于新人的培训，实行"老带新"的培训制度，积极发现和培育优秀人才，让他们得到发挥自身能力、提升自身水平获得晋升和重用的机会，完善培养方式方法，确保优秀人才在重要岗位上发挥示范引领作用。

社会组织党组织也可以聚焦突发公共事件的应急管理、结合社会组织特征优势，打造党建品牌，增强影响力。在创建应急管理党建品牌的过程中，社会组织可以强化自身与同归口、同行业、同属地社会组织和政府机构党组织的交流、联系，同时，吸引更多社会力量参与应急管理。社会组织把握政治方向、聚合社会各类资源，利用党建主动、自发打造应急管理党建品牌不仅有助于形成一个地区在突发公共事件应急管理中社会化参与的处理模式，也是社会组织加强自身建设，发挥基层党组织积极性和自主性的有力探索。通过打造社会组织应急管理党建品牌，推动党的建设、应急管理和社会力量协同、融合并进发展，推动社会治理能力和应急管理响应体系不断完善。此外，在党建品牌形成的过程中，需要注意群众路线和统战思想的应用，与人民群众紧密联系，关注各方联动和应急管理品牌的宣传工作，在党建品牌打造过程中助力创建相对完善的协调沟通机制，为社会组织间的健康合作奠定基础，切实提高党建引领社会组织融入社会治理的水平。

第四节　监管与自律协同

打铁还需自身硬，社会组织要提高参与突发公共事件应急管理绩效，在国家治理体系和治理能力现代化进程中更好地发挥作用，还需要从自身能力提升上下功夫。民政部印发的《"十四五"社会组织发展规划》中明确提出"健全社会组织监管体系""加强社会组织自身建设"，"十四五"期间发挥好外部监督与组织自律的协同效应将是社会组织高质量发展的重要任务。

一、建立多元化监管机制

面对既往对社会组织实行单一的行政管理所带来的问题，需要重新厘清思路，构建多元主体的法治化监管机制，政府不再承担全能监管职能，将社会公众和第三方机构纳入监督主体范畴，各方力量共同参与、互相监督，形成监管合力[①]。其一，创新并完善政府监管路径。继承登记管理机关和业务主管部门的双重管理制度的优势，同时细化财政、税务、公安、工商等部门职责，实现全程全面监管。其二，激发群众参与社会组织监督意识。公民监督是社会组织可持续发展的保障，有助于增强公民参与社会组织的积极性和社会治理的有效性。例如，《民法典》第94条就对捐助人有关捐助财产的监督作出明确规定。其三，健全社会组织第三方评估机制。第三方评估能够有效克服等级评估中的权利寻租和内部人把控的现象，实现以评促建，维护社会组织公信力，增强社会组织能力建设。从而实现第三方参与社会组织治理，并通过支持性评估培育社会组织的实践目标[②]。其四，主管部门还应注意充分利用互联网大数据平台，监控非营利组织异常活动。同时，坚持与时俱进，及时跟进和宣传政府信息发布平台，为民众监督开辟高效率渠道，促进民众积极参与社会治理，为社会组织发展营造良好的环境[③]。最后，要通过行业协会的倡议、引领，逐步形成行业自律，推动各个社会组织积极接受协会的监督。

二、加强社会组织自身建设

1. 优化治理结构提高组织管理效率

完善的组织治理是实现组织使命和受托责任的前提，也是提高组织管理效率的基础。做为专有资源载体的社会组织，完善的治理结构既能帮其赢得声誉获得资源，同时也是社会组织实现组织愿景目标、提高公益项目管理能

---

① 陈晓春，肖雪.非营利组织的法治化监管[J].上海师范大学学报(哲学社会科学版)，2017，46(05)：53-59.

② 陈晓春，肖雪.非营利组织的法治化监管[J].上海师范大学学报(哲学社会科学版)，2017，46(05)：53-59.

③ 崔月琴，龚小碟：《支持性评估与社会组织治理转型——基于第三方评估机构的实践分析》，《国家行政学院学报》2017年第4期.

力的重要保障。

在社会组织治理机构建设上，社会组织内部结构一般至少包括决策、执行和监督机构，机构各自独立、权责明确、协调运转、相互制衡。针对多数基金会设有监事会但召开频率低、难以真正监督落实项目运行情况的问题，在日常的业务管理中可以增设业务监管部，对业务、财务情况进行高频次跟踪。另外，针对社会组织财务与业务分离情况也可以适当设立财务BP（业务伙伴）岗位。随着社会组织内外部环境的深刻变化，围绕推进国家治理体系和治理能力现代化，社会组织要进一步主动适应新时代社会治理的新要求，充分运用新技术，完善社会组织治理结构。

在社会组织治理制度建设上，针对我国社会组织存在的信息披露不到位、内部治理不完善等问题，社会组织应在优化组织结构的基础上配套建立和不断完善内部规章制度。如规范社会组织信息公开的程序、标准，建立相应的问责机制，实行一岗一责制，谁提供谁负责。此外，建立内部理事会成员、专职人员的考核制度，规范理事会议成员行为。此外，建立健全绩效管理和人才激励机制，建立和落实相应考核机制和奖惩机制也是保障社会组织运营专业化、提高管理效率的重要途径。

2. 加强业财融合提高社会组织财务管理能力

业财融合是指将组织业务安排具体实际与财务深度融合，新时期业财融合不仅要求融合财务与主要业务，还要求财务参与到组织管理的各个环节，同时在财务分析、预算管理等财务环节嵌入业务要求。虽然社会组织本身并不以营利为目的，但仍需要在注重社会效益的同时合理高效运营，科学利用资金，确保延续服务，维持发展。当前，以财务共享中心为重要抓手，业财融合逐渐受到企业的关注和重视，将业财融合引入社会组织管理，亦有助于提高其财务管理能力，促使社会组织依据业务规划合理安排资金管理，提高社会组织参与突发性公共事件应急管理以及社会治理的能力和水平。

第一，加强社会组织管理者对于业财融合理念的认同度。在组织运营中，管理者有着关键性作用。而要推进社会组织财务管理转型，自上而下的变革就显得更为高效。因此，社会组织管理者需给予业财融合充分重视与支持，转变自身管理理念，加强对本组织引入应急管理必要性和重要性的认识，为业财融合发展营造良好环境，推动业财融合沟通机制的建立，将社会组织业财融合置于组织战略性和全局性的地位。

第二，加强业财融合工作的社会组织人才建设。实现业财融合首先需要一支高素质的团队。当前，我国社会组织财务人员欠缺问题较为严重，部分财务人员能力不足且责任意识偏低。一方面，社会组织需规范财务人员招聘，提高薪资吸引力，从外部招聘符合业财融合要求的高素质人才。之后加强内外部培训，使得业财融合团队既理解内部制度流程又知晓先进组织经验。另一方面，加强社会组织具体业务活动部门与财务部门人员的交流合作，并以业财融合为导向制定薪酬考核体系，倒逼业财融合团队建设。

第三，数字化赋能社会组织业财融合。业财融合客观上要求组织打破信息孤岛，建立数字化信息管理平台，整合资源并实现信息共享。传统社会组织信息管理能力低下，财务票据管理混乱，数字化管理系统形同虚设，预算管理等也主要依靠上级预算部门的安排。社会组织引入业财融合恰恰为其提供了一个系统化的整治方案，社会组织可以参考企业 ERP 系统（企业资源计划）、财务共享中心等逻辑，构建和优化适用于社会组织自身实际和目标的数字化信息管理系统，从而实现社会组织管理水平综合性和全局性的改善。

在新的时代背景下，业财融合的深度应用，不仅可以将财务管理引入社会组织运营的各个环节，加强事前和事中控制，提高社会组织财务管理能力，充分发挥财务管理的监督职能，促进社会组织规范合法发展和效率提升；更能够形成合力，为社会组织的未来发展赋能，形成结构合理、功能完善、竞争有序、诚信自律、充满活力的社会组织发展格局，助推我国社会组织高质量发展。

3. 健全内部控制防范组织风险

内部控制是利用组织内部分工而产生的相互制约、相互联系的关系，形成一系列具有控制职能的方法、措施、程序，并予以规范化、系统化，实现社会组织经济资源的安全、完整，确保会计信息的正确可靠，协调财务关系、控制资金活动风险。内部控制作为风险管理不可分割的一部分其实践至今已有五十余年。早期，内部控制主要为企业所采用。近年来，因其强大的适用性，公共部门、各种类型的非政府组织逐渐在管理中嵌入内部控制制度且成效显著。

中共中央办公厅、国务院办公厅《关于改革社会组织管理制度促进社会组织健康有序发展的意见》（以下简称《意见》）明确要求，"民政、财政部门要推动社会组织建立健全内控管理机制"。我国一些成立时间久、规模大、影响范围广的社会组织已经主动建立了相应的内部控制制度，并聘请事务所进行内控风险的评估和审计。而那些运营不规范、评估不合格的社会组织则普遍缺乏内部控制意识、内部控制薄弱，即使根据相关规定建立了部分业务的内部控制制度，但也缺乏相应的执行机制和监督机制。

　　建立健全社会组织内部控制制度，我们建议由民政部出台并发布《社会组织内部控制指引》，引导社会组织建立全面的内部控制制度。在时间成熟时，将对内部控制的评价纳入到社会组织年审、评级、评估中。不仅可以防范社会组织资金管理风险、提高社会组织公信力，对于改革完善我国社会组织管理制度、促进社会组织健康有序发展也具有重要意义。

参考文献

[1] Adil Najam. The four-Cs of Third Sector-government Relations: Cooperation, Confrontation, Complementarity, and Cooptation[J]. Nonprofit Management & Leadership, 2000, 10（4）:375-391.

[2] Ansell C, Boin A, Keller A. Managing Transboundary Crises: Identifying the Building Blocks of an Effective Response System[J]. Journal of Contingencies & Crisis Management, 2010, 18（4）:195-207.

[3] Ario A R, Makumbi I, Bulage L, et al. The logic model for Uganda's health sector preparedness for public health threats and emergencies[J]. Global Health Action, 2019, 12（1）:1664103.

[4] Austin J E, Seitanidi M M. Collaborative Value Creation: A Review of Partnering Between Nonprofits and Businesses: Part I. Value Creation Spectrum and Collaboration Stages[J]. Nonprofit and Voluntary Sector Quarterly, 2012, 41（5）:726-758.

[5] Berkes F, Ross, H. Community Resilience: Toward an Integrated Approach[J]. Society& Natural Resources, 2013, 26（1）:5-20.

[6] Boin A, Mcconnell A. Preparing for Critical Infrastructure Breakdowns: The Limits of Crisis Management and the Need for Resilience[J]. Journal of Contingencies and Crisis Management, 2010, 15（1）:50-59.

[7] Carroll A B. The pyramid of corporate social responsibility: Toward the moral management of organizational stakeholders[J]. Business Horizons, 1991, 34（4）:39-48.

[8] Chandra A. The Nongovernmental Sector in Disaster Resilience: Conference Recommendations for a Policy Agenda. 2011.

[9] De Vries D H, Rwemisisi J T, Musinguzi L K, et al. The first mile: community experience of outbreak control during an Ebola outbreak in Luwero District, Uganda[J]. Bmc Public Health, 2016, 16（1）:161.

[10]　Dennis R Young. Alternative models of government-nonprofit sector relations: theoretical and international perspectives[J]. Nonprofit and Voluntary Sector Quarterly, 2000, 29（1）:149-172.

[11]　Deutsch K W. Social Mobilization and Political Development[J]. American Political Science Review, 1961, 55（3）:493-514.

[12]　Dorothea Baur, Hans Peter Schmitz. Corporations and NGOs: When Accountability Leads to Co-optation[J]. Journal of Business Ethics, 2012, 106（1）:9-21.

[13]　DuBois, M.; Wake, C.; Sturridge, S.; Bennett, C. The Ebola Response in West Africa: Exposing the Politics and Culture of International Aid, HPG（Humanitarian Policy Group）: London, UK, 2015.

[14]　Green, A., Matthias, A. Non-Governmental Organizations and Health in Developing Countries[M]. Springer: Berlin, Germany, 1996.

[15]　Hansmann Henry. The Role of Non-profit Enterprise[J]. Yale Law Journal, 1980, 89:835-901.

[16]　Hewlett, B. Ebola. Culture and Politics: The Anthropology of an Emerging Disease. Cengage Learning: Belmont, CA, USA, 2007.

[17]　Hick J L, Dan H, Burstein J L, et al. Health care facility and community strategies for patient care surge capacity[J]. Annals of Emergency Medicine, 2004, 44（3）:253-261.

[18]　Hick J L, MD Christian, Sprung C L. Surge Capacity and Infrastructure Considerations for Mass Critical Care[J]. Intensive Care Medicine, 2010, 36（s1）:11-20.

[19]　Huntington S P. Political Order in Changing Societies[J]. Foreign affairs（Council on Foreign Relations）, 1968, 63（3）.

[20]　Jennifer M. Coston. A Model and Typology of Government-NGO Relationships[J]. Nonprofit and Voluntary Sector Quarterly, 1998, 27（3）:358-382.

[21]　Judith L. Millesen, Joanne G. Carman, Angela L. Bies. Why engage?[J]. Nonprofit Management and Leadership, 2010, 21（1）.

[22]　Kirlin J J, Kirlin M K. Strengthening Effective Government-Citizen

Connections through Greater Civic Engagement[J]. Public Administration Review, 2002, 62（S1）:80–85.

[23] Levitt T. The Third Sector; New Tactics for a Responsive Society[M]. L477, 1973.

[24] Mathieu R. Despard. Can Nonprofit Capacity Be Measured?[J]. Nonprofit and Voluntary Sector Quarterly, 2017, 46（3）.

[25] Mcentire D A. Disaster response and recovery: strategies and tactics for resilience[M]. New York: John Wiley& Sons Inc., 2007.

[26] McGinnis, M.D.& E. Ostrom, 2011. Reflections on Vincent Ostrom, Public Administration, and Poly–centricity. Public Administration Review, 72（1）:15–25.

[27] Medicines Sans Frontieres（MSF）. Interactive: Explore an Ebola Care Centre. Available online: http://www.msf.org/en/article/interactive–explore–ebola–care–centre（accessed on 9 March 2018）.

[28] Salamon, L.M.& O. Elliott, 2002. The Tools of Government Action: A Guide to the New Governance, Oxford University Press.

[29] Shiwaku K, Shaw R, Kandel R C, et al. Future perspective of school disaster education in Nepal[J]. Disaster Prevention & Management, 2007, 16（4）:576–587.

[30] Taubenbock H, Goseberg N, Lammel G, et al. Risk Reduction at the "Last–Mile": an Attempt to Turn Science into Action by the Example of Padang, Indonesia[J]. Natural Hazards, 2013, 65（1）:915–945.

[31] Truman B I, Tinker T, Vaughan E, et al. Pandemic Influenza Preparedness and Response Among Immigrants and Refugees[J]. American Journal of Public Health, 2009, 99（S2）:78–86.

[32] United Nations（UN）. Chance Ebola Can Be Defeated by End of 2015, World Health Organization Chief Tells Security Council, Urging Sustained Focus to Prevent Future Outbreaks. August. Available online: http://www.un.org/press/en/2015/sc12006.doc.htm（accessed on 10 December 2015）.

[33] WHO. Ebola Situation Report 16 September 2015, WHO. Available

online: http://apps.who.int/ebola/current-situation/ebola-situation-report-16-september-2015（accessed on 15 September 2015）.

[34] WHO. Ebola Situation Report 17 June 2015, WHO. Available online: http://apps.who.int/ebola/current-situation/ebo-la-situation-report-17-june-2015（accessed on 15 September 2015）.

[35] 蔡潇彬.中国社会组织高质量发展：困境与路径[J].新视野，2020（03）：101-106.

[36] 曹惠民，黄炜能.地方政府应急管理能力评估指标体系探讨[J].广州大学学报（社会科学版），2015，14（12）：60-66.

[37] 曹杰，于小兵.突发事件应急管理研究与实践[M]，科学出版社，2014（10）：39.

[38] 曹杰，朱莉.现代应急管理[M].科学出版社，2011.

[39] 曹天禄.社会组织评估：困境与突破——以深圳社会组织评估为例[J].湖湘论坛，2015，28（06）：79-85.

[40] 曹曦晴.新媒体时代公共危机传播的平台思维[J].新闻前哨，2020（07）：9-11.

[41] 曹正汉.国家与社会关系的弹性：1978年以来的变化[J].学术界，2018（10）：5-13.

[42] 曾远英.西方公民社会理论的历史嬗变述评[J].前沿，2008（11）：22-27.

[43] 陈安，赵晶，张睿.应急管理中的可恢复性评价[J].科学对社会的影响，2009（02）：36-39.

[44] 陈德权等.社会组织管理概论[M].北京：清华大学出版社，2016：199-200.

[45] 陈家喜.我国新社会组织党建：模式、困境与方向[J].中共中央党校学报，2012，16（02）：36-40.

[46] 陈丽琴.公共利益：新公共服务与治理理论的联结点[J].湖北省社会主义学院学报，2004（06）：66-68.

[47] 陈庆云，郏益奋，曾军荣，刘小康.公共管理理念的跨越：从政府本位到社会本位[J].中国行政管理，2005（04）：18-22.

[48]　陈少杰.加强党的建设，社会组织不能缺席 新时代社会组织党建工作如何开展 [J].人民论坛，2018（31）：112–113.

[49]　陈升,孟庆国,胡鞍钢.政府应急能力及应急管理绩效实证研究——以汶川特大地震地方县市政府为例 [J].中国软科学，2010（02）：169–178.

[50]　陈思,凌新.社会治理精细化背景下社会组织效能提升研究 [J].理论月刊，2017（01）：147–150.

[51]　陈思颐.突发公共卫生事件应对的政府绩效评估研究 [D].浙江大学，2011.

[52]　陈晓春,刘娅云.中央财政支持对社会组织绩效影响研究——基于两阶段 DEA 模型 [J].湖南大学学报（社会科学版），2020，34（04）：57–64.

[53]　陈晓春,肖雪.非营利组织的法治化监管 [J].上海师范大学学报（哲学社会科学版），2017，46（05）：53–59.

[54]　陈迎欣,周蕾,郜旭彤,李烨.公众参与自然灾害应急救助的效率评价——基于 2008–2017 年应急救助案例的实证研究 [J].中国软科学，2020（02）：182–192.

[55]　陈友华,詹国辉.中国社会组织发展：现状、问题与抉择 [J].新视野，2020（05）：73–80.

[56]　陈志广.非营利组织绩效评估：基于交易成本视角的分析 [J].中央财经大学学报，2012（10）：91–96.

[57]　褚松燕.改革开放以来社会组织党建政策的演进及其逻辑 [J].探索，2020（04）：99–110+2.

[58]　崔月琴,龚小碟:《支持性评估与社会组织治理转型——基于第三方评估机构的实践分析》,《国家行政学院学报》2017 年第 4 期.

[59]　崔月琴,张冠.社会组织管理模式变迁及创新路径 [J].江海学刊，2014（01）：99–106.

[60]　邓国胜.非营利组织"APC"评估理论 [J].中国行政管理，2004（10）：33–37.

[61]　邓丽明,胡杨成.应用因子分析法构建非营利组织绩效评价体系 [J].统计与决策，2009（15）：75–77.

[62]　丁香,王晓青,窦爱霞,袁小祥,丁玲.基于格网的全国尺度地震

灾害损失预测系统设计与实现 [J]. 中国地震，2019，35（02）：238-247.

[63]　董幼鸿 . 社会组织参与城市公共安全风险治理的困境与优化路径——以上海联合减灾与应急管理促进中心为例 [J]. 上海师范大学学报（哲学社会科学版），2018，47（04）：50-57.

[64]　杜兰英，石永东，康乐，杨春方 . 关于非营利组织公信力评估指标体系的探讨 [J]. 经济纵横，2006（13）：47-49.

[65]　恩斯特·哈绍·里特尔，赵宏 . 合作国家——对国家与经济关系的考察 [J]. 华东政法大学学报，2016，19（04）：5-18.

[66]　范栩含 . 政府购买公共服务绩效评估体系构建研究 [D]. 上海师范大学，2015.

[67]　范愉 . 申诉机制的救济功能与信访制度改革 [J]. 中国法学，2014（04）：178-199.

[68]　方守恩，郭忠印，陈雨人 . 道路安全系统与道路安全工程 [J]. 中国公路学报，2001（S1）：107-110.

[69]　费孝通 . 非典的社会学反思 [J]. 群言，2003（07）：4-6.

[70]　冯立杰，罗慧，崔立新 . 突发公共事件应急管理质量评价体系研究 [J]. 北京理工大学学报（社会科学版），2008（02），39-43.

[71]　冯晓畅 . 应急管理工作领导小组的组织特性及其制度建构 [J]. 宁夏社会科学，2021（01）：62-71.

[72]　符少花 . 优化非营利组织免税资格管理比较与借鉴 [J]. 税务研究，2020（12）：102-106.

[73]　戈登·怀特：《公民社会、民主化和发展：廓清分析范围》，载英国《民主化》杂志 1994 年秋季号，第 375—390 页 .

[74]　龚维斌 . 应急管理的中国模式——基于结构、过程与功能的视角 [J]. 社会学研究，2020，35（04）：1-24+241.

[75]　顾敏燕 . 汶川大地震中的"志愿失灵" [J]. 社会福利，2009（02）：26-27.

[76]　官建文 . 突发公共事件舆情应对研究 [M]. 北京：中国社会科学出版社，2016：31.

[77]　郭骅，苏新宁，邓三鸿 ."智慧城市"背景下的城市应急管理情报

体系研究 [J]. 图书情报工作，2016，60（15）：28-36+52.

[78] 关婷，薛澜，赵静. 技术赋能的治理创新：基于中国环境领域的实践案例 [J]. 中国行政管理，2019（04）：58-65.

[79] 郭太生，寇丽平. 重点单位突发事件应急能力评价指标体系研究 [J]. 中国人民公安大学学报（社会科学版），2010，26（03）：80-88.

[80] 郭勇，张海涛. 新冠疫情与情报智慧：突发公共卫生事件疾控应急工作情报能力评价 [J]. 情报科学，2020，38（03）：129-136.

[81] 郭远红，魏淑艳. 基于危机生命周期理论的城市地下管线事故应急问题研究 [J]. 辽宁大学学报（哲学社会科学版），2017，45（04）：18-23.

[82] 果佳，王海玥. 社会投资回报：一种社会影响力评估的工具 [J]. 中国行政管理，2016（06）：71-75.

[83] 韩国明，魏丽莉. 试论平衡计分卡在非营利组织绩效评价中的应用 [J]. 科技管理研究，2007（04）：98-100.

[84] 郝晓宁，薄涛. 突发事件应急社会动员机制研究 [J]. 中国行政管理，2010（07）：62-66.

[85] 何增科. 公民社会与第三部门研究引论 [J]. 马克思主义与现实，2000（01）：27-32.

[86] 贺山峰，高秀华，杜丽萍，邱兰兰. 河南省城市灾害应急能力评价研究 [J]. 资源开发与市场，2016，32（08）：897-901.

[87] 贺治方. 国家治理现代化视域下社会动员转型研究 [J]. 湖湘论坛，2018，31（05）：108-116.

[88] 侯洪凤，史原，李逊. 应急管理信息系统评价指标体系构建和评价方法研究 [J]. 科技管理研究，2013，33（06）：63-66.

[89] 黄宏纯，突发事件全面应急管理 [M]. 北京：北京理工大学出版社，2018：8-9，11-12.

[90] 黄晓春. 党建引领下的当代中国社会治理创新 [J]. 中国社会科学，2021（06）：116-135+206-207.

[91] 黄岳钧，颜爱民. 基于改进的投影寻踪法的社会组织绩效评估模型 [J]. 软科学，2016，30（08）：75-78.

[92] 江必新，王红霞. 社会治理的法治依赖及法治的回应 [J]. 法制与社

会发展，2014，20（04）：28-39.

[93] 靳东升，原泽文，凌萍.支持社会组织发展的税收政策研究 [J].财政研究，2014（03）：24-28.

[94] 靳环宇.中国民间慈善组织的历史嬗变 [J].中州学刊，2006（02）：111-114.

[95] 康沛竹.中国共产党执政以来防灾减灾的思想与实践 [M].北京：北京大学出版社，2006：122-123.

[96] 孔新峰，褚松燕，邓名奋.论减灾救灾中的社会联动参与机制 [J].中国行政管理，2011（09）：18-21.

[97] 鹿斌，金太军.社会治理能力的结构体系及现代化转型 [J].晋阳学刊，2016（03）：102-109.

[98] 喇娟娟，蒋葛夫.城市公共安全应急管理信息系统评价模型 [J].统计与决策，2009（07）：49-50.

[99] 莱斯特·M·萨拉蒙，李婧，孙迎春.新政府治理与公共行为的工具：对中国的启示 [J].中国行政管理，2009（11）：100-106.

[100] 莱斯特·萨拉蒙，田凯译.公共服务中的伙伴——现代福利国家中政府与非营利组织的关系 [M].北京：商务印书馆，2008：47-50.

[101] 莱斯特·萨拉蒙，谭静.非营利部门的崛起 [J].马克思主义与现实，2002（03）：57-63.

[102] 李传军.复杂和不确定性条件下的危机管理 [J].行政论坛，2007（04）：18-21.

[103] 李丹萍，张玲.境外非政府组织评估：功能、定位与评估体系 [J].行政论坛，2014，21（04）：85-89.

[104] 李德成，郭常顺.近十年社会动员问题研究综述 [J].华东理工大学学报（社会科学版），2011，26（06）：46-54.

[105] 李全利，周超.4R危机管理理论视域下基层政府的危机应急短板及防控能力提升——以新冠肺炎疫情应对为例 [J].理论月刊，2020（09）：73-80.

[106] 李树桢，贾相玉，朱玉莲.震害评估软件 EDEP-93 及其在普洱地震中的应用 [J].自然灾害学报，1995（01）：39-46.

[107] 李晓明.国内外非营利组织研究述评 [J].西北大学学报（哲学社会科学版），2007（05）：147-153.

[108] 李宇环，向天怡，王红梅.重大疫情防控的应急体系建设：兼论国外实践的分析与启示 [J].中央财经大学学报，2020（09）：120-128.

[109] 李子义.政府与 NGO 应对灾害性突发公共事件协调机制的构建 [D].苏州大学，2011.

[110] 廖业扬.我国现行公共危机管理体制之优势 [J].前沿，2010（21）：155-160.

[111] 林闽钢，战建华.灾害救助中的 NGO 参与及其管理——以汶川地震和台湾 9·21 大地震为例 [J].中国行政管理，2010（03）：98-103.

[112] 凌学武.三维立体的政府应急管理能力评估指标体系研究 [J].武汉理工大学学报（社会科学版），2010，23（03）：303-307.

[113] 刘超.地方公共危机治理碎片化的整理——"整体性治理"的视角 [J].吉首大学学报（社会科学版），2009，30（02）：78-81.

[114] 刘春湘，刘格良，刘媛.非营利组织效能评估体系研究 [J].中南大学学报（社会科学版），2014，20（01）：70-75.

[115] 刘德海，于倩，马晓南，尹丹，王维国.基于最小偏差组合权重的突发事件应急能力评价模型 [J].中国管理科学，2014，22（11）：79-86.

[116] 刘德海.基于最大偏差原则的群体性事件应急管理绩效评价模型 [J].中国管理科学，2016，24（04）：138-147.

[117] 刘刚，黄苏萍.企业社会责任、关系资本与竞争优势——基于丰田"召回门"事件的分析与思考 [J].财贸经济，2010（06）：121-126.

[118] 刘鸿，刘合安.我国地方政府公共事件应急管理绩效评估体系构建研究 [J].现代商业，2011（21）：72-73.

[119] 刘杰.党政关系的历史变迁与国家治理逻辑的变革 [J].社会科学，2011（12）：4-11.

[120] 刘天畅，李向阳，于峰.案例驱动的 CI 系统应急能力不足评估方法 [J].系统管理学报，2017，26（03）：464-472.

[121] 龙太江.从"对社会动员"到"由社会动员"——危机管理中的动员问题 [J].政治与法律，2005（02）：17-25.

[122]　卢文刚，黄小珍．基于 FCE 法的城市地铁踩踏事件应急能力评价研究——以广州地铁为例 [J]. 中国行政管理，2018（03）：145-152.

[123]　卢文刚，黎舒菡．中美海外公民领事保护比较研究——基于应急管理生命周期理论的视角 [J]. 社会主义研究，2015（02）：163-172.

[124]　卢文刚，彭静．广州城市地铁突发公共事件应急能力评价指标体系研究 [J]. 城市发展研究，2012，19（04），118-124.

[125]　卢文刚．基于 PPRR 理论的城市公交全生命周期应急治理框架体系研究 [J]. 中国行政管理，2015（06）：134-139.

[126]　刘洋，刘晓云，李玉飞．基于改进物元可拓模型的高校突发事件应急管理能力评价 [J/OL]. 中国管理科学：1-12[2021-02-24]. https://doi.org/10.16381/j.cnki.issn1003-207x.2020.0290.

[127]　刘一弘，高小平．新中国 70 周年应急管理制度创新 [J]. 甘肃行政学院学报，2019（04）：4-13+124.

[128]　李友梅，相凤．我国社会治理共同体建设的实践意义与理论思考 [J]. 江苏行政学院学报，2020（03）：51-60.

[129]　吕稚知．基于 BSC 法和 AHP 法的突发事件应急管理绩效模糊综合评价——以 2008 年雪灾事件为例 [J]. 生产力研究，2009（19）：184-186.

[130]　马金芳．我国社会组织立法的困境与出路 [J]. 法商研究，2016，33（06）：3-12.

[131]　马梦砚．非营利组织绩效评价指标体系设计——基于绩效预算的研究 [J]. 价格理论与实践，2010（07）：79-80.

[132]　孟天广，赵娟．大数据驱动的智能化社会治理：理论建构与治理体系 [J]. 电子政务，2018（08）：2-11.

[133]　马西恒．民间组织发展与执政党建设——对上海市民间组织党建实践的思考 [J]. 政治学研究，2003（01）：23-37.

[134]　马原．政策倡导与法治维稳：多元参与视角下的社会冲突治理 [J]. 治理研究，2019，35（05）：114-121.

[135]　梅琼林，连水兴．公共危机中的信息传播"失衡"现象及其应对策略——从"非典"危机到汶川大地震的考察 [J]. 社会科学研究，2008（05）：11-16.

[136] 莫纪宏. 《突发事件应对法》及其完善的相关思考 [J]. 理论视野, 2009（04）：47-49.

[137] 牛宗岭. 利用大数据及区块链技术构建"政府智慧大脑" [J]. 人民论坛, 2019（33）：74-75.

[138] 欧锦文, 陈艺松, 林洲钰. 慈善捐赠的媒体关注与企业创新 [J]. 外国经济与管理, 2021, 43（04）：111-122.

[139] 庞宇. 智慧社区应急管理的创新模式 [J]. 电子政务, 2016（09）：104-109.

[140] 裴宏森. 非营利组织导入 360 度绩效考核模式探析 [J]. 现代财经 – 天津财经大学学报, 2009, 29（01）：54-59.

[141] 平健, 韩传峰, 于振宇. 基于熵理论的政府应急管理组织信息传递能力评价 [J]. 软科学, 2013, 27（10）：126-130.

[142] 浦天龙. 社会力量参与应急管理：角色、功能与路径 [J]. 江淮论坛, 2020（04）：28-33.

[143] 荣奎桢, 陆奇斌. 企业与社会组织联盟研究综述——基于企业社会视角 [J]. 管理现代化, 2020, 40（02）.

[144] 闪淳昌, 薛澜. 应急管理概论：理论与实践 [M]. 高等教育出版社, 2012.

[145] 上官艳秋, 陈安, 倪慧荟. 突发事件应急管理中的"可挽救性"度量评价模型研究 [J]. 中国软科学, 2009（09）：165-173.

[146] 上海社会科学院政府绩效评估中心. 非营利组织绩效评估 [M]. 上海：上海社会科学院出版社, 2015：25-26, 47-48.

[147] 上海市民政局. 上海社会组织发展二十年（1999-2018 年）[M]. 上海：格致出版社, 上海人民出版社, 2019：70.

[148] 石国亮, 李培晓. 在社会组织评估指标体系中增设特色指标的思考与建议 [J]. 理论与改革, 2013（05）：113-115.

[149] 史传林. 社会治理中的政府与社会组织合作绩效研究 [J]. 广东社会科学, 2014（05）：81-88.

[150] 史传林. 政府与社会组织合作治理的绩效评价探讨 [J]. 中国行政管理, 2015（05）：33-37.

[151]　史雪莲.公民社会组织联合救灾侧影——以汶川地震后"四川5·12民间救助服务中心"和"NGO四川联合救灾办公室"为例[A].李凡.中国基层民主发展报告（2009）[C].当代中国研究所，2009：20.

[152]　宋平，聂高众，邓砚，安基文，高娜，范熙伟，李华玥.基于现场调查的地震灾害损失预评估——以云南省德宏傣族景颇族自治州为例[J].地震地质，2016，38（04）：1148-1159.

[153]　宋英华，王容天.基于危机周期的突发事件全面应急管理机制研究[J].华中农业大学学报（社会科学版），2010（04）：104-107.

[154]　宋英华.基于熵权模糊法的公众应急能力评价研究[J].科研管理，2014，35（12）：183-188.

[155]　苏超莉.同心圆模型：社会组织党建的政治社会化解读[J].湖湘论坛，2022，35（05）：66-73.

[156]　孙浩，龚承.社会组织承接公共服务效能的评价及提升研究[J].湖北大学学报（哲学社会科学版），2016，43（05）：133-140.

[157]　孙莉莉，钟杨.社会组织参与社会治理的绩效评估：理论框架和评估模型[J].宁夏社会科学，2018（05）：115-119.

[158]　陶鹏，薛澜.论我国政府与社会组织应急管理合作伙伴关系的建构[J].国家行政学院学报，2013（03）：14-18.

[159]　田军，邹沁，汪应洛.政府应急管理能力成熟度评估研究[J].管理科学学报，2014，17（11）：97-108.

[160]　童文莹，张海波.地方政府应急评估研究[J].华东理工大学学报（社会科学版），2012，27（04）：99-107.

[161]　万银锋，闫妍.党领导社会组织：必然逻辑、现实困境与应对策略[J].中州学刊，2020（04）：32-38.

[162]　汪越.身份政治的理论逻辑[J].学术界，2018，000（003）：85-95.

[163]　王晋.第三部门：市场与政府的非零和产物——兼论我国第三部门的现状及发展趋势[J].政治学研究，2004（03）：107-116.

[164]　王久平.立足当前 着眼长远 整体规划 科学构建应急管理法制体系——访中国政法大学法治政府研究院教授、博士生导师、应急法研究中心主任林鸿潮[J].中国应急管理，2019（11）：30-33.

[165]　王名，蔡志鸿，王春婷.社会共治：多元主体共同治理的实践探索与制度创新[J].中国行政管理，2014（12）：16-19.

[166]　王名，董文琪.社会组织财税政策研析[J].税务研究，2010（05）：8-14.

[167]　王娜娜，吴金华.国家应急管理体系中政府与民间志愿组织的协作机制研究[J].湖南省社会主义学院学报，2016，17（05）：68-70.

[168]　王锐兰.政府应急管理的绩效评价指标体系研究[J].安徽大学学报（哲学社会科学版），2009，33（01）：35-39.

[169]　王绍光.学习机制与适应能力：中国农村合作医疗体制变迁的启示[J].中国社会科学，2008（06）：111-133+207.

[170]　王绍玉，冯百侠.城市灾害应急与管理[M].重庆出版社，2005.

[171]　王薇，曹亚.基于BP神经网络的政府突发事件应急管理能力评价[J].科技管理研究，2018，38（19）：75-81.

[172]　王伟，曹丽媛.作为任务型组织的政府议事协调机构[J].中共中央党校学报，2013，17（04）：51-55.

[173]　王延川.区块链赋能突发事件应急物资保障系统探析[J].北京理工大学学报（社会科学版），2020，22（05）：126-133.

[174]　王妍，高强汪艳涛.海洋生态灾害重大事件处置能力评价指标体系初探——基于"三维结构"理论分析[J].科技管理研究，2017，37（16）：84-89.

[175]　王逸帅.合作治理：危机事件中政府与社会组织新型关系的构建——以汶川地震危机应对实践为例[J].湖北社会科学，2012（12）：31-34.

[176]　王玉海，谢恬恬，孙燕娜，索成.基于需求视角的灾害救助及其救助效果评估研究[J].北京师范大学学报（自然科学版），2015，51（05）：533-539.

[177]　王振海.社会动员：一种国家治理方式[N]学习时报，2014-05-26（A15）.

[178]　王志刚.多中心治理理论的起源、发展与演变[J].东南大学学报（哲学社会科学版），2009，11（S2）：35-37.

[179]　王郅强，彭睿.我国应急管理体系建设的演进逻辑：溯源与优化[J].

江淮论坛，2020（02）：12-18.

[180]　王智慧，陈刚.我国草根非营利组织绩效评价指标体系研究——以云南省草根 NPO 为例 [J].云南行政学院学报，2011，13（06）：85-88.

[181]　王子军.国际卫生条例对我国应急体制影响 [J].中国公共卫生，2007，23（010）：1275-1276.

[182]　魏加宁.危机与危机管理 [J].管理世界，1994（06）：53-59.

[183]　文雷，王欣乐.国家治理现代化视域下乡村智慧治理体系构建与实现路径 [J].陕西师范大学学报（哲学社会科学版），2021，50（02）：72-81.

[184]　汶川特大地震四川抗震救灾志编纂委员会编.汶川特大地震四川抗震救灾志·总述大事记.成都：四川人民出版社，2017：1，6-35.

[185]　乌尔里希·贝克，王武龙."9·11"事件后的全球风险社会 [J].马克思主义与现实，2004（02）：70-83.

[186]　乌尔里希·贝克等著，自由与资本主义 [M].浙江：浙江人民出版社，2001：119.

[187]　吴磊，谢璨夷.社会组织与企业的合作模式、实践困境及其超越——基于资源依赖视角 [J].广西社会科学，2019（09）：44-49.

[188]　吴新燕.城市地震灾害风险分析与应急准备能力评价体系的研究 [D].中国地震局地球物理研究所，2006.

[189]　夏炜，叶金福，蔡建峰，李正锋.非营利组织绩效评估理论综述 [J].软科学，2010，24（04）：120-125.

[190]　谢乔昕，叶佳慧，陈文强.企业慈善捐赠的同群效应——来自房地产上市公司的经验证据 [J].山东工商学院学报，2021，35（01）：114-121.

[191]　徐靖.论法律视域下社会公权力的内涵、构成及价值 [J].中国法学，2014（01）：79-101.

[192]　徐君，王冠，曾旗.非营利组织企业化管理绩效评价指标体系及评价方法研究 [J].科技进步与对策，2007（04）：137-140.

[193]　徐双敏，崔丹丹.民办非企业类社会组织评估现状及其完善研究——以浙江 N 市"阳光驿站"评估为例 [J].晋阳学刊，2016（02）：105-113.

[194]　徐文强，刘春年，周涛.大数据环境下应急信息质量评估体系研

究 [J]. 图书情报工作，2020，64（02）：50-58.

[195] 徐宪平，鞠雪楠. 互联网时代的危机管理：演变趋势、模型构建与基本规则 [J]. 管理世界，2019，35（12）：181-189.

[196] 许振宇，郭雪松. 基于用户满意的应急管理信息系统评价研究 [J]. 情报杂志，2011，30（03）：161-165.

[197] 许振宇，任世科，郭雪松，袁治平. 多维度应急管理信息系统评价 [J]. 现代情报，2013，33（05）：21-27.

[198] 许振宇. 基于盲数的信息混沌条件下应急管理能力评价 [J]. 统计与决策，2011（22）：52-55.

[199] 薛澜. 从更基础的层面推动应急管理——将应急管理体系融入和谐的公共治理框架 [J]. 中国应急管理，2007（01）：17-19.

[200] 薛晓源，刘国良. 全球风险世界：现在与未来——德国著名社会学家、风险社会理论创始人乌尔里希·贝克教授访谈录 [J]. 马克思主义与现实，2005（01）：44-55.

[201] 闫绪娴，董焱，苗敬毅. 用改进的投影寻踪模型评价城市灾害应急管理能力 [J]. 科技管理研究，2014，34（08）：211-214.

[202] 严俊，孟扬. 道德化市场中的社会组织：市场区隔与"价值－利益"双目标行为 [J]. 中国第三部门研究，2018，16（02）：125-150+229-230.

[203] 严仍昱. 服务型政府：对公共治理模式的反思与超越 [J]. 理论与改革，2014（01）：103-105.

[204] 杨安琪. 构建"1＋4"法律体系骨干框架 推进标准体系建设 [N]. 中国应急管理报，2019-05-03（003）.

[205] 杨道波，李永军. 中国非政府组织立法 60 年回顾与反思 [J]. 山西师大学报（社会科学版），2011，38（01）：18-22.

[206] 杨芳勇，张晓霞. 平台型社会组织模糊综合评估体系的构建与验证 [J]. 社会工作，2019（03）：87-98+112.

[207] 杨洪源. 从抗击疫情看"全国一盘棋"的重要地位 [J]. 理论探索，2020（03）：13-21.

[208] 杨柯. 社会组织间自合作成功的关键因素探讨——以"5·12"汶川地震陕西 NGO 赈灾联盟为例 [J]. 中国行政管理，2015（08）：66-70.

[209] 杨柯. 社会组织间自合作的实践困境及策略选择 [J]. 云南行政学院学报，2015，17（05）：51-55.

[210] 杨立华，程诚，李志刚. 如何衡量群体性事件的处置绩效？——VPP 整体性评估框架与指标体系的建构和检验 [J]. 公共管理与政策评论，2020，9（06）：15-32.

[211] 杨青，田依林，宋英华. 基于过程管理的城市灾害应急管理综合能力评价体系研究 [J]. 中国行政管理，2007（03）：103-106.

[212] 杨荣，李琪. 从依附到合作：社会组织与政府信任关系的变迁与应对策略研究 [J]. 社会工作，2020（02）：89-96+112.

[213] 杨雯，崔冬. 突发公共卫生事件中的政府信息公开问题及其破解 [J]. 中国应急管理科学，2020（12）：55-65.

[214] 杨雪冬. 风险社会理论述评 [J]. 国家行政学院学报，2005（01）：87-90.

[215] 杨乙丹. 群体性事件的链式演化与应急能力指标体系的构建 [J]. 河南社会科学，2012，20（06）：35-37.

[216] 杨翼舲，张利华，黄宝荣，李颖明. 城市灾害应急能力自评价指标体系及其实证研究 [J]. 城市发展研究，2010，17（11）：118-124.

[217] 杨颖. 中国应急管理核心要素研究 [M]. 北京金台西路 2 号：人民日报出版社，2015.

[218] 杨月巧，新应急管理概论 [M]. 北京：北京大学出版社，2020：10，12，93-94.

[219] 姚金伟. 克服现代治理困境中"信息不对称性"难题的路径选择——兼论有效应对疫情防控阻击战中的信息不对称性 [J]. 公共管理与政策评论，2020，9（06）：85-96.

[220] 姚书志. 地方高校突发事件应急管理能力研究 [D]. 西安科技大学，2013.

[221] 叶萍. 社会组织绩效评估指标体系研究 [J]. 广西社会科学，2010（08）：104-107.

[222] 游志斌，薛澜. 美国应急管理体系重构新趋向：全国准备与核心能力 [J]. 国家行政学院学报，2015（03）：118-122.

[223]　于水波，曹堂哲.社会组织能力评估的系统权变观 [J].云南行政学院学报，2011，13（06）：33-36.

[224]　俞可平.中国公民社会：概念、分类与制度环境 [J].中国社会科学，2006（01）：109-122+207-208.

[225]　俞可平.中国公民社会的制度环境 [M].北京：北京大学出版社，2006：2-5.

[226]　俞可平.中华人民共和国六十年政治发展的逻辑 [J].马克思主义与现实，2010（01）：21-35.

[227]　郁建兴.社会治理共同体及其建设路径 [J].公共管理评论，2019，1（03）：59-65.

[228]　郁建兴，王名，社会组织管理 [M].北京：科学出版社，2019：195，197，214-215.

[229]　郁菁.政府购买社会组织社会服务项目绩效评估模式研究 [J].华东理工大学学报（社会科学版），2016，31（05）：126-132.

[230]　詹承豫，顾林生.转危为安：应急预案的作用逻辑 [J].中国行政管理，2007（05）：89-92.

[231]　张超."自组织"社会整合的三重机制——基于COVID-19疫情治理中志愿组织的"抗疫"考察 [J].杭州师范大学学报（社会科学版），2020，42（04）：104-112.

[232]　张峰.国际合作：迎战公共危机的法宝——访中国国家"友谊奖"获得者、世界卫生组织驻华代表贝汉卫博士 [J].国际人才交流，2004.

[233]　张军，刘雨.新冠肺炎疫情防控中的"志愿者＋社区社会组织"模式服务效力及其反思 [J].天津行政学院学报，2020，22（03）：79-86.

[234]　张克中.公共治理之道：埃莉诺·奥斯特罗姆理论述评 [J].政治学研究，2009（06）：83-93.

[235]　张丽，李秀峰.新冠肺炎疫情下红十字会的信用危机及公信力重塑——基于SCCT理论的分析 [J].云南行政学院学报，2020，22（05）：126-133.

[236]　张宁，刘春林，王全胜.企业间应急协作：应对突发事件的机制研究 [J].商业经济与管理，2009，1（9）：30-35.

[237] 张培莉，张爱民.试论非营利组织在 VBM 框架下的绩效评估 [J].生产力研究，2008（14）：130-132.

[238] 张沛，潘锋.现代城市公共安全应急管理概论 [M].清华大学出版社，2007.

[239] 张茜.公共危机管理系统研究 [D].武汉理工大学，2006.

[240] 张尚仁."社会组织"的含义、功能与类型 [J].云南民族大学学报（哲学社会科学版），2004（02）：28-32.

[241] 张书林.党领导社会组织：逻辑自洽、本土自觉、路向选择 [J].理论学刊，2022（05）：40-48.

[242] 张文峰.应急物资储备模式及其储备量研究 [D].北京交通大学.

[243] 张秀军，孙业桓.Haddon 模型在突发公共卫生事件应对中的探讨 [J].疾病控制杂志，2006（06）：610-613.

[244] 张毅，张勇杰.社会组织与企业协作的动力机制 [J].中国行政管理，2015（10）：69-73.

[245] 张苑秋，田军，冯耕中.基于网络层次分析法的应急物资供应能力评价模型 [J].管理学报，2015，12（12）：1853-1859.

[246] 张钟汝，范明林.政府与非营利组织合作机制建设 [M].上海：上海大学出版社，2010：69.

[247] 赵国杰，赵红梅.基于平衡记分卡构建商业银行绩效评价体系 [J].现代财经 - 天津财经学院学报，2004（05）：3-6.

[248] 赵红艳.危机传播中的信息控制与公开——从黑龙江电视台对两次"松花江水污染事件"的报道谈起 [J].中国广播电视学刊，2010（10）：50-51.

[249] 赵军锋，金太军.政府协调治理：我国突发事件应急管理创新探讨 [J].青海社会科学，2011（06）：6-10+16.

[250] 郑大俊，姚明.中国古代自然灾害公共危机管理策略探析 [J].河南师范大学学报（哲学社会科学版），2012，39（03）：109-112.

[251] 中国社团研究会编，中国社团发展史 [M].北京：当代中国出版社，2001：623.

[252] 钟开斌."一案三制"：中国应急管理体系建设的基本框架 [J].南

京社会科学，2009（11）：77-83.

[253] 钟开斌.国家应急管理体系：框架构建、演进历程与完善策略 [J].改革，2020（06）：5-18.

[254] 钟开斌.应急管理十二讲 [M].人民出版社，2020：71.

[255] 钟开斌.中国应急管理体制的演化轨迹：一个分析框架 [J].新疆师范大学学报（哲学社会科学版），2020，41（06）：73-89+2.

[256] 钟雯彬.《突发事件应对法》面临的新挑战与修改着力点 [J].理论与改革，2020（04）：24-37.

[257] 仲伟周，曹永利，Shunfeng SONG.我国非营利组织的绩效考核指标体系设计研究 [J].科研管理，2006（03）：116-122+74.

[258] 周国文."公民社会"概念溯源及研究述评[J].哲学动态,2006(03)：58-66.

[259] 周红云.全民共建共享的社会治理格局：理论基础与概念框架 [J].经济社会体制比较，2016（02）：123-132.

[260] 周红云.社会管理创新的实质与政府改革——社会管理创新的杭州经验与启示 [J].中共杭州市委党校学报，2011（05）：55-61.

[261] 周红云.中国社会组织管理体制改革：基于治理与善治的视角 [J].马克思主义与现实，2010（05）：113-121.

[262] 周晶，韩央迪，郝华卿.社会组织何以介入社区福利治理？——社区福利的治理变革及对中国的启示 [J].华东理工大学学报（社会科学版），2016，31（06）：16-24.

[263] 周战超.当代西方风险社会理论引述 [J].马克思主义与现实，2003（03）：53-59.

[264] 朱健刚，赖伟军."不完全合作"：NGO 联合行动策略——以"5·12"汶川地震 NGO 联合救灾为例 [J].社会，2014，34（04）：187-209.

[265] 祝继高，辛宇，仇文妍.企业捐赠中的锚定效应研究——基于"汶川地震"和"雅安地震"中企业捐赠的实证研究 [J].管理世界，2017（07）：129-141+188.

[266] 庄严.我国公共危机治理面临的机遇与挑战——基于大数据视角的探析 [J].商丘师范学院学报，2020，36（11）：47-51.

附　录

社会团体参与突发公共事件应急管理绩效评估表

尊敬的先生/女士：

您好！非常感谢您能抽出时间完成本次调查问卷的填写。本调查问卷仅为学术研究使用，旨在获得您对_____社会组织参与突发公共事件应急管理的综合评价。我们郑重承诺，该问卷不会涉及任何具体的个人或单位信息，您无需担心任何隐私问题。在填写问卷时，请您秉持客观公正的态度、依据实际情况在"非常不认可"、"基本不认可"、"不确定"、"基本认可"和"非常认可"5个选项中进行判断并选择。

维度	一级指标	二级指标	评分				
			非常 不认可	基本 不认可	不确定	基本 认可	非常 认可
组织能力	合规性	社会组织的法人或非法人资格、章程规范、最低活动资金等基本运行条件是否满足					
	有效性	相关规章制度能否保证其有效参与突发公共事件应急管理					
	人才队伍建设	人员资质					
		职业操守					
		业务能力					
	通信保障	通讯网络建设水平					
	适当性	是否对突发公共事件应急管理进行应急需求评估					
		是否针对组织参与突发公共事件应急管理制定战略计划					
经济	资金	资金投入额					
		资金使用效率					
	人力	人力投入数量					
		人力资源投入是否与活动执行能力相匹配					

（续表）

维度	一级指标	二级指标		评分				
				非常不认可	基本不认可	不确定	基本认可	非常认可
效率	服务内容	社会动员	是否开展募捐活动、组建志愿者队伍等以呼吁社会援助					
			是否向社会公众宣传教育突发公共事件的预防和应对					
		学习发展	是否对应急队伍进行专业知识教育和技能培训					
		信息披露	信息公布平台建设					
			应急信息是否公开透明					
			是否进行了必要的舆论监管					
		协调沟通	社会组织自身的指挥协调工作是否有效					
			是否与其他社会组织、政府、公众、媒体等进行良好沟通交流					
			是否与其他社会组织及地方政府进行跨界协作					
	服务提供情况	服务是否准确送达受助群体						
		服务是否及时送达受助群体						
		服务是否在计划内且与组织项目目标一致						
效果	目标完成情况	是否以及在多大程度上完成预期目标						
	主体满意度	会员单位						
		政府						
		社会公众						
	可持续性	是否对本次应急救援工作进行总结与经验交流						
		是否针对本次应急救援工作中的不足采取相应的改进措施						
		是否实施有效的奖惩机制						

基金会参与突发公共事件应急管理绩效评估表

尊敬的先生／女士：

您好！非常感谢您能抽出时间完成本次调查问卷的填写。本调查问卷仅为学术研究使用，旨在获得您对_____社会组织参与突发公共事件应急管理的综合评价。我们郑重承诺，该问卷不会涉及任何具体的个人或单位信息，您无需担心任何隐私问题。在填写问卷时，请您秉持客观公正的态度、依据实际情况在"非常不认可"、"基本不认可"、"不确定"、"基本认可"和"非常认可"5个选项中进行判断并选择。

维度	一级指标	二级指标	评分				
			非常不认可	基本不认可	不确定	基本认可	非常认可
组织能力	合规性	社会组织的法人或非法人资格、章程规范、最低活动资金等基本运行条件是否满足					
	有效性	相关规章制度能否保证其有效参与突发公共事件应急管理					
	人才队伍建设	人员资质					
		职业操守					
		业务能力					
	通信保障	通讯网络建设水平					
经济	资金	资金投入额					
		资金使用效率					
	人力	人力投入数量					
		人力资源投入是否与活动执行能力相匹配					
效率	服务内容	社会动员	是否开展募捐活动、组建志愿者队伍等以呼吁社会援助				
			是否向社会公众宣传教育突发公共事件的预防和应对				
		学习发展	是否对应急队伍进行专业知识教育和技能培训				

（续表）

维度	一级指标	二级指标	评分				
			非常不认可	基本不认可	不确定	基本认可	非常认可
效率	服务内容	信息披露 信息公布平台建设					
		除资源相关信息的其他应急信息的透明度如何					
		是否进行了必要的舆论监管					
		协调沟通 社会组织自身的指挥协调工作是否有效					
		是否与其他社会组织、政府、公众、媒体等进行良好沟通交流					
		是否与其他社会组织及地方政府进行跨界协作					
	服务提供情况	服务是否准确送达受助群体					
		服务是否及时送达受助群体					
		服务是否在计划内且与组织项目目标一致					
	资源利用情况	是否将募捐物资全部投入应急管理相关工作中					
		是否公开相关物资信息					
		是否采取有效的管理和监管措施					
效果	目标完成情况	是否以及在多大程度上完成预期目标					
	主体满意度	主要捐资人					
		主要受益人					
		审计部门					
		其他政府部门					
		社会公众					
	可持续性	是否对本次应急救援工作进行总结与经验交流					
		是否针对本次应急救援工作中的不足采取相应的改进措施					
		是否实施有效的奖惩机制					

后　记

2020 年 2 月，当时我作为民政部社会组织专家咨询委员会委员，受托对我国疫情期间社会组织参与疫情防控进行调研并撰写提交研究报告"社会组织参与疫情防控的机制、现状及对策建议"。此后，在陕西师范大学中央高校基本科研业务费专项资金支持下，我带领研究团队继续对我国二十余家部管社会组织进行了实地调研，与民政部、民政部社会组织管理局、社会团体与基金会的领导专家、受助对象等 300 余人次进行了访谈，倾听社会各界对相关政策制度设计与调整的意见，收集了大量一手数据资料。调研中我们发现，我国社会组织在公共卫生、自然灾害、事故灾难以及社会安全事件等重大突发公共事件应急管理中发挥着越来越重要的作用，同时也面临着许多迫切需要思考和解决的问题，本书便是上述工作的一个阶段性成果。

我国的民间公益慈善活动源远流长，这和中华民族代代相传的以慈为怀以善为本的传统美德密不可分。中国优秀传统文化中的"仁爱"等无不体现了救人济世、福利民众的优良美德。从汉唐的义仓、善堂和亲睦族、扶危济困，北宋的范氏义庄救济贫困、慈善助学，全面抗战时期中国红十字会战地救护、收容难民，到 2003 年非典、2008 年汶川大地震、2019 年开始的新冠疫情等突发公共事件中社会组织的募集捐助和志愿服务，这些不断涌现的公益慈善案例充分体现了中华民族"守望相助、和衷共济、助人为乐、风雨同舟"的道德情怀和传统美德。在调研中，我和我的学生们一次次被社会组织参与应急管理的事例所感动，那些不顾个人安危的志愿服务者，为了使捐赠物资及时抵达疫区而不眠不休的工作人员，让我们真切地从这一群普通而平凡的社会工作者身上感受到了伟大和不凡。总结社会组织参与各类突发公共事件应急管理的经验与不足，充分挖掘社会组织"理念引领"的中华优秀传统文化精髓，构建促进我国社会组织发展和能力提升的政策体系与治理机制，是新时代社科工作者的责任和使命，本书对社会组织参与突发公共事件应急管理机制、模式及评估的梳理总结是我们做的一个探索研究。

本书从确定选题、调研访谈、初稿撰写到出版历时三年，在这期间我们多次根据新的调研数据和文献资料对相关内容进行修改和完善。参与本书调研和初稿撰写的是张淑惠、文雷、李乐姣、刘瀚宇、王欣乐、李媛媛、杨柳青。在初稿完成后，郭锐杰、黄佳瑶、陈佳佳、刘密参与了校对和部分章节的修订工作，我最后进行统稿。参与写作的人员大部分是我们的研究生，在我确定了写作的思路框架和主要内容后，大家迅速投入到中外文文献的收集和整理中。为了解社会组织公益慈善项目开展情况，团队利用寒暑假多次开展实地调研，有些项目受益人居住地比较分散、偏僻，来回需要步行几个小时，学生们不但毫无怨言，而且主动承担起了"宣传员"的职责，向受访对象讲解政府的相关政策、介绍社会组织的公益项目。通过此次项目研究，研究生们对于把学问写在祖国大地上有了深刻的体会和感悟，个人学术创新能力、实践能力和服务社会的意识也都得到显著提升。对于一名教师来说，没有什么比看到学生的成长更自豪和幸福！

我们非常感谢民政部社会组织管理局有关领导在研究中提供的大力支持！中国慈善联合会、中华慈善总会、中国洗涤用品行业协会、中国粮食行业协会、中国商业联合会、中国扶贫基金会、中银慈善基金会、陕西省慈善协会等多家社会组织非常热情地接受我们的访谈、填写调查问卷，并向我们介绍组织的愿景、公益慈善项目，分享组织参与公共卫生事件、自然灾害、事故灾难等突发公共事件的经验，并就如何促进社会组织能力提升和长远发展提出了诸多珍贵的意见和建议。党的二十大报告谋划了未来党和国家事业发展的目标任务和大政方针，社会组织迎来了前所未有的发展机遇，在国家治理能力和治理体系现代化框架下，社会组织在应急管理、第三次分配、弘扬传统文化等方面会大有作为，我们也希望我国社会组织能够抓住机遇、主动"补位"，更好地服务社会。

最后，真挚感谢中国言实出版社的编辑老师！感谢他们对本书选题的认同，以及在出版过程中付出的辛苦。没有他们深厚的专业素养和认真坚持的工作态度本书是难以如期出版的。

张淑惠

2023 年 5 月 12 日